中國海洋古文獻整理與研究叢刊

舟山歷代碑志彙編附考

樓正豪　孫峰　龔憶夢　編著

黄山書社

浙江省哲學社會科學規劃課題重點項目『舟山歷代碑志彙編附考』（19NDJC025Z）最終成果
國家社科基金青年項目『浙江海洋文化類碑刻文獻的整理研究』（19CZS009）階段性成果
國家社科基金重大項目『中國古代海洋珍稀文獻搶救性整理、研究與資料庫建設』（21&ZD233）階段性成果

圖書在版編目(CIP)數據

舟山歷代碑志彙編附考/樓正豪,孫峰,龔憶夢編著—合肥:黄山書社,2023.4

ISBN 978-7-5737-1259-2

Ⅰ.①舟… Ⅱ.①樓… ②孫… ③龔… Ⅲ.①碑文-彙編-舟山 Ⅳ.①K877.423

中國國家版本館 CIP 數據核字(2024)第 061821 號

舟山歷代碑志彙編附考
ZHOUSHAN LIDAI BEIZHI HUIBIAN FUKAO

樓正豪　孫　峰　龔憶夢　編著

出 品 人　葛永波
責任編輯　侯　雷
責任印製　丁世斌
封面設計　錢志剛
出版發行　黄山書社
地　　址　安徽省合肥市蜀山區翡翠路 1118 號出版傳媒廣場 7 層　郵編:230071
印　　刷　安徽新華印刷股份有限公司
版　　次　2024 年 11 月第 1 版
印　　次　2024 年 11 月第 1 次印刷
開　　本　880 mm × 1230 mm　1/32
字　　數　280 千字
印　　張　12.5
書　　號　ISBN 978-7-5737-1259-2
定　　價　128.00 元

服務熱線　0551-63533706
銷售熱線　0551-63533761
官方直營書店(https://hsss.tmall.com)

總　序

我國是一個擁有超過18000千米大陸海岸綫、約300萬平方千米主張管轄海域的海洋大國。幾千年來古代先民與海洋共生互動,海洋文明生生不息。《尚書》《世本》等文獻中已有古代先民探索海洋的記載。孔子曾言"道不行,乘桴浮於海"。戰國末期思想家韓非子云"歷心於山海而國家富"。秦朝徐福東渡日本,《漢書·地理志》記載徐聞、合浦諸港及多條海上航綫。唐朝形成了揚州、明州、廣州、泉州四大港口,在廣州專設市舶使。《新唐書·地理志》載"廣州通海夷道"。宋元時期鼓勵海上交通,沿海港口繁榮,海外經貿空前發達。明代鄭和七下西洋,與30多個國家開展海上經貿文化交流,海上航綫遠及非洲東海岸。明後期及清朝有多個時段采取海禁政策,注重海疆經略。

我國古代在航海造船技術、海洋貿易、海洋軍事、海洋科技等領域長期處於領先地位,持續2000多年輻射大半個地球的"海上絲綢之路"是東西方文化經濟交流的重要紐帶。中華文明帶有天然的藍色基因和海洋屬性。數量巨大、種類多樣的中國海洋古文獻正是歷久彌新的海洋文化載體。自2011年起我們着手進行海洋古文獻整理研究,將中國海洋古文獻界定爲産生在1911年之前反映海洋(海島)文明和涉海事務的文獻資料,其中包括中國籍人士撰寫的海洋古文獻,以及海外人士撰寫内容與中國相涉的海洋古文獻。2014 年國家社科基金重點專案"中國海洋古文獻總目提要"立項,受此鼓舞,我們啓動了"中國海洋古文獻整理與研究叢刊"策劃與編纂工作。

"叢刊"旨在從海洋古文獻的角度,圍繞中國古代海疆史、海島史、海港史、海運史、海關史、海塘史、海洋漁鹽史、海外貿易史、海國交流史、海洋科技史、海洋生態史等方面的文獻,廣泛、系統地進行搜集與整理,希冀全面展現海洋文獻世界中的古代中國,實乃中國海洋文明史研究的基礎工程。經過多年努力,現已檢得海洋古文獻 1500 餘種,編制了《中國海洋古文獻總目》。隨着整理與研究的逐步深入,我們計劃陸續推出系列研究成果,接受專家學者的檢驗。"叢刊"的成果形式包括輯校、注釋、編著等。成果編排按文獻内容、省份、海域等不同角度進行劃分。按内容分爲海洋史地、海洋交通、海洋經貿、海洋軍事、海洋科技等文獻;按省份根據現行行政區劃分爲遼寧、天津、河北、山東、江蘇、浙江、福建、廣東、廣西、海南等文獻;按海域可分爲綜合、渤海、黄海、東海、南海、海外等文獻。本着成熟一部出版一部的原則,總體統籌,不拘一格,對成果形式、編排結構等亦不做統一要求。

中國海洋古文獻整理與研究工作是一個系統且長期的工程,我們將以"愚公移山"的精神,不斷開采海洋古文獻這座金山,以期爲我國海洋文明研究、海洋文化建設提供厚重的文獻支持。近年來,我們也看到海洋古文獻課題、成果陸續出現,令人欣喜。這恰恰表明開山路上志同道合者愈來愈多,海洋古文獻領域的道路將越走越寬!

程繼紅

2019 年 8 月 31 日

序

《舟山歷代碑志彙編附考》收録自唐至民國現存於舟山(除普陀山外)的100種碑刻或拓片,其中唐1種,宋3種,明2種,其餘大部94種均爲清代與民國時期,總數遠超民國《定海縣志》(册四《藝文志》第十四之《金石》),是舟山史上迄今爲止規模最大的碑刻文字之集大成者,也是舟山地方史研究上非常有價值的基礎史料建設工程。其搜羅調查之周密,文字辨識之精當,内容考釋之詳確,顯示了樓正豪、孫峰、龔憶夢等三位編著者對搶救、發掘地方文獻滿懷執著的使命和無上的熱情,亦頗見他們深厚的國學功底和認真的治學態度。

過去,人們常用"孤懸海外"一詞來形容舟山與陸上的距離之遠和文化之隔。其實,在先民的觀念裏,航海是比陸行更安全且快捷的交通方式。因此,舟山群島早在河姆渡—良渚文化時期就納入了與陸上同一的史前文化圈,最近半個世紀以來的考古成果,如定海區白泉鎮王家園遺址,岱山縣大舜廟後墩遺址、江窑獅子山遺址、新河墩遺址、北畚斗遺址,嵊泗縣黄家臺遺址等,都證明了舟山與陸上文化的同源性。西周穆王時期的徐偃王避戰於舟山;春秋戰國之際的越王句踐欲置吴王夫差於甬東;秦末安期生曾在桃花島煉丹,始皇帝三十七年(前210年),秦始皇南巡,"身在鄮縣三十余日"(晋陸雲《答車茂安書》),其間還與安期生"與語三日夕"(《太平御覽》卷六百七十五之《列仙傳》)……這些如今難以稽索的傳奇故事,無一不顯示着舟山與陸上文化的密切聯繫。《史記》上説,徐福自始皇帝二十八至三十七年間(前219年—前210年)到海上三神山之"蓬萊、方丈、瀛洲",尋找不死神藥。如果脱去光怪陸離的神奇外衣,則不妨視爲徐福依令而對秦帝國的海島所作的調查。而且,當時能爲有"童男女數千人"的徐福船隊提供後勤保障的啓航港,其實是不多的;而有人居住("仙人居之")的島,離岸太近則失去神秘感,可望而難即、又可讓數百人甚至數千人定居的島嶼更少。從這個角度説,當年句章縣北的達蓬山、鄮縣瓔珞灣沿岸,與舟山群島,是最爲"匹配"的一對。

舟山群島最早納入統一王朝的政治版圖,或在隋朝:

> 開皇十四年(594年)閏十月,詔東鎮沂山,南鎮會稽山,北鎮醫無閭山,冀州鎮霍山,并就山立祠;東海於會稽縣界,南海於南海鎮南,并近海立祠。(《隋書》卷七)

隋初爲海神立祠,當爲隋文帝"開皇之治"的功業之一。開皇十八年(598年),并鄞、鄮、余姚、句章四縣爲大句章縣,隋煬帝楊廣繼續拓展海疆,乃將東海神祠由"會稽縣界"的"近海",再步步東進到"句章縣界"的"近海",乃至"深洋"。這個東海神祠,極可能就是南宋慶賓《四明志》所記載的洋山廟、岱山廟之前身,因爲該志説洋山廟主祀隋煬帝、附祀大業六年(610年)伐流求國的大將陳稜,岱山廟則供奉陳稜。這恐怕是由於年代久遠、史籍失載,以致原立祠者(隋煬帝、陳稜)反而變成廟神。中唐以來,朝廷又封四海之神爲王。論者認爲是隋唐時期海上貿易發展而致"海洋與人類生活的關係愈加密切"(雷聞著《郊廟之外:隋唐國家祭祀與宗教》),故而朝廷乃以積極的態度介入和主導民間的海神崇拜活動。“國之大事,在祀與戎”,在洋山廟、岱山廟的例子中,我們似乎可以隱約地看到,隋唐時朝廷正是通過承認民間的海神信仰和崇拜的正當性,并進一步通過爲東海神立祠、封爵而將民間的海神信仰和崇拜合法化,從而將化外之地拓展爲王朝樂土。這爲唐開元二十六年(738 年)首置中國歷史上海上群島縣——翁山縣奠定了政治的、社會的、經濟的基礎。

《寶慶四明志》(卷二十)説,洋山廟始建於唐大中四年(850 年),岱山廟始建於宋端拱二年(989 年),但本書所載的第一碑《大唐故程夫人墓志銘》則表明,——在唐開成三年(838 年),衢山島上就已經有“陳將軍靈廟”了!

這是碑版文字可補方志之闕的最佳例證。

翁山縣雖存三十餘載而復撤(771 年),但自置縣以來,舟山群島再也不是方外之地。如果説,舟山是中原王朝的東大門,那麽至少在明代之前人們的觀念裏,門,是用來開的。所以,唐、五代、兩宋以至於元的六百多年中,隨着海上絲綢之路的繁榮、島上農業與海洋産業的持續發展,海洲各島生齒日繁,漁鹽産利日昌,海道舟行日忙,叢林梵音日遠,其社會、經濟之發達,“足以昌壯國勢”,於是在北宋熙寧六年(1073 年)復縣,名“昌國”;迨至南宋,島上鴻儒時出,海山高僧常進,其文化之象日昌,於是到了元代至元十五年(1278 年),又因“海道險要”和“户口倍萬”而升縣爲州。這一切,都歷歷載於史册。而出土文物亦隱約泛映着曾經的隆盛景象,如西漢青銅鐎斗、玉璧,東漢神獸銅鏡,大唐桃紋銅鏡,北宋青瓷粉盒,窖藏歷代古錢(自唐“開元通寶”到元“至大通寶”),等等。

本書著録宋碑僅三,却也着實驚艷:出於本島的《宋故洪氏夫人墓銘》,墓主係北宋元符三年(1100 年)進士陳抍之母,墓葬於政和四年(1114 年),北宋石刻文獻在陸上各縣鄉里并不算多。又,出於遠離陸地的嵊泗《宋故湯公夫婦墓碑》,也令人驚嘆。

舟山迄今出土的唐宋碑碣少,且又有得而復失者,如民國《定海縣志》録文的南宋紹興十年(1140 年)《宋劉居士墓志銘》(載册四《藝文志》第十四之《金石》),現今連拓片也遍尋不到,令人扼腕;而元代的記載竟還是空白,出乎意料。

本書收録明朝石刻文字僅二,且其製碑年份一在“隆慶開關”(1567 年)之後的萬曆十八年(1590 年);另一爲南明永曆十年(1656 年),實已届清順治十三年。

自元至明清之交近四個世紀,升縣爲州的元代,碑版不曾一見;而廢州縣爲衛所的明代,石刻實衹一方。這兩個現象形成的原因是完全不一樣的,我們甚至可以説,前者是可以期待的,説不定哪一天“地不愛寶”,終有唐、五代、兩宋乃至元代的碑碣再現人世;而後者似乎教人斷了念想。因爲在有明一代的統治者之思維裏,門,是用來關的。自信國公湯和於洪武二十年(1387 年)廢昌國縣,盡遷島民上陸,將群島置於鎮戍制下實行軍管,舟山地方社會的發展軌迹便發生了根本性的改變,即使日後出土有明代的石刻,其内容亦必不關平民社會底層之事。

清初海禁,較明代更爲苛酷。好在清廷平定臺灣後,於康熙二十三年(1684 年)即展復原昌國縣故境,二十七年(1688 年)於舟山群島立定海縣,并招民開墾富都、金塘、安期、蓬萊四鄉,海中洲的地方社會經濟這纔重新接上元末的軌道。但本書著録的展海令後的第一碑《蓉浦書院碑記》,也在開海禁的三十年後了(1715 年)。可見恢復之不易。

本書著録的清代、民國時期碑刻，共 94 種，其中清康熙朝 1 種，雍正朝缺，乾隆朝 4 種，嘉慶朝 5 種，道光朝 11 種，咸豐朝 4 種，同治朝 5 種，光緒朝 28 種，難以確定清朝紀年的 3 種，清、民之際的 2 種，民國的 30 種，或清或民難以確定的 1 種。它們中的絶大部分，都集中在大唐置縣以後到中華人民共和國成立前的 1200 多年舟山史上的後兩個世紀，這從另一個方面反映了開放海禁後舟山社會經濟文化的恢復與發展，漸入佳境，且自清同光朝以來呈現加速的態勢。

本書收録的碑文，既反映了舟山與陸上特别是同府鄞、奉、鎮三縣在地方文化方面的同一性，也顯示了它作爲浙江海洋文化重鎮的獨特性，比如《勘定盡山界碑》《羊府宫漁汛禁約碑》《陳順興英文墓碑》《聖彌額爾總領天神禱文碑》等；它們的地理分布狀態，亦可見在舟山 20000 多平方公里海域中的各大島，都有厚薄不等的文化積澱。另外，這百種碑文，除了可以證史、補史，其實物或拓片所表現的文字圖像，在書法繪畫藝術上也有出彩可觀的，如王一亭繪、吴昌碩題的《阿彌陀佛接引像刻石》，舟山近代首座小型蓄水工程鶴齡泉的題刻《雲渠》《德渠》。“鄞張原煒撰文、鄞張原燿書丹、鄞朱方篆額、金匱張瑞芝鎸”的《張子良太翁功德碑》，是一方文、書、刻俱佳的豐碑，張原煒、張原燿兄弟合作的碑，在寧波似也不曾發現；而“朱方”，即朱義方，就是近代書法大家朱復戡，這個署名僅見於此；張瑞芝則是無錫雕藝名手，1915 年在上海開設“慨吾廬”雕刻藝坊。

碑刻文字，一向被認爲是“信而有徵”的歷史文獻，哪怕是殘碑斷碣上寥寥數字，亦會折射出千百年前曾經的文明之光。有關碑碣的影印、彙編和考釋，是地方史研究上不可或缺的依傍。本書彙集的碑刻數量儘管算不上豐富,却也足以喚起我們對這片神奇的海山之區和生活在此的先賢前輩的温情和敬意。而且如今的寧波舟山港之所以成爲宇内第一大港,她生命力的 DNA 密碼有相當一部分正蘊藏於本書之中。

本書的三位編著者,都是耽於中國海洋文化史與舟山地方史研究的學者,自然深諳碑刻文字的非凡價值。所以,他們對每一方碑的識讀、轉録乃至考釋,都傾注了極大的心血,其書之發凡起例,簡要恰當;尤其是附録所載的對於 100 種碑刻多視角分類統計,以及關鍵詞索引,大大提升了本書的工具功能,爲同類書籍中所稀見,很有創意。

《舟山歷代碑志彙編附考》,讀之唯恐易盡,掩卷則生更强烈的企盼。因爲相對於舟山悠久而輝煌的歷史,各島出土的文獻特别是宋元的石刻文字還是少得太不相稱。我們有理由相信,河圖洛書般的奇迹一定還會發生。

前幾年,我因爲參與編撰《鄞州海絲圖經》,常常向我的宗親樓正豪博士請教,多承指導,頗受解惑釋疑之益;近來,又因涉及明清鄞、鎮二縣海洋漁業史之事,亦多叨擾之。不料,竟蒙惠賜他與孫峰、龔憶夢編著的《舟山歷代碑志彙編附考》書稿,自然受益良多,内衷不禁贊嘆正豪的胸襟和古道熱腸。正豪趁機囑我作序,我呢,一向對舟山懷有莫名的情感,對正豪之托,實在也是求之不得,故而順水推舟。怕衹怕自己學淺識短,辜負了他的美意。

是爲序。

水銀
癸卯仲春於甬上味閑廬

凡　例

一、本编收録舟山地區唐代至民國時期的歷代碑志總計100種，其中唐代1種、宋代3種、明代及南明政權2種、清代61種、民國30種、推測年代爲清至民國間2種、時代不詳1種。

二、本編原則上不録普陀山碑志與摩崖石刻，僅收録一方出土於普陀山的“阿彌陀佛接引像”石塊，以及體貌與碑志相仿的“聖路”摩崖石刻一種。

三、所録碑志以時代爲序排列。

四、碑志標題儘量移用原題；無標題者，據内容另行擬定。

五、根據國家相關政策，部分碑志無法製作拓片，圖像以照片替代。

六、爲保持碑志原貌，碑文除少量冷僻古字及異體字改爲通行正體字外，其餘照録；舊字形、通假字、俗字、衍文亦不予改正。

七、文字殘缺泐損的，每字用“□”符表示；字數不明的用“……”表示；“」”爲换行符。根據志書、相關文獻及文意補録的文字，用“（）”注明。

八、碑文均作現代標點，并按文意分段。

九、每篇碑文後均有考釋，記録碑志保存地點、尺寸、形制等信息，并分析碑文内容，後列參考文獻。

十、考釋中引用碑文原文及相關歷史文獻時，通常改用規範繁體字。

目　録

1.大唐故程夫人墓志銘

唐開成三年(838 年)

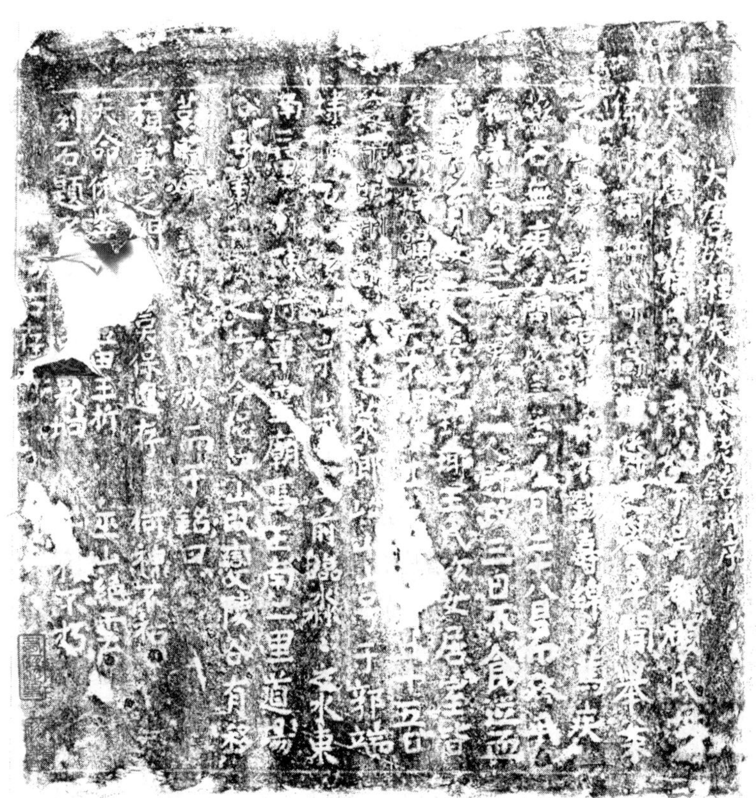

碑文：

大唐故程夫人墓誌銘并序」

夫人廣平程氏，笄年娩于吴郡顧氏。母」儀肅肅，班氏可倚。擇隣之譽早聞，舉案」之聲深著。噫乎！天不錫壽，綿綿篤疾，」藥石無瘳，以開成三季九月二十八日而終乎」私第，春秋三十八。男子一人師政，三日不食，泣血」絕漿。育女二人，長定琅瑘王氏；次女居室，皆」哀號擗踊，訴天不聞。以其年□□月二十五日」窆于明州鄮縣蓬萊鄉峋山，山号于郭端」埭，墳乙向。後有峩峩之山，前臨淼淼之水，東」南三里有陳將軍靈廟焉，正南二里道場」俗号東亭之寺。今恐江山改變，陵谷有移，」勒石于誌，用記千秋，而于銘曰：」積善之門 莫保遐存 何神不祐」天命俄奔 藍田玉折 巫山絕雲」刻石題名 永沒泉坰 千秋不朽」万古存形」

考釋：

清光緒三十四年(1908 年)，在舟山岱山縣衢山島皇墳基出土了一方《大唐故程夫人墓志銘》，原藏洪福寺(今觀音山廣濟寺)，今下落不明。目前已知留存的拓片有兩張，一存於浙江省博物館，一藏於舟山博物館。墓志邊長 39 厘米，厚 6 厘米，正書 17 行，滿行 15 字，可辨兩百四十餘字。羅振玉的《兩浙塚墓遺文補遺》(1916 年)最早收録了碑文。

目前所知，程夫人墓志的最早研究者爲岱山名賢湯濬(1864—1936)。湯濬，字爾規，宣統元年(1909 年)赴京朝考，以拔貢第一奪魁，試用江西寧都直隸州州判。袁世凱當國後，湯濬便辭官回鄉，自號遯盦居士，寄寓於岱山東沙鎮蓬山書院，研讀經典、切磋學問，1919 年纂成《岱山鎮志》二十卷。舟山博物馆所藏的這張拓片，正是湯濬親手所製并珍藏之物，拓本左下的兩方篆書陽文朱印“西江從事”與“鈍莽珍藏”均爲湯濬所使用。

據墓志志文，可知墓主爲程夫人，郡望爲廣平程氏，其夫爲吴郡顧氏。她於開成三年（838 年）九月二十八日在家中去世，享年三十八歲。留下一男二女，長女當時已與琅琊王氏訂婚。從志文中未提到其夫顧氏、其子師政或女婿王氏的官職，證明他們皆不仕。

關於程夫人一家居於衢山島之原因，由於志文簡短，没有指明。湯濬的《朐山唐碑歌》推測爲：“當年朝家遭奄禍，甘露之變烈如火。又值牛李黨紛争，中邦大局如累卵。世外南有桃花源，母慈子孝萃一門。蓬萊名鄉昔已然，神仙縹緲何足論？”湯濬認爲程夫人一家是因避世而隱居浙東大海中的蓬萊仙島——衢山島，但在志文中并未體現出這種傾向，這衹是湯濬根據時代背景提出的假設。

衢山島位於舟山群島中北部，岱山島北部，是岱山縣第二大島嶼，舟山群島第四大島嶼。據文獻記載，唐玄宗開元二十六年（738 年）於越州鄮縣置明州，設鄮、奉化、慈溪、翁山四縣，舟山歷史上首設縣級行政區域。翁山縣廢於唐代宗大曆六年（771 年），因此製作於唐文宗開成三年（838 年）的程夫人墓志中稱其葬地爲“明州鄮縣蓬萊鄉朐山”，翁山縣重新并入鄮縣，而衢山島被稱爲“蓬萊鄉朐山”。九世紀的衢山島并非荒蕪一片，墓志最後稱程夫人墓地“東南三里有陳將軍靈廟焉，正南二里道場俗號東亭之寺”，説明這裏既有祠宇也有佛堂。陳將軍靈廟中所祭祀的是隋煬帝大業六年（610 年）出海、進擊流求國的武賁郎將陳稜。“東亭之寺”則明顯是一座佛教寺院。靈廟與佛寺的存在,證明當時衢山島上有常住居民,反映出安史之亂後的中晚唐時期,由於長江下游地區經濟發展速度較快,人口持續增長,竟有百姓移居海島的現實。

以往研究者稱程夫人的丈夫顧氏之身份是海商,但没有文獻可證明唐代晚期東海海域出現過自由的海上貿易活動,或衢山島民參與海上貿易之事實。當時衢山島上的經濟産業,衹可能是鹽業或捕撈業了。關於唐代的海洋捕撈業,史料基本無徵,而程夫人墓志記載"東亭之寺"之"東亭"二字,經學者考證可能由製鹽而來,鹽民古稱"亭户"。北宋於太宗端拱二年(989年)在舟山設置了鹽場,岱山島有岱山場和高南亭場。衢山島上的"東亭"若是"亭户"之義,程夫人一家有可能是其中的一員。

雖然岱山島及其附近的衢山島在古人心中是一座世外桃源般的仙山,但實際也并非太平世界,脱離中央朝廷的管控範圍,常會變爲海盜盤踞的基地。在這樣的生存環境中,唐代墓志的出現實爲罕見之事。雖然自北宋神宗熙寧六年(1073年)置昌國縣以來,朝廷對舟山一步步重視,舟山島人口也逐漸增長,但迄今爲止在舟山出土的清代之前墓志極少,更顯出這方唐代墓志的彌足珍貴。

參考文獻:

樓正豪:《岱山名賢湯濬舊藏〈大唐程夫人墓志銘〉拓本考釋》,《浙江海洋大學學報(人文科學版)》,2017年第6期。

2.宋故洪氏夫人墓銘

北宋政和四年(1114 年)

碑文:

宋故洪氏夫人墓銘」

宋故洪氏夫人墓銘」

登仕郎、前睦州録事条軍張漸譔并書」

夫人洪氏,世慈谿縣。母再適鄞縣倪氏,乃與俱歸。」時夫人尚幼,已警爽,自牧卑遜,上下可意,久之不」知為□女。既笄,歸于同縣陳諭。陳望姓,類難其婦,」一時相慕,以為其家婦為榮。聘至倪族,為更替賀。」入門在諸婦後,每供事必輩趍。至於奉祀饗,嚴香」火,舅姑獨以委夫人,而諸婦亦推其克專。盖誠至」敬篤,衆莫揜焉。夫子病連年,數危殆,夫人夙夜懇禱,」冒犯霜露,醫巫卜祝,雖惚恍難信,靡不稽訪,而奩物」不為秋毫計惜,竟起夫子於瀕死。有二男,曰拚,曰」持,使為儒;一女,適天台令石端卿,再適蕭山簿向」子偁。建中靖國之冬,以拚前」賜第調趙州司理。迎侍之官至越,以疾卒於官舟,」實其年十二月三十日也,享年六十有六。以政和」四年十一月十一日壬午,葬于昌國縣富都鄉德」行里南善之原。銘曰:」曰女曰婦 曰妻曰母」閱于衆甫 自以無負」

考釋:

《宋故洪氏夫人墓銘》1976 年出土於舟山定海縣紫微人民公社勝豐大隊,現存於舟山博物館展廳。墓志高 79 厘米、闊 63 厘米、厚 6 厘米,正書 19 行,滿行 19 字,是舟山目前唯一保存完整的宋代墓志。墓主洪夫人,本浙江慈溪縣人,生於北宋仁宗景祐三年(1036 年),卒於宋徽宗建中靖國元年(1101 年)十二月,政和四年(1114 年)十一月葬於昌國縣富都鄉德行里南善之原。墓志由登仕郎、前睦州録事參軍張漸撰文并書丹。

根據志文，洪夫人在年幼時，蓋因洪父早逝，生活難以爲繼，其母改嫁鄞縣倪氏，洪夫人隨母至鄞縣，成爲倪家養女。她在倪家謙恭懂事，贏得上下認可，"及笄"之時，即十五歲成年時，嫁給了同縣的陳諭。上橋陳氏是四明望族，上橋在今寧波市孝聞街、西河街一帶，四明人都以女兒能嫁入陳家爲榮。當男方的聘書送到倪家時，族人紛紛前來慶賀。陳諭生平不詳，洪夫人雖在陳家衆子媳中入門較晚，但做事勤快、持家有道，家族中供祭、饋食等大事，公婆都專門委托她一人操辦，其他子媳亦服膺她的能力。洪夫人還長年精心照顧有病的丈夫，陳諭幾次病危，洪夫人夙夜祈禱，變賣嫁妝，辛苦奔走，求醫問藥，甚至求助於巫醫，終使丈夫起死回生。

洪夫人與陳諭生有兩男——陳抍、陳持。南宋《寶慶四明志》卷十《叙人下・進士》載："元符三年李釜榜：陳抍，撝弟。"可知陳抍於北宋哲宗元符三年（1100 年）考中進士。四明上橋陳氏是詩書世家，北宋時族内有多人進士及第。志文載："建中靖國之冬，以抍前賜第調趙州司理。"表明陳抍在北宋徽宗建中靖國元年（1101 年）任趙州司理參軍。趙州在今河北省石家莊市趙縣一帶，司理參軍爲掌管訟獄勘鞫之事的低級官員。志文稱："迎侍之官至越，以疾卒於官舟。"即 1101 年冬季，陳抍派官船接母親去趙州侍養，欲從運河至北方，但不料船至越州，即今浙江省紹興市一帶時，洪夫人突發疾病在船上去世，正是十二月三十日，享年六十六歲。建中靖國元年十二月三十日，陽曆爲 1102 年 1 月 11 日。

洪夫人和陳諭還育有一女，"適天台令石端卿，再適蕭山簿向子倆"。洪夫人之女陳氏的首任丈夫是天台縣令石端卿，北宋《嘉定赤城志》卷十一《秩官门四・縣令・天台》有載，其出身於越州新昌石氏,也是兩宋時期的浙東望族。蓋因石氏早逝,陳氏又嫁給蕭山主簿向子倆。

志文載洪夫人"以政和四年十一月十一日壬午,葬於昌國縣富都鄉德行里南善之原",其址即今舟山市定海區雙橋街道紫微村徐家岙,也就是墓志當年出土的定海縣紫微人民公社勝豐大隊。舟山舊稱昌國縣,北宋熙寧六年(1073 年)始置,轄富都、安期、蓬萊三鄉。元《大德昌國州圖志》卷二《鄉村》載:"富都鄉占东西北總九都,里二:德行里、鼓吹里。"富都鄉德行里即今舟山市定海區小沙、雙橋街道一帶。"南善"在《大德昌國州圖志》所載富都鄉八十三岙中寫作"南墠","墠"爲經過除草、平整的古代祭祀或會盟用場地。關於洪夫人爲何在去世十幾年後,被葬於海島舟山,由於史料有限,無法確證,也許與擇吉地有關。

參考文獻:

章國慶編著:《寧波歷代碑碣墓志彙編(唐/五代/宋/元卷)》,上海古籍出版社,2012 年。

石一民:《出土宋代墓志見證定海雙橋地名演變》,《舟山日報》,2017 年 11 月 26 日。

范銀琛:《北宋四明上橋陳氏家族墓志研究——以舟山市博物館藏〈宋故洪氏夫人墓銘〉爲例》,《圖書館研究與工作》,2018 年第 12 期。

3.宋故王二十承事墓碑

南宋紹興三十一年(1161 年)

碑文：

辛巳紹興三十一年十月初七日」

宋故王二」十承事墓」

……」

考釋：

宋故王二十承事墓碑收藏於舟山博物館展廳，高 57.5 厘米、闊 30 厘米、厚 6.4 厘米，碑上大字共有八個，表明墓主爲"王二十承事"。右側小字記立碑時間爲南宋高宗紹興三十一年（1161 年）十月初七日。左側立石人題名行泐失。乾興元年（1022 年），避宋仁宗趙禎諱，改"徵事郎"爲"承事郎"，是正八品下文散官，宋神宗元豐三年（1080 年）改置爲正九品。宋元時期流行以數字取名，"二十"是他在王氏家族的排行，可能以"同祖父或同曾祖父的兄弟之間排行"爲序，也可能以"同父兄弟的排行"爲序。

參考文獻：

龔延明編著：《宋代官制辭典》，中華書局，1997 年。

孫峰：《從一通舟山碑刻文物看古人取名風俗》，孫峰主編《群島文化印記：2019 年研究文集》，2019 年。

4.嵊泗宋故湯公夫婦墓碑

南宋嘉泰四年(1204 年)

碑文：

宋故湯公之墓」

宋故徐氏之墓」

歲甲子嘉泰四年季冬己丑朔，初八日厝」

考釋：

宋故湯公與夫人徐氏的合葬墓碑在1982年4月出土於嵊泗縣人民政府大院，高56厘米、闊34.5厘米、厚8.5厘米，大字7厘米見方，小字2厘米見方。現藏於嵊泗縣初級中學倉庫。據落款知，湯公夫婦中，女方去世於南宋嘉泰四年（1204年）季冬己丑朔，即十二月初一，停柩七日後於初八權厝。此處用"厝"而不用"葬"，説明爲淺葬，徐氏夫人先於湯公而逝，待湯公逝後，啓夫人厝，再合葬之。

參考文獻：

嵊泗縣志編纂委員會編：《嵊泗縣志》，浙江人民出版社，1989年。

嵊泗縣地方志編纂委員會編：《嵊泗縣志（1986—2000）》，方志出版社，2007年。

5.平倭港碑

明萬曆十八年(1590年)

‖碑文:

平倭港」

皇明嘉靖丙辰秋八月初四日,」倭賊數千,突至金塘海洋,欲犯」內地。總督南直隸、浙江福建軍務、」兵部左侍郎、兼都察院左都御」史胡宗憲,檄浙直副總兵盧鏜,」親統舟師,率子盧相,同把總張」四維、中軍官黃應徵、廣東領船」都指揮李涇、指揮伍惟統、千百」户葉椿、毛鉞等官兵擊之,遂大」捷。賊溺死者過半,餘黨逃奔上」山,陣斬五百餘級。盧相生擒辛」五郎,解京誅。海道肅清,地方安」堵,士民歡騰,共為立石,改烈港」為平倭港,以昭功烈于萬世。」

萬曆庚寅仲秋知縣何愈立」

天啓五年乙丑五月初七日,楚黃岡李文玉重修」

‖考釋:

《平倭港碑》位於定海區金塘鎮瀝港下街與平倭路交岔口,高305厘米、闊126厘米,外表建青磚碑罩,由定海(今鎮海)知縣何愈立於明萬曆十八年(1590年)八月,明天啓五年(1625年)五月七日李文玉重修。碑正中以陰刻勾勒"平倭港"三字,每字高80厘米、闊70厘米。其上小字碑文記述明嘉靖三十五年(1556年)八月四日,胡宗憲、盧鏜及其子盧相等率部在瀝港剿滅倭寇辛五郎一黨之事。

碑文稱,嘉靖丙辰(1556年)秋八月初四,倭寇數千突至金塘海面,企圖侵犯內地,總督浙江福建軍務、兵部左侍郎胡宗憲(1512—1565)命浙直副總兵盧鏜(1505—1577),親自統領水師,率子盧相、張四維、黄應徵、李涇、伍惟統、葉椿、毛鉞等官兵在金塘瀝港設伏襲擊,取得大捷。賊寇溺死過半,餘黨逃奔上山,在陣前斬敵首級五百餘。盧相生擒辛五郎,押解京師正法。《明史》卷二百五《胡宗憲傳》載:"辛五郎者,大隅島主弟也。"知辛五郎爲日本大隅島島主之弟。光緒《定海廳志》卷二十八《大事志》引胡宗憲《籌海圖編》云,辛五郎爲海盜頭目徐海部下,"八月,(辛五郎)舟過金塘,(胡宗憲)密令盧鏜餞而殺之",即胡宗憲計誘辛五郎來金塘,盧鏜以踐行名義俘獲之。從此,海道肅清,地方安居,士民歡騰,共同立石,改烈港爲平倭港,以顯揚功勛於萬世。光緒《定海廳志》卷二十六《古蹟志》云:"平倭碑,在烈港,有'平倭港'三大字,俞大猷得功所建。"蓋指《籌海圖編》載,嘉靖三十五年(1556年)九月,"賊復據舟山,副使王詢、總兵俞大猷擊之,俘斬百五十級"。

參考文獻:

《金塘志》編輯委員會編:《金塘志》,中華書局,1999年。

張廷玉等撰:《明史》,中華書局,2000年。

史致馴、黄以周等編纂,柳和勇、詹亞園校點:《定海廳志》,上海古籍出版社,2011年。

夏志剛、王建富:《海西名市"平倭街"》,王建富主編《群島老街巷記憶》,浙江古籍出版社,2016年。

戰國輝著:《海山勒石:浙江舟山石刻題記研究》,燕山大學出版社,2019年。

6.張名振墓碑

南明永曆十年(1656年)

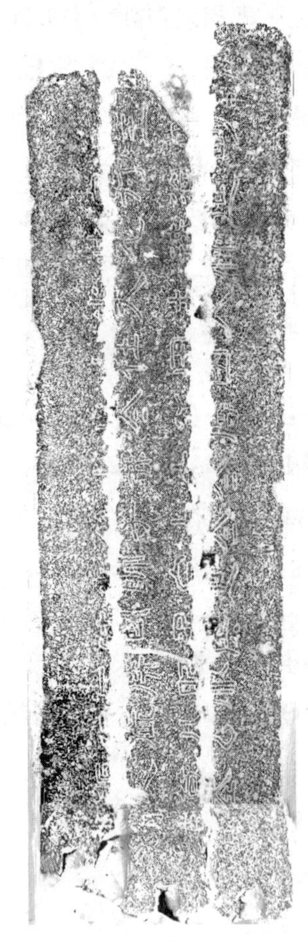

碑文：

（永曆丙）申」

皇明特進光祿大夫柱國太傅兼太子太師定西侯侯服張公之墓」

正月吉旦」

考釋：

張名振墓，位於舟山市普陀區東港街道南岙村魯家園西南角竹林内。民國《定海縣志》卷一《輿地志·名勝古蹟》載："定西侯張名振墓，在蘆花隩胡家園山麓"，并附有張名振（1604—1655）小傳的按語："按張名振，字侯服，應天江寧人。母范夢張世傑而生，稍長，精韜略、騎射擊刺之術。與弟名遠、名揚、名甲，從弟繼榮，號張氏五俊。登崇禎右科進士，授台州石浦同知。丙戌，魯王奔舟山，守將黄斌卿不納，名振迎之，加富平將軍。名振思海外惟翁州稍大，必得之爲監國地。會叛將張國柱以軍攻舟山，斌卿求救名振，援破之，以女妻斌卿子，誓共守舟山。日夕勸迎王，斌卿疑不決。丁亥，松江吴兆勝求援，斌卿不敢往，名振請赴，聯艅二千餘號、兵五萬，舟次黄連港。惡其名，令移白米沙，會颶風大作，全軍覆，名遠死之。名振浮蓬上得不死，易僧服，遁還舟山。斌卿聞事敗，頭觸庭柱大罵曰：'吾圖此舉所費數十萬，嘔血數斗，今爲鼠輩所壞，東南不可圖矣！'將殺名振，名振避居南田，斌卿子歸舟山，道經南田，名振留十日飲。斌卿疑名振殺其子，益怒欲攻之。十月，名振破昌國衛，迎王次健跳，加大將軍、定西侯。清兵來圍，使人告糴於舟山，斌卿不應。己丑八月，諸將奏斌卿罪狀，王命水陸并討，名振泣諫曰:‘臣與斌卿聯姻,路人皆知,今特加兵問罪,如物議何?請敕斌卿迎王自贖。’乃遣王朝先致温旨,斌卿部下背約出洋,朝先等疑其逸,遂殺斌卿、沈之水。十月,王入翁州,加名振太師與太傅,張肯堂共執朝政。名揚,左都督;名甲,副總兵。初,繼榮先從王入閩,固守仙霞關,力戰死。至是,與名遠同贈左都督。辛卯夏,清兵三路并進,名振與諸將會議,謂蛟關天險,敵兵必不能猝渡,命阮進拒横水洋,劉世勛守舟山城,名揚、名甲佐之。自奉王擣吴淞,拒北來之師,以相牽制。八月二十二日天大霧,清兵出蛟門,阮進不及覺,觸舟急以火器拒戰,天反風,自燔投水死。二十四日,破螺頭門,直抵城下。九月初二日,城陷,名揚、名甲巷戰死,名振母范氏、妻馬氏、妾某及名遠、名甲、名揚、繼榮妻皆自焚死。親屬、僕從等二十餘人俱赴火死。壬辰春,名振扈王至厦門,鄭成功欲害之。初,名振嘗刺‘赤心報國’四字於背,字長徑寸,深入肌膚,名振袒示之背,成功愧且拜。癸巳三月,名振掠金塘,獲降將金允彦,磔之。遂由北洋入崇明,截長江。甲午正月,登金山,遥祭孝陵。乙未十一月,成功遣英毅伯阮駿攻舟山,陷之。名振徒步入城,祭母及辛卯戰亡將士,哭聲震天。二十八日夜,大星隕海,光芒如電,有聲。名振坐起,擊床連呼先帝,嘔血卒。”張蒼水在《祭定西侯張侯服文》中説:“如我兄既歸三尺土,而尚不能保百年墳,致有發冢開棺之變。余聞之痛,何可言哉?”表明順治十三年(1656 年)九月,舟山再度被清軍攻破,清兵開棺揚尸,將張名振墓夷爲平地。

張名振墓碑爲舟山南明歷史的重要物證,首次發現於 1917 年,1918 年 5 月 15 日《申報》文章《擬修先烈墓碣》稱:“定海蘆蒲鄉士紳李斌夫,前因該鄉農民張某於南岙四畝墩地方營造先塋,起掘浮土,掘至深處,露見石碑,横亘土中,起出洗視,知爲明季魯監國死難先烈定西侯張名振墓地,復將該碑石仍行竪立,當報續修。縣志采訪處俞主任轉呈縣公署,令飭成仁祠董事撥款修建,俾得表章墓道,保存古迹,以安忠魂,而垂不朽。”至新中國成立初,張名振墓僅存土堆及墓碑殘柱,村民建房,將牌坊柱作石料砌入墻體,墓碑被一剖爲三,改作立柱,用水泥塗封,現已將三部分找回拼合,總闊約 225 厘米、高 60 厘米、厚 13 厘米。民國《定海縣志》卷十四《藝文志・金石》載:“張定西侯墓碑,在蘆蒲鄉南隩胡家園山麓。民國六年,鄉民掘地所得。横碑石質,長方式,文曰:‘皇明特進光禄大夫柱國、太傅兼太子太師、定西侯侯服張公之墓。’每行二字,十三行,計二十六字,隸書,字大四寸見方,陽文,兩旁題‘永曆丙申正月吉旦’八小字。按永曆丙申係順治十三年,郡人全祖望爲作神道碑,今其墓已平,神道碑亦無可考。”全祖望所作《明故太師定西侯張公墓碑》,全文載於《鮚埼亭集・外编》卷四,其文中未提及此墓碑,可知乾隆年間全氏立神道碑時,墓碑已在地下,今神道碑亦無存。

魯王封張名振“太傅兼太子太師”“定西侯”等爵位,均見於各種史料。明文散官正一品初授“特進榮禄大夫”,升授“特進光禄大夫”。“柱國”爲武散官、勛官。唐置“上柱國”,爲武官勛級中最高者,“柱國”次之。宋、金、元沿置,明易上柱國爲左、右柱國,仍爲勛官。“特進光禄大夫”“柱國”蓋爲張名振去世後的追封。

參考文獻:

《擬修先烈墓碣》,《申報》,民國七年(1918 年)五月十五日。

陳訓正、馬瀛等纂:《定海縣志》,民國十三年(1924 年)鉛印本。

徐連達主編:《中國歷代官制大詞典》,廣東教育出版社,2002 年。

方牧,《清明無處剪春楸——張名振事迹及其墓地考略》,《浙江海洋學院學報(人文科學版)》,2005 年第 4 期。

舟山市文化廣電新聞出版局編:《海山風物:舟山市第三次全國文物普查成果彙編》,2012 年。

陳静:《“南明歷史”可成南岙鄉村振興的一把“金鑰匙”》,《舟山日報》,2021 年 8 月 23 日。

孫峰:《普陀張名振墓遺址的歷史淵源細述》(未刊)。

7.蓉浦書院碑記

清康熙五十四年(1715年)

碑文：

蓉浦書院碑記」

文教之興，有司其權衡者，即有任其培養者，其功一也。而祀以報功，亦自無殊。故韓愈在潮，文翁入蜀，皆起斯文於窮荒絕徼」之中。士民不忘厥始，祀同青城文宿，良有以也。翁州越在海外，沿革不一，文教闕如。」今上廓清海宇，即其地增定海縣治，建學置博士弟子員。歷今雲漢為章，菁莪在沚，漸埒鄞、慈諸邑，寔繇賢宰江陰繆公蓉浦久於」其任，招徠拊畜，又之以生。又大脩」孔子廟庭，立義學，陳六德六行以迪之。民用興起，咸欲建祠肖公，如潮之肖韓、蜀之肖文者，用垂不朽。適義學之前，隔橋芙蓉數百」株，雜四時花卉、翠竹青松，時與島霧海霞相為陰映，士民合謀建書院於此。因芙蓉之盛，用美厥名，誌我公之號。

公時攝篆鄞」邑，不及知也，歸見室已落成，讓弗敢居。顧不容中毀，急諭士民曰："敬教勸學，有司職也，何報為？若默誘其衷，去鱗介而冠裳，實」文帝威爽式憑，有以統三曾兩大也。茲祀學宮者，風頹雨蝕，無以妥神。盍易祀於斯室，無虛建而文有攸寄，其兩淂之。況義學在前，」俾我譽髦，時瞻樞軸，庶其近水樓臺乎？"邑人承命之。後服公計之者，大謙而彌光，因思有文帝之權衡，不可無我公之培養，」厥功維均。今書院既主紫微，旁祀爰尊山斗，誰曰不宜？爰倣大成從祀例，搆東廡三間，置公位其中，公弗能禁。且定人以予」向在蓉幕，同贊邑乘，稔公行誼有素，徵予記之。

余惟書院之建，與義學相表裏。古之家塾、黨庠、術序，異名而同實，惟成均及郡」縣學校各有耑官，他若士大夫有能師道自任，明禮義以教民者，則名其所曰書院。宋唐以後相沿，寖廣要，多自名之，而自名」之，非衆志也。今定人欲效親上之義，廼繫書院於公。而我公惟思培士之基，廼主書院於帝，理固竝行而不悖，較之文翁祀」蜀、韓公祀潮更得所宗。而溯淵源於不替，豈僅一時適館之愛已哉？公在定二十餘年，蔬米醯醢無不攜自江陰，計所酌者，在」官一杯水耳。直方以大，復寧謐自如，望而知為儒者。

公先叔祖文貞公，節義文章為東林首屈，茲之政教翔洽，蓋有自云。公諱」燧，字雯曜，蓉浦其號也。書院主文帝者，誌公意也；復繫以蓉浦者，誌民意也。余故詳記之。若夫政聲在」御屏之識名，政績在計典之奏最，而政澤又在孔邇士女與所攝郡邑久飫不忘之人心，茲不悉載。」

賜進士出身翰林院庶吉士慈水裘璉撰文」

定海縣儒學教諭會稽錢廷楨篆額」

訓道錢塘程世楷書丹」

典史上谷鄭師聖同誌」

康熙乙未年菊月穀旦闔邑士民公立」

考釋：

《蓉浦書院碑記》1999 年出土於舟山市定海區城關書院弄 17 號舟山市定海區第二中學原校址，其前身爲定海知縣繆燧（1649—1716）創建的文昌書院。後以繆燧之號“蓉浦”改書院名爲“蓉浦書院”，康熙五十四年（1715 年）九月由裘璉作《蓉浦書院碑記》以示紀念。《蓉浦書院碑記》碑高 2.08 米、闊 0.88 米，現立於定海區臨城街道長升路 222 號舟山教育學院内。

碑記開篇，作者論述大興文教之功，舉唐代韓愈（768—824）在潮州、西漢文翁（前 187—前 110）入蜀地之例，贊頌他們以儒學教化窮荒邊塞的百姓,士民不忘其德,建祠奉祀以感恩。接着,筆鋒轉至越在海外的舟山,自明洪武二十年(1387 年)裁撤昌國縣,縣學隨縣廢而停辦,生員衹能附學於鄰縣,直到清康熙三十一年(1692 年)纔由定海知縣周聖化重建學宫。繆燧從康熙三十四至五十五年(1695 年—1716 年)擔任寧波府定海縣知縣長達二十二年,是舟山史上任期最長的地方官。他主政期間,擴建學宫、修大成殿,創辦義學、多置學田,振興了舟山的教育事業。康熙五十一年(1712 年),定海生員黄灝等 59 人執意在義學後河之北畔爲繆燧建生祠。

當時繆燧正代理鎮海、鄞縣知縣,并不知情,回舟山見生祠已落成,認爲不妥,而堅辭不受。他諄諄教導士民:“兹祀學宫者,風頽雨蝕,無以妥神。盍易祀於斯室,無虚建而文有攸寄,其兩得之。况義學在前,俾我髦髦,時瞻樞軸,庶其近水樓臺乎?”將功德祠改爲書院,既不虚建,又使讀書人有治學場所,豈不是一舉兩得之事?碑記稱贊:“我公惟思培士之基,乃主書院於帝,理固并行而不悖,較之文翁祀蜀、韓公祀潮更得所宗。”認爲繆公改書院的做法,比文翁祀蜀、韓公祀潮,更顯立意深刻。碑記提到“公在定二十餘年,蔬米醯醢無不携自江陰,計所酌者,在官一杯水耳。”可見其公正端方,又安寧自如。作者説繆公的先叔祖是文貞公繆昌期(1562—1626),乃明末東林黨首屈一指的人物,繆公能將爲政與教化事業做到平衡融洽,大概得自祖上真傳。

繆公主張“書院主文帝者”,初命名爲“文昌書院”,供奉文昌帝君,但百姓還是以繆公的號“蓉浦”命名書院,在建成三年後改名“蓉浦書院”,遂有康熙乙未年菊月(九月)闔邑士民公立的此碑。“蓉浦”之號源自繆燧的家鄉江蘇江陰,江陰又稱芙蓉城,城中有河名申浦。繆燧於康熙五十五年(1716 年)赴任鎮海知縣,升任杭州府同知，因病未就職，於當年三月初三逝於鎮海官署，享年六十七歲。碑記作者裘璉（1644—1729），康熙五十四年（1715 年）時已七十二歲。康熙三十七年（1698 年），裘璉應藍理延請寓居普陀山，編撰《南海普陀山志》二十卷。繆燧也爲舟山編修了一部康熙《定海縣志》，共八卷。

參考文獻：

舟山市定海區政協教文衛體與文史委編：《定海知縣繆燧》，中國文史出版社，2010 年。

8.石礁廟碑記

清乾隆四十年(1775 年)

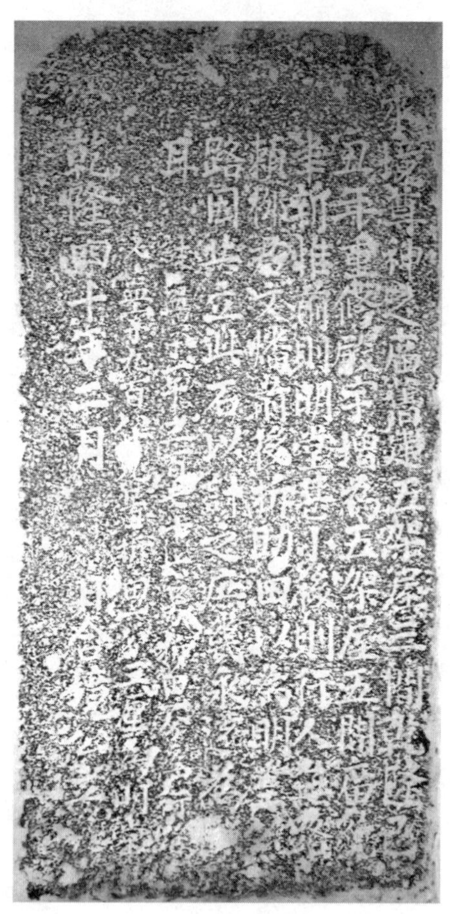

碑文:

本境尊神之廟,舊建五架屋三間,乾隆己」丑年重修。殿宇增為五架屋五間,廟貌」聿新。惟前則明堂甚小,後則行人無路。」賴栁君文燔前後拆助田,以為明堂公」路,因共立此石以計之。庶幾永遠為□」耳。計塩字一千三百七十六号拆田一分為行路。」又塩字九百八十九号拆田一分三厘為明堂。」

乾隆四十年二月　日,合境公立」

考釋:

石礁廟位於舟山市定海區雙橋街道石礁村,其清代建築至今保存較好,整體大致坐南朝北,有前、後殿各五間,東、西厢房各三間,占地面積約 730 平方米。其始建年代不詳,據廟内乾隆四十年(1775 年)所立古碑,可知石礁廟於清乾隆己丑年,即乾隆三十四年(1769 年)重修。石碑高 91 厘米、闊 44 厘米。碑文内容簡單,記 1769 年石礁廟由五架屋三間擴至五架屋五間,由柳文燔助田修明堂、公路,及位於鹽倉的具體田址等信息,但未指明本境尊神名諱。因碑石作於乾隆年間,實爲舟山的珍貴文物。

石礁廟,顧名思義爲建於礁石之上的廟宇。相傳如今廟址在四百年前是茫茫大海上的一座礁石,有福建漁船遭遇風暴,危難之際見此礁石,漁人棄船登礁,得以保全性命。後來爲感恩神佑,得救的漁人在礁石上鑿出三個洞窟以奉神明。不久,過往船隻皆來拜神,人們逐漸建成一間小廟,爲神明遮風擋雨。因原石龕朝北而鑿,小廟亦坐南朝北。今石礁廟内敬奉老爺菩薩像後的石窟,便是當年的礁石。

石礁廟最初所供之神,或與流行於閩臺地區的保生大帝有關,因爲其立神像者是福建人,保生大帝信仰在閩臺地區有相當大的影響力,石礁廟與保生大帝祖廟——青礁慈濟東宫、白礁慈濟西宫廟名相近,所處自然環境又與福建青礁村、白礁村類似。保生大帝姓吴,名夲,北宋時人,一生活動於福建漳州龍海市與厦門市交界的小漁村——青礁與白礁一帶。吴夲是民間醫生,醫術高明、醫德高尚,救死扶傷又潛心修道,去世後被信徒附會作神仙,逐漸成爲青礁村與白礁村臨海漁民祈求避免海難的信仰對象。南宋乾道二年(1166 年),孝宗皇帝敕賜保生大帝廟額“慈濟”,保生大帝祖廟便是坐落於青礁與白礁村的青礁慈濟東宫與白礁慈濟西宫。

參考文獻:

范正義:《保生大帝信仰與閩臺社會》,福建人民出版社,2006 年。

9.尚義田碑記

清乾隆四十二年(1777 年)

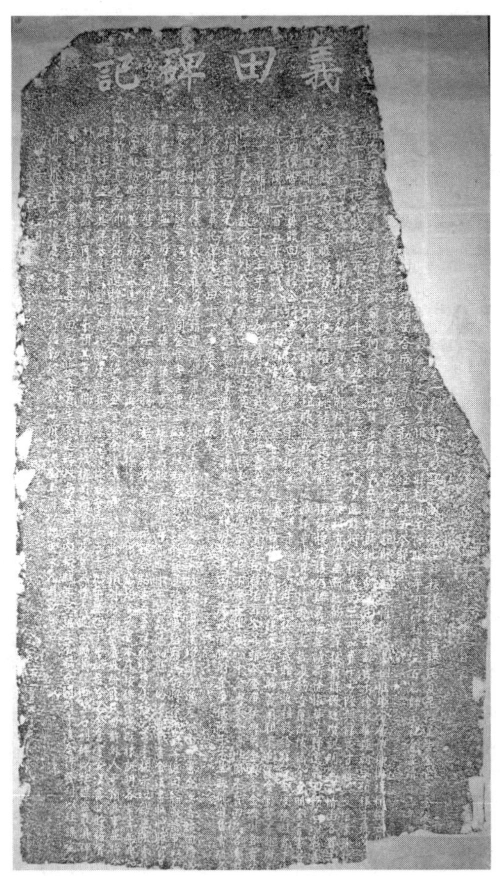

‖碑文：

（尚）義田碑記」

（特授寧波定海縣正堂、加三級記錄五次王為　父捐）子盜等事。乾隆四十一年八月二十六日，蒙」（特授寧波府正堂、加三級記録五次徐憲牌，奉特授浙江分巡寧紹台、兼管水利海防兵備道）加一級記録七次梁批。本府呈詳核議，得定海縣民夏元仁呈告，金管書、金漢書（之祖父金爐樂善好施，雍正四年將己户七拾畝田租捐出，每年底散給窮民，雍正八年奉文勸捐）社穀。金爐之子金惟璜呈縣，將此田停賑三年，可淂租穀三百石歸于社倉。並請于三年後，（即將此田另立户名，永為義田，贍濟窮民。陸子才之父陸元一亦呈請捐田三十畝，附入金）惟璜捐田，合成一百畝，共勷善舉。

經前縣黄令詳奉」（督撫二憲批飭，給）匾獎勵，並勒碑永為義田在案。田仍金陸兩家分管，收租賑貸。嗣金惟璜與弟金惟瑾分居，惟璜、惟瑾相繼亡故，（其義田遺伊子及陸子才等承管。至乾隆三十二年，金康侯貧乏，）」借欠官穀無還，請賣義田十畆。前縣何令批准出售，金康侯弟兄藉有縣批，即將義田七十畆賣于徐振華、鍾朝宗、顧錫三、張茂（華、楊行先、顧加正、徐魏氏、吴有倫、王學易等為業，共得銀）」百一十二兩九錢，錢三百一十七千三百五十文。陸子才效尤，亦呈縣將父捐義田三十畆賣于方隆興、薛良才、蔣興文管業。

徐振（華欲起田自種，夏元仁不甘，奔控）」憲轅，蒙前道憲潘批飭該縣録案詳覆批府核議畢，府提案察核，有供無断。批飭議詳據前縣段廷瓚訊明盜賣情由，各買主（情願退田，歸義學以為師生膏火之資。卑府查此詳）奉」各憲批飭，永為義田，贍濟貧户，未便擅廢義學。批飭妥議，經前縣孫發槐改議，仍歸義田，並請將徐振華等歸還義田，勒石以彰善(舉等情，正在核轉間。又據金管書、金漢書以金康侯賣于徐)」魏氏田十六畝七分零，已于三十八年贖回，收租賑散窮民，又被薛廷章謀買等情，赴府呈告，復飭查覆。

茲據孫令查明金管書等，(聞前縣詳請田歸義學，因金康侯賣于徐魏氏之田，原非絕)」賣，田價甚輕，希冀贖回，仍歸金捐義户，以為己業，官不能概充義學。隨于三十八年向徐魏氏贖田，收租散給窮民。金康侯因賣于(徐魏氏之田價輕，不知已經金管書、金漢書贖回，復賣于薛)」廷章，浮價銀一百五十兩、錢八十千。收租管業嗣經金管書等赴縣呈告，薛廷章情愿議價退田歸義，田租未追還。金管書等赴府呈(控等情，詳覆前來查律，載盜賣公田一畝，笞五十，每五畝)」加一等罪，止杖八十、徒三年，官田加二等。又例載子孫盜賣義田，照盜賣官田律治罪各等語。

今金康侯與弟金與參、金濟川各賣父(置義田，係呈明該縣批准售賣與盜賣有間，除賣義田之)」陸子才已經身故不議外，金康侯賣田雖因家貧欠粮，呈縣变售，究屬不合，照不應重律，杖八十。金與參、金濟川因兄賣田，亦各賣数(畝，均有不合，俱照不應輕律，笞四十。買田之徐振華、鍾朝)」宗、顧錫三、楊行光、薛廷章、吳有倫、王學易、方隆興、薛良才、蔣興文等，雖明知義田不應承買，但因金康侯、陸子才呈縣批准售賣，随各(承買，多寡不一，今已讓價退田歸還義户，情尚可原，均請)」免議。金康侯等事犯在乾隆四十一年五月初一日欽奉」恩詔以前，所擬金康侯等杖笞罪名，應請寬免。金康侯等現在赤貧，陸子才久已身故，所浮田價均請免追充公。

金管書、金漢書贖田歸義，(尚有不沒祖父好善之志。徐振華等退還共計田壹百畝，仍歸)」義户。飭縣選擇殷寔端方之人，協同金管書、金漢書經理收租完粮之外，將租息照舊散給窮民。仍將徐振華等退田歸義情事，勒石(立碑，以垂永久。陸元一捐田叁拾畝，經伊子陸子才全數)」售賣，已與陸姓無涉，毋許陸元一子孫干預其事。薛廷章所收三十九年並四十年租穀，應如縣議，給還金管書、金漢書，收貯賑貧。夏(元仁已經退田，應毋庸議。各契飭縣塗銷，何、莊二令擅)」將義田批准变售，甚属不合，但久已去任，請免揭参，無干省释，是否允協，理合粘連原奉，詳批核覆，伏候憲臺核示，以結塵案。

奉批(查金陸二姓捐田濟貧，經前縣詳奉)」各憲批飭獎勵，並令勒石，永遠為義田，與公產無异。該子孫擅自变賣，徐振華等均各承買，本應按律重懲，既據訊明各業主並非知(情，故買業已退田歸義，情尚可原。且事在)」恩赦以前，從寬免究，仰即飭縣選择殷寔之人，協同金管書、金漢書經理收租，除完粮外，餘息照舊散給窮民，毋許外人干預其事。並將金(陸二姓捐田濟貧，以及買主情願退田歸義緣由竪石刊)」碑，以杜謀盗。取具碑摹送查，餘已悉，此繳。原詳并發，並飭將薛廷章所收三十九年並四十年租穀，給還金管書、金漢書，收貯贍貧，(一面選擇殷寔之人，協同金管書、金漢書經理收租濟貧)」外，餘息照舊散給窮民，毋許外人干預其事，並將金陸二姓捐田濟貧，以及買主情愿退田歸義緣由，竪石刊碑，以杜謀盗。取具碑摹送查，餘已悉，此繳。原詳并發，並飭將薛廷章所收三十九年並四十年租穀，給還金管書、金漢書，收貯贍貧，(一面選擇殷寔之人，協同金管書、金漢書經理收租)」濟貧外，所有金康侯等盗賣各户田畝，已據各買主愿退歸入尚義田户内輸賦，其字號、土名、畝分開列于後，合行發刊，以杜謀盗，為(此仰原捐金管書、漢書董事、戎佩蘭、陳上昇遵照刊刻)」并憲批事宜，務須寔心經理，毋得始勤終惰，致蹈前轍。俾盛事浮以昭垂永久，因勒諸石。」

乾隆四十二年二月」

考釋：

《尚義田碑記》現立於舟山市定海區金塘鎮柳行村文化禮堂柳行民俗陳列館内，右側及底部遭毀壞。殘碑高 194 厘米、闊 108 厘米、厚 12 厘米。勒石於乾隆四十二年（1777 年）二月，爲寧波府定海知縣李青發布的、關於處理子盜父捐義田之事的告示。原石缺失碑文根據民國《定海縣志》卷四《財賦志・公款及公産》録文補全，但與原石尚存文字對照，縣志録文有漏字、訛字現象。

因文字甚多，書丹者寫错行，刻工遂錯刻第 25 至 26 行，即又重複了一遍："餘息照舊散給窮民，毋許外人干預其事，并將金、陸二姓捐田濟貧，以及買主情愿退田歸義緣由，竪石刊碑，以杜謀盜。取具碑摹送查，餘已悉，此繳。原詳并發，并飭將薛廷章所收三十九年并四十年租穀，給還金管書、金漢書，收貯贍貧，一面選擇殷實之人，協同金管書、金漢書經理收租濟貧外"，使此處文字成了衍文。

據碑文載，金管書、金漢書之祖父金爐樂善好施，於雍正四年（1726 年）捐出七十畝田租，每年底散給窮民，雍正八年（1730 年）又準備將租穀捐入社倉。社倉用於救助飢民的糧食爲民間自籌，其管理主要依靠民間鄉紳而非官府，但需向官府備案以取得合法保護。金爐之子金惟璜呈縣，將七十畝田停賑三年，即不再於年底將租穀散給窮民，可得租穀三百石歸於社倉，并於三年後將此田另立户名，永爲義田，贍濟窮民。義田爲鄉村社會公産，强調"捨利取義"，是社倉的配套設置，以維持義倉的有效運轉。義田招殷實佃户租種，按年交租，納入社倉，社倉爲窮民提供的是借貸而非救濟，所借糧食償還時須支付利息，又可使倉儲永遠充盈。金惟璜請設義田之善舉，得到陸子才之父陸元一的支持響應，他亦呈請捐田三十畝，附入金惟璜捐田，合成一百畝義田。

前知縣黄紹泰奉上級批飭，給匾獎勵，并勒碑規定此百畝田地永爲義田，登記在案。義田須以公産的名義向官府備案，由置田者及其後代專人專管，這百畝義田便由金、陸兩家分管，收租賑貸。隨着金惟璜、金惟瑾相繼亡故，義田由其後代金康侯弟兄及陸元一之子陸子才承管，到了乾隆三十二年（1767 年），因金康侯貧乏，借欠官穀無還，就打起義田的主意，向官府請呈賣掉義田十畝，竟得到時任知縣何（失名）的批准。金康侯弟兄藉有縣批，將祖上所捐七十畝義田全部盗賣與九人，獲得大量財銀。陸子才亦效尤，將陸家所捐三十畝義田賣給三人。

義田屬於鄉村公産，任何個人不能侵占，但是不肖子孫吞噬義田的行爲又屢禁不止，使公有經濟遭受破壞。爲此，地方官員上奏中央要求加强立法，乾隆二十二年（1757 年）在清律中便增加了“盗賣義田”條例，即《大清律例》卷九“盗賣田宅律文”第六條例文，明確“盗賣義田，應照盗賣官田律治罪”。官府向上級請示，各買主情願退田，歸義學以爲師生膏火之資，因金康侯、陸子才呈縣批准售賣，各買主已讓價退田歸還義户，情尚可原，均請免議。判金康侯照“不應”重律，杖八十；金康侯之弟金與參、金濟川照“不應”輕律，笞四十，“不應”爲法律名詞，謂非有意犯罪。陸子才已經身故，不再追究，義田已與陸姓無涉，其子孫不許干預其事。前知縣何（失名）、莊綸渭擅將義田批准变售，甚屬不合，但久已去任，請免弹劾。

後經合議,認爲金康侯弟兄犯事於乾隆三十二年(1767 年),在乾隆四十一年(1776 年)五月初一日"恭上皇太后徽號册寶"恩詔大赦天下之前,所擬金康侯等杖笞罪名,從寬免究,金康侯等現在赤貧,陸子才久已身故,所得田價均免追充公。定由金管書、金漢書管理義田,并選擇殷實之人,協同經理收租濟貧等事。最後將義田制度刊刻於石碑之上,警示後代嚴格遵守,以保護這種民間慈善制度。

參考文獻:

陳訓正、馬瀛等纂:《定海縣志》,民國十三年(1924 年)鉛印本。

馬建石、楊育棠主編:《大清律例通考校注》,中國政法大學出版社,1992 年。

王日根:《論清代義田的發展與成熟》,《清史研究》,1992 年第 2 期。

《金塘志》編輯委員會編:《金塘志》,中華書局,1999 年。

穆崟臣:《試論乾隆朝社倉的管理與運行制度》,《滿族研究》,2008 年第 4 期。

陳秋雲:《清代閩浙蘇地區的義田制度及當代啓示》,《社會科學家》,2014 年第 4 期。

孟玉瑩:《清前期赦宥制度研究》,湖南師範大學中國古代史專業碩士學位論文,2020 年。

辛德勇:《古代賑灾救濟的"義倉"與"義田"》,《人民論壇》,2022 年第 9 期。

10.勘定盡山界碑

清乾隆五十八年(1793 年)

‖碑文：

勘定盡山界碑」

江南蘇松総鎮孫　為勒碑定界事。乾隆五十五……」雲山在盡山失事報案，奉委江浙文武會同使……」相推諉，查出康熙二十九年、乾隆四十八年……」歸浙轄。於乾隆五十八年復奉……」江督憲書、浙督憲伍恐洋界不清，行委……」京口協鎮陳安邦、浙江寧紹台道邢嶼……」崇標，左營游擊鍾啓鶴，守備王佩、王定□，右營……」前赴外洋馬蹟山，安設羅盤，公同會勘，得盡山……」偏南應歸浙省管轄，陳錢花鳥在馬蹟山東……」轄。當經繪圖會印，公同詳報浙江……」碑於此，永遠遵行。」

乾隆五十八年九月」

‖考釋：

乾隆五十八年（1793 年）九月所立《勘定盡山界碑》收藏於嵊泗博物館，據以往學者研究，發現於舟山嵊泗縣的"分定江浙洋汛界綫碑"共有三種，兩方是康熙二十九年（1690 年）在小洋山所立的《江浙沿海分界碑》與《江浙兩省海汛分界圖碑》，惜俱已亡失，僅留下一張 20 世紀 30 年代所拍攝的前碑拓片照片。最後就是這通《勘定盡山界碑》，高 104 厘米、闊 74 厘米、厚 10 厘米，原藏於小洋山觀音閣内，距今已兩百餘年，下半部分磨泐嚴重。

殘缺的碑文裏出現最多的是年份與人物，民國《崇明縣志》卷九《武備志》對此次勘界的前因後果作了詳細記録，如下："（乾隆）五十八年，以蔡雲山在盡山洋面被劫，兩省未定參緝。江蘇委蘇松太道通恩、候補副將陳安邦，浙江委護金衢嚴道邢嶼、象山協副將袁永清，先後至馬蹟山查勘。遂於馬蹟中峰最高處立準，馬蹟旁有小山曰扁礁，爲江南轄。扁礁東南數里曰黄龍，又東數里曰梅子山，爲浙江轄。馬蹟東北數十里曰花鳥，東偏北百餘里外小山曰陳錢，陳錢南數里大山曰盡山，江南難紆道管轄，議定以陳錢山脚爲界，南歸浙江、北歸江南。”

綜上可知，《勘定盡山界碑》中還有大量《崇明縣志》所未載的信息，我們逐一進行分析。碑額的“盡山”是今嵊山島古名，嵊山島在明代稱“陳錢山”，康熙二十九年（1690 年）分洋汛後，俗呼爲“盡山”，被認作“中國諸山盡處”，是爲天涯海角。碑中的“乾隆五十五（1790 年）”到底發生何事，因下文漫漶，不能確指，但很可能是蔡雲山在盡山洋面被劫的時間。後來引發長達三年之久的江浙兩省文武官員相互推諉，“查出康熙二十九年、乾隆四十八年……歸浙轄”一句表明，在康熙二十九年和乾隆五十八年之間，乾隆四十八年（1783 年）還有一次劃界舉措，認定蔡雲山失事的洋面應歸浙省，但仍恐洋界不清，便引出乾隆五十八年（1793 年）再次定界一事。

碑文下面出現長串人名，官員級別甚高。“江督憲書、浙督憲伍”是正二品的兩江總督書麟（？—1801）與閩浙總督伍拉納（1739—1795），兩人爲統籌全域的最高官僚。具體辦事的京口協鎮陳安邦（1730—1804）和浙江寧紹台道邢嶼，由江浙兩省分别委派。民國《崇明縣志》記載兩人官銜爲“蘇松太道通恩、候補副將陳安邦”“金衢嚴道邢嶼”。後面的人名在碑上已辨别不出，能看清的是負責實地勘察工作的左營游擊鍾啓鶴，守備王佩、王定□等。最終勘定的結果在碑中斷斷續續，民國《崇明縣志》的記載十分明晰：“議定以陳錢山脚爲界，南歸浙江、北歸江南。”有學者指出，這裏的以陳錢山脚爲界，并不是劃定了江南、浙江二省在海域的省界，而指軍事防區的界綫。海域的劃分管理都屬軍事系統之事，軍事將領的各個層級都有其轄區，他們在海域上都劃有明確的界綫。但這時軍事防區的最高將領仍舊是兩江總督書麟與閩浙總督伍拉納，所以籠統地稱“南歸浙江、北歸江南”也無甚不可。最後，由江南蘇松總鎮孫全謀（1744—1816）“勒碑定界事，永遠遵行”。

碑文所記當時所用的勘界工具爲羅盤，自康熙以來已有多種西方測量儀器傳入我國，如像望遠鏡的“雙千里鏡象限儀”等，很多都保存在今故宫博物院内。雖不知此次海上勘界是否用到了西洋儀器，但乾隆五十八年（1793 年）這年在中西交流史上有件大事，那便是英國勛爵馬戛爾尼（1737—1806）訪華。其龐大使團共有八百餘人，分乘五艘航船，於 1792 年 9 月 26 日從英國朴茨茅斯港出發，經九個多月海程，於 1793 年 6 月到達澳門，7 月 4 日抵定海外洋，8 月離開青龍港北上，并於 9 月 18 日在承德避暑山莊參加了乾隆帝八十三歲慶壽典禮。乾隆帝對英國的首次遣使非常重視，但没有滿足他們的通商要求，馬戛爾尼衹好敗興地於 10 月 7 日離京返國。由運河南下，過長江，經江浙海域，改由旱路至江西，過大庾嶺，最後從廣州開船回國。這年陰曆九月，馬戛爾尼的使團正航行在江浙海域，查《清實録》乾隆五十八年九月十四日的奏摺可曉，在同一時間山東與江蘇毗連洋面也在勘界，偏在這時釐清海域的軍防界綫，不知這種加强海防的措施，是否同保障英國使團的海上安全有關。總之，這通《勘定盡山界碑》是嵊泗的寶物，乃清代科學管理海洋、將海域政區化的明證。

參考文獻：

上海市地方志辦公室編：《上海府縣舊志叢書・崇明縣卷》，上海古籍出版社,2011 年。

周苗:《小洋山軼碑與江浙兩次分定洋汛》,《舟山日報》,2016 年 9 月 16 日。

李偉:《從守土到守洋:清代浙閩地區的海域管理與海域政區化研究》,《廣州中山大學歷史學系第三十一届歷史人類學研究生研討班論文集》,2016 年 3 月 19 至 20 日。

11.東岳會碑

清乾隆六十年(1795年)

碑文:

東岳會碑」

立合同永遠推據」

立合同永遠推據。陳簡能、余永昌、普濟寺住僧等,今有年前興拜」東岳大帝勝會,已經数十餘載,情因近來會事較前更煩,各柱首四散,恐不能同心協力办事。」有不到之處,終非敬神崇祀之意也。爰集能等共十五柱公議竟,將會事所有大殿四間」神軆袍甲并轎等,須推与普濟寺分办,或修葺,或脫換,毋得怠事外,此匆与焉。當交錢三千文」作办事之費,如是而烏有办事之不到哉?此不獨不負前之数十餘載興會之盛心,并可以総」之于在在而匆替矣。為此合同議立永遠推據,勒明扵石,以誌不朽云。」

乾隆歲次乙卯杏月穀旦

柱首 魏光天 余永昌 陳簡能 賀士賢 樂謙能

普濟寺 沈有增 魏昌德 吴正文 陸世華

樂遜為 齊世德 陸世奎 樂遜容 鄭光璧」

考釋:

《東岳會碑》現藏於舟山市定海區金塘鎮柳行村文化禮堂柳行民俗陳列館内,碑高152厘米、闊82.5厘米、厚15厘米,立於乾隆六十年(1795年)二月。石碑原在金塘鎮柳行村紗羅山的老普濟禪寺,寺院始建於五代後漢乾祐元年(948年),明代寺廢,清康熙二十七年(1688年)由鎮海伏龍山僧貫一恢復,乾隆十二年(1747年)重建大雄寶殿、天王殿。光緒年間,因寧波奉化雪竇寺方丈果如法師幼年在此出家,普濟禪寺遂成爲雪竇寺下院。光緒三十三年

(1907年),寺内設有柳巷一成小學堂,1953年寺院徹底改爲柳行鄉中心小學。1995年由本地信衆、海外華僑等籌資,當地將寺移至金塘鎮萬榮村西佛嶺墩重建。原址還存有三開間的大雄寶殿一座,尚屬清乾隆間建築。因普濟禪寺内原供奉有東岳大帝神像,故留下乾隆年間的《東岳會碑》。此碑曾被學校教師用作洗衣板,後丢棄於大殿西側的桂花樹下,2011年起纔受到保護。

"東岳會"是以祭祀東岳大帝活動爲中心,由民間自發形成的迎神賽會。1999年版《金塘志》載,俗稱"行會"的迎神賽會,是金塘島上最盛大的群衆傳統文化活動。每年農曆二月初十至十五日興辦的"東岳行會",規模宏大,有上千人參與,信衆抬出東岳大帝巡行各村,前有神牌引路、鑼鼓開道,後有男女老少隨行膜拜。請神、巡游之後,還有演戲、會宴、送神等儀式,人們相信此行會的舉辦可保佑全境平安。

《東岳會碑》碑文開頭稱"立合同永遠推據",説明此次立會是圍繞本年籌劃"東岳行會"而締結共同約定,具體如下:陳簡能、余永昌、普濟寺住僧等人合議,今年馬上要舉行的東岳大帝勝會,已在本地持續了數十年,然而上一届東岳會組織的柱首,即社長們有的已解散,恐怕不能同心協力將行會辦好,所以重新組建由15名人員構成的柱首集團領導本次活動,14位爲附近村民,一位是普濟寺代表。其職責包括由普濟寺方面負責東岳大帝神像、袍甲及神轎的維修、换新事務,共同集資三千文作辦會之費等。最後將此合同勒石,作爲組織規範讓後世遵守。

東岳大帝本是泰山之神,很早被納入道教神系,後來成爲城隍神的上級,掌管轄内民衆生死。東岳大帝祭祀於宋代被列入國家祀典,在江南地區十分流行,東岳宫隨處可見。隨着通俗小説《封神演義》的傳播,明清朝的人們將東岳大帝附會爲商朝末年的黄飛虎,因而演變爲身著袍甲的將軍形象。東岳大帝雖是道教神祇,其信仰却吸收大量佛教關於地獄的内容,民間傳説東岳大帝爲閻羅王上司,各地城隍審理的案件最後也要彙總到東岳大帝的案頭。難怪金塘群衆會將東岳大帝供奉於佛教的普濟禪寺之中,并由僧人管理日常祭祀活動。

參考文獻:

潘蘭香:《東岳大帝源流》,《學術交流》,1997 年第 6 期。

《金塘志》編纂委員會編:《金塘志》,中華書局,1999 年。

舟山市佛教協會編:《舟山佛教寺院通覽》,中國文史出版社,2015 年。

童旭:《神明之下的結合:論清代民間的神會——以徽州“神會”文書爲綫索》,《安徽大學學報(哲學社會科學版)》,2015 年第 5 期。

12.定海縣義冢碑記

清嘉慶七年(1802 年)

碑文:

定海縣義冢碑記」

天下有大功德于民,而使生者蒙其庥,死」者被其澤,則可謂仁人矣。人之大事在送」死,富貴之家今日卜佳城,明日徙吉地,雖」殫財極智有所不惜,而窶人或營營焉,求」一席之地以安其父母、兄弟、妻子不可得。」幸得之矣,或歲久不免暴露,此《月令》所以」有掩骼埋胔之典也。閩陳君大琮,今浙江」提督西巖李公女夫也。公先是嘗鎮定海,」陳君以愛壻入掌書記。辛酉春,與友人劉」心南散步北郊,覩敗棺骸骨照白日,惻然」久之。歸而請諸公,遂蠲俸銀三百兩,購得」東門外孫姓眠狗山地一畝九分,北門外」陳姓劍靶山地五分。又恐年久不敷,更于眠狗山別建衆墖二。北郊成仁祠故有收」

骨之舉,公即命以山畝塯事就近歸焉。烏」虖！此非盛德事乎？方公莅鎮之日,正海洋」多故之時,島嶼居民疊遭焚刼,閩粵商賈」屢受傷殘,而公統領舟師剿捕,終年無倦」色。人第見其身先,將士以為我公雄略過」人,不知其去莠扶良,一皆仁愛之積于中,」不得已而奮然出之以威武。今觀其拳拳」于義冢一事,則知公平日所為不辭勞悴,」不避崄阻,不畏强禦,一往直前而無所顧」忌者,有所繇来去矣。傳曰:仁者必有勇,信哉。」吾定海之民,蒙公庥澤,于公之去也,勒石」示後。而陳君贊成義舉,有可並傳者,因為」之記。」

賜進士出身、奉政大夫、內閣典籍、軍機處」行走、兼文淵閣檢閱、充內廷方略館」分校官、加四級記録六次陳慶槐譔」

召試賜舉人、文林郎、國子監典簿、前江」蘇華亭縣儒學教諭、充內廷咸安宮教」習、加三級紀録一次王芑孫書」

考釋:

《定海縣義冢碑記》拓片藏於舟山市定海區環城南路的徐正國博物館,原碑不存,高 29.3 厘米、闊 78 厘米,陳慶槐撰文、王芑孫書丹。民國《定海縣志》卷四《財賦志・公款及公産》録有全文,稱原碑立於舟山北郊成仁祠門口,撰於嘉慶七年(1802 年),録文與拓片文字稍有出入。

碑記開篇道,所謂天下有大功德於民的仁人,就是能使活着的人蒙其庇護、死去的人受其恩澤。人之大事在於送終,富貴的人家今天可以占風水選墓地、明天可以遷徙至吉穴,無論怎樣花錢、費神也在所不惜。相比之下,窮苦人碌碌營營,想求一席之地安葬父母、兄弟、妻子、兒女却不可得。即使幸運得到了一方地埋尸,日久白骨也難免暴露出來,因而《禮記・月令》會有掩骼埋胔的典故,即收葬暴露於野的尸骨，其爲古代恤民之政。

碑記接着寫道，福建陳大琮是今浙江提督李長庚（1751—1807）的女婿，李長庚做定海鎮總兵時，陳君入掌幕下書記一職。嘉慶六年（1801 年）春，陳君與友人劉心南在定海北郊散步時，目睹露天的敗棺骸骨，心中惻然。回來報告李長庚後，他馬上捐出三百兩俸銀，購得東門外孫姓眠狗山一畝九分地、北門外陳姓劍靶山五分地，又于眠狗山建兩座義冢塔。北郊成仁祠過去就有收葬尸骨之傳統，李長庚便下令將山地、義冢之事統統交由成仁祠收管。碑記作者陳慶槐感嘆道，這是多麽高尚偉大的行爲！李長庚任總兵之時，正是海上多事之秋，具體指活動在浙、閩、粵三省洋面的蔡牽海盜集團，不僅在海上劫船越貨，還不時登岸劫擄婦女，島嶼居民苦不堪言。而李長庚多年來統領舟師，剿捕海匪，毫無倦色。人們衹見他身先士卒、雄略過人，却不知他去莠存良的表現皆源自於心中的仁愛，不得已纔奮然以威武之姿示人。如今看李長庚操心建義冢之事，就可知他平日所爲皆不辭勞悴、不避險阻、不畏强禦、一往直前而無所顧忌的理由。《論語 · 憲問》裏“子曰：‘仁者必有勇’”之句，在李長庚身上就充分體現了出來。他離開舟山後，定海人民爲其立碑，銘記其善政。

李長庚，字西巖，福建同安人，《清史稿》卷三百五十有傳。嘉慶二年（1797 年），擢浙江定海鎮總兵，嘉慶五年（1800 年），擢福建水師提督，尋調浙江提督。嘉慶十年（1805 年）夏，調福建提督，連敗蔡牽於海上，復調浙江提督。嘉庆十二年（1807 年）十二月，李長庚在廣東黑水洋與蔡牽的激戰中不幸中炮陣亡，皇帝震悼哭之，追封三等壯烈伯，謚忠毅。

碑記撰者陳慶槐爲乾隆五十五年（1790 年）舟山進士，著有

《借樹山房詩鈔》。書者王芑孫(1755—1818),蘇州人,清乾嘉時代著名學者,以辭章之學享譽海内,與同時代的大家洪亮吉、孫星衍等齊名。他壯歲入京,中年南歸,曾任華亭縣教諭、候補國子監典簿。寫此碑的嘉慶七年(1802 年),正是王芑孫以父憂解華亭教諭職,應曾燠之聘,客居維揚,主儀徵樂儀書院講席之際。他不僅工詩文,又以書藝見長,得劉墉真傳,爲世人所稱。從《定海縣義冢碑記》拓片可見其書楷法工妙、渾古敦厚,取法唐人小楷《靈飛經》,又博采衆長,不囿於一家。

參考文獻:

陳訓正、馬瀛等纂:《定海縣志》,民國十三年(1924 年)鉛印本。

趙爾巽等撰:《清史稿》,中華書局,2000 年。

眭駿著:《王芑孫研究》,華東師範大學出版社,2011 年。

13.定海縣續置義冢碑記

清嘉慶八年(1803 年)

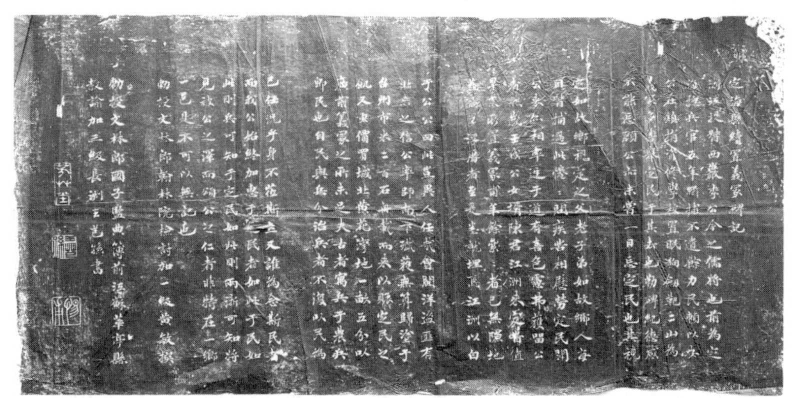

碑文:

定海縣續置義冢碑記」

浙江提督西巖李公,今之儒將也。前為定」海摠兵官五年,緝捕不遺餘力,民賴以安。」公在鎮,捐資修學校,置眠狗、劒靶二山為」義冢,多善舉。定民于其去也,勒碑紀德,感」不能忘。顧公亦未嘗一日忘定民也,其視」定如故鄉,視定之父老子弟如故鄉人。每」因督捕過此,惓惓問疾苦、相慰勞。定民聞」公來,亦相率迓于道,有喜色,慮弗獲留公」者。然歲壬戌,公女壻陳君江洲来定,明值」旱荒,所置義冢甫年餘,纍纍者已無隙地,」葢嚮之浮厝者至是悉就埋焉。江洲以白」于公,公曰:“此豈異人任哉?”會閩洋盗匪有」北来之信,公率師南下,殲獲無算。歸塗于」台州,市米二百石,舟載而来,以賑定民之」飢。又重價買城北黄花灣地一畝五分,以」廣前義冢之所未足。夫古者寓兵于農,兵」即民也,自民與兵分治,兵者不復以民為」己任,況乎身不莅斯土,又誰為念斯民者?」而我公始終加惠于定民者如此。于民如」此,則兵可知,于定民如此,則兩浙可知。將」見被公之澤,而頌公之仁者,非特在一鄉」一邑,是不可以無記也。」

勅授文林郎、翰林院檢討、加一級黄敏撰」

勅授文林郎、國子監典簿、前江蘇華亭縣」教諭、加三級、長洲王芑孫書」

考釋:

《定海縣續置義冢碑記》是繼嘉慶七年(1802年)的《定海縣義冢碑記》之後,爲銘記李長庚善政,而立於舟山北郊成仁祠門口的第二方碑石。嘉慶八年(1803年)由邑人黄敏續記前文,書者仍是乾嘉時代著名學者王芑孫。今原碑已不存,拓片藏於舟山市徐正國博物館,高28.5厘米、闊60厘米,民國《定海縣志》卷四《財賦志·公款及公産》録有全文,與拓片文字稍有出入。

碑記開篇道,浙江提督李長庚爲今之儒將,曾任定海鎮總兵五年,緝捕海賊不遺餘力,民衆賴以安居樂業。李公在定海捐資辦學,置眠狗、劍靶二山爲義冢,善舉多不勝數,離任後,鄉民勒碑紀德、念念不忘。李公也未嘗一日忘却定海百姓,他雖是福建人,但視定海如故鄉,視定海之父老子弟如故鄉人。雖已不在此任職,但每次因督捕賊寇經過定海,都會不辭辛勞體察民間疾苦,慰問當地百姓。大家聽到李公要來,老幼相引於道相迎。人們喜形於色,又發愁無法留他太久。

此碑延續前碑置義冢内容,講壬戌年,即嘉慶七年(1802 年),李長庚女婿陳江洲至定海,時值旱荒,目睹去年所置義山之上,如今墓冢纍纍,已無隙地,於是又向李公彙報。李長庚説:“這個責任難道要推諉給别人嗎?”這時閩洋盜匪有北上消息,李長庚率師南下,殲獲蔡牽黨羽無數,凱旋路過台州,購得大米二百石,舟載而來,賑濟定海飢民。又高價購買城北黄花灣地一畝五分,續置義冢,以補之前用地不足。

碑記最後,黄敏感嘆道,過去寓兵於農,兵就是民,後來民與兵分治,軍人的任務是打仗,不是關心百姓,更何况不在這片土地上任職,又有誰記得這裏的民衆呢? 但李長庚始終如一地牽掛、關愛這裏的每個人。對民如此,對兵可知,對定海百姓如此,則知兩浙百姓皆蒙受李公的恩澤。所以歌頌李公之仁者,必定不局限在一鄉一邑,他愛民親民的事迹,值得大書特書。

碑記撰者黄敏,字有功,是定海雙橋紫微墩頭黄氏抱養子黄士安長子,後隨父遷居石礁野呑牛屙嶺下。乾隆五十四年(1789 年)欽賜舉人,乾隆五十八年(1793 年)欽賜爲翰林院檢討。《定海縣續置義冢碑記》與前碑拓片一樣,從藝術角度來看,皆是王芑孫書丹的書法珍品。

參考文獻:

陳訓正、馬瀛等纂:《定海縣志》,民國十三年(1924 年)鉛印本。

孫峰:《清代定海名士黄敏撰〈定海縣續置義冢碑記〉》,《舟山晚報》,2022 年 1 月 16 日。

14.金粟庵濟僧會碑

清嘉慶二十年(1815 年)

碑文：

濟僧會」

序（流芳百世）」

竊維金粟菴非……亦非一氏所建立，盖普陀金粟菴僧下院也，歷今百有餘年。因菴恆産，僧無至善不能継……」佛火，以致殿宇傾□、（鐘）皷徒存。緣仙跡菴住僧一悟真和尚，見院界在毗隣坍塌，何堪（淒）慘，實甚□添緒香……訴不許……」欲時継供養。則菴道□人於是與諸長者設議一會，名曰済僧會，糾集城鄉信士四千一（百）名，於何氏美章……各善……」兜付。不幸悟真于年数□間業經逝世，各友追憶伊僧心苦□□，僕僕風塵，不敢違議。迄今會期已滿，現舉……」為業，又有前住僧押出□一則，計明一畝，土名菴前，係菴下檀越取贖助□，以後住僧人□其收息供養，不得不業……鄉僧……」斋有賴鐘皷振音。庶（佛）火與日月而□光，殿宇偕山河以並固，承先啟後，莫善于此。□□勒碑刊銘□□一片……」內情，由後無遺財。茲成□芳名、田號、畆址，並勒于右。終始盡善樂捐，厥成功德無量永遠不朽也。其為……」

今將田號、畆□□段、土名併各信士名次列后：」

本庄蕩田一則宇字一百□号，土名范四畝，計田四畝弍分八厘三毛三絲三忽。又一則□字一百弍……」一分七厘一毛八絲七忽。□民田一則洞字三千八百八十号，土名方□，计田一畝三分一厘二毛五絲……」百八十四号，土名小山豆，□田八分一厘二毛五絲。又一則洞字三千八百十三号，土名……上，計田一……畝」三千八百八十八号，土名□前，計田四分五厘八毛三絲三忽。又一則洞字三千一百七十九号，土名小……」一毛六絲五忽。又民田一則洞字三千八百廿六号，土名菴前，計田三分三厘三毛三絲□忽……」

金上遵 周基□ 卓上位 郭观德 韩天一 王関智 陳秀爵……」何美章 周基□ 卓上爵 楊廷瑜 洞岙□ 何英成 陳汝元……」俞啟荣 李生□ 韩其章 俞啟福 俞啟祿 何文明 周基宏……」董忠元 徐国□ 沈廷昌 范永和 曾成元 賀士文 □加贊……」王荣封 俞永□ 俞永順 姚祖定 王厚爵 樂成龍 邵太和……」周翰□ 菴下□士卓上爵在庚申年喜助取菴前田價錢柒千文……陳英傑係……」在定邑匠人為業祖……已身故無後，喜助錢田四千文永立香火，二位□年……季□飯住僧……」許推悮，此囑。□未年信女陳周氏助民田一則洞字三千九百六十五号，土名国□，计田一畝，另九千……」

嘉慶二十年歲次乙亥九月　日(釋儒同興)公立」

考釋：

《金粟庵濟僧會碑》現藏於舟山市定海區千島街道港島路金粟禪寺。2009年重建金粟禪寺大雄寶殿時，挖出此碑，惜碎爲三截，斷口處碑文遺失嚴重。將其拼合，可知大概碑高126厘米、闊82厘米、厚13厘米，立於嘉慶二十年(1815年)九月。

雍正十三年(1735年)朱謹撰《南海普陀山志》卷九《精藍》載："金粟庵，真泉建，後讓僧真定，泉復結茅數楹於庵後，曰千佛室。康熙間，源逸重修，并置舟山官山衕田五十畝，田房一所，永充香積，無許侵鬻，付一聞、道隆守焉。"記述普陀山上的金粟庵由明代僧人真泉創建，康熙年間僧源逸重修，并在舟山洞岙官山衕置田五十畝，建田房一所，任命僧一聞、道隆爲負責人。即現址臨城的金粟庵，乃普陀山金粟庵之下院，建寺目的是爲管理金粟庵在普陀山外的田産。"衕"是胡同之意，"官山衕"指官山石墻墩與何衙山之間的平地，猶如山間“胡同”。《金粟庵濟僧會碑》開頭稱“竊維金粟庵非……亦非一氏所建立，蓋普陀金粟庵僧下院也，歷今百有餘年”，與普陀山志所載相符。

此碑碑額“濟僧會”，與金塘“東岳會”之功能大同小異。“東岳會”爲組織東岳大帝迎神賽會而建，是一種以祭祀公共神衹爲主要目的之神會；而“濟僧會”更像是民間幫扶互助會，其主要職能是爲佛寺維修籌措資金與助田。據碑文載，臨城金粟庵自建以來，至嘉慶年間，因僧經營不善，以致殿宇傾圮、香火不繼，僅存大鐘與法鼓。老碶頭附近的仙迹庵住僧悟真和尚，目睹金粟庵坍塌慘狀，於心不忍，便與當地諸長者商量，設議一會，名曰“濟僧會”，即幫助僧人之義，聚合定海城鄉信士四千一百名，有錢出錢、有田捐田，重建寺院、供養僧衆。不幸悟真和尚幾年後去世，“濟僧會”同仁牢記和尚的一片苦心，繼承他的事業，終在會期滿時，恢復了寺院香火。

爲永記悟真和尚之功業，彰顯盡善樂捐者之善舉，故將金粟庵重建内情立碑，并在最後刊刻助田芳名、田號、畝址，以示功德不朽。從如“洞字三千八百八十號”“洞字三千一百七十九號”等田號可知，這些皆屬於清代洞岙莊百姓的田産。碑刻最後列有三十多位信士名單，反映出當時洞岙一帶民衆的主要姓氏有金、卓、周、何、俞、韓等。這些姓氏也與當地周家墩、俞家墩、卓家、何家塘、老金家等村落老地名相關。

此碑是研究清代海島佛寺經濟發展狀況的重要史料，康熙二十三年（1684年）舟山展復，海島塗田的開發逐漸呈現規模化趨勢，普陀山上因耕地面積不足，很多寺院便在山下置辦田産，臨城金粟庵便是其一。“金粟”是佛教裏“金粟如來”之省稱，指維摩居士之前身。

參考文獻:

王連勝主編:《普陀洛迦山志》,上海古籍出版社,1999 年。

武鋒點校:《普陀山歷代山志點校本》,浙江古籍出版社,2014 年。

15.祖印寺廣種福田碑一

清嘉慶二十三年(1818 年)

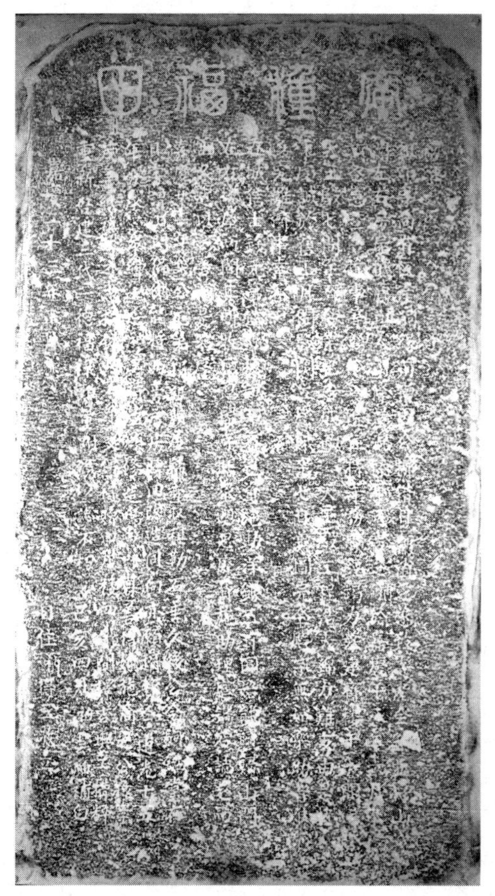

‖ 碑文：

廣種福田」

福……」

祖印寺向有恆產，嗣緣前僧因公□借，日漸消乏，遂致□□全□，並將山」門左右房屋抵賣與人，有條□□□不可□□，衲於嘉慶十八年六月□」□各憲□□□事等，飭□□□住持寺務，曾經竭力募建齋楼十三間，□」天王殿七間。至齋楼□□告成，而□天王殿工程浩大，綿力難支，由是□」□虔誠於□正月間，設關□應，餓坐七日，冀圖完全殿宇。無如樂助者雖」多，究難濟事。幸本」忝誠信士錢元第□□虔誠，不吝己資，施助洋銀五百圓，始能贖歸山門」左右楼屋兩間，其所收租息，歸寺膳衆。遡思廢資施助，理應鐫石誌之，而」垂久遠，以彰善□。是為序。」

嘉慶廿三年，錢公元第捐銀贖屋，歸寺收租，勒石垂久後，公令嗣鑑堂在」日，嘗謂山門偏幽，能將兩旁□房贖回，改造同向，亦願捐資。今道光十五」年分，承衆紳士延衲主持，立願修造鳴□□，募善信好施商□，公將舉」茂善□□□之志，捨錢□□千文，俾得贖回□楼四□間，擇吉興工，構料」重新啓建。三代二德，福禄難量，附鐫以誌不朽。已亥四月衲雲岫補白」

嘉慶二十三年正月　日，衲得三敬立」

‖ 考釋：

《廣種福田碑》樹於舟山市定海區昌國路祖印寺内，高 147 厘米、闊 74 厘米，碑身嵌入墻體，磨泐嚴重。碑石由住衲得三立於嘉慶二十三年（1818 年）正月，碑文最後部分是僧雲岫於道光十九年

(1839年)四月的補白。據光緒《定海廳志》卷二十七《祠廟志》載,祖印寺始建於後晉天福五年(940年),北宋治平二年(1065年)賜額"祖印院"。清康熙初實施海禁政策,島民内遷大陸,城垣盡毁,祖印寺前後亦無片瓦寸椽,獨大殿巍然不動,若有神明呵護。康熙三十一年(1692年),定海總鎮藍理增建。本碑所記録的是嘉慶和道光年間,由僧得三、雲岫主持的兩次重修事宜。

碑額"廣種福田"是佛教用語,所謂"福田",指可生福德之田,如農夫春季播種,便有秋收之利,人若行善布施,就可積累功德、獲得福報。四世紀初,西晉沙門法立、法炬共譯《佛説諸德福田經》,是爲福田思想於中國流布之重要標志,經中佛陀詳細解説了"五净德福田"和"七法廣施福田"。"七法廣施福田"之首便是"興立佛圖、僧房、堂閣",爲本碑所指的福田。

碑文稱祖印寺向有恒産,但因經營不善,日漸消乏虧空,最後竟落得將山門左右房屋抵賣與人的地步。住持得三遂於嘉慶十八年(1813年)六月籌資重興殿宇,計劃募建齋樓十三間、天王殿七間,當齋樓告成,纔知經費已盡,無法繼續浩大的天王殿工程。於是,住持得三冀圖通過在正月"打餓七",即餓坐七日的斷食行爲,號召信衆捐錢。雖然有很多樂助者,但仍是杯水車薪,究難濟事。這時,突然出現一位本地信士錢元第,毫不吝嗇地施助洋銀五百圓,將山門左右樓屋兩間贖歸,出租樓屋所得租息,作供養僧衆飯食之資。

至嘉慶二十三年(1818年),錢元第之子錢鑑堂見祖印寺山門狹窄,又捐資將山門左右緊挨的房屋贖回,經改造後,擴大了山門。住持得三樹碑内容到此爲止。碑上還有一些留白,由僧雲岫補寫於道光十五年(1835年),記錢鑑堂又贖回房屋四十餘間、興工重建佛殿之事，贊嘆三次重修事業中錢元第、錢鑑堂兩位大德福禄難量，因此在原碑上補鎸以志不朽。據光緒《定海廳志》載，同治十三年（1874 年），住持僧雲岫又主持了一次大規模的祖印寺修繕工程，這是刻碑三十五年後的事了。

參考文獻：

李林：《中國佛教史上的福田事業》，《法音》，2005 年第 12 期。

史致馴、黄以周等編纂，柳和勇、詹亞園校點：《定海廳志》，上海古籍出版社，2011 年。

舟山市佛教協會編：《舟山佛教寺院通覽》，中國文史出版社，2015 年。

16.袁大邦造止善亭碑

清嘉慶二十四年(1819 年)

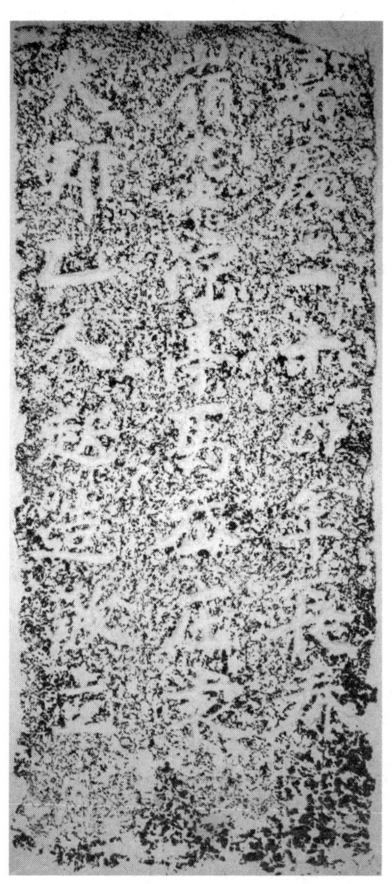

碑文：

嘉慶二十四年，長春」嶺垄凉亭，馬岙庄袁」大邦乙人起造敬立。」

考釋：

止善亭是建在從定海縣城到三江碼頭古驛道上的一座驛亭，“止善”出自《禮記·大學》“大學之道，在明明德，在親民，在止於至善”，在此爲盡善盡美、造福大衆之義。據 2010 年版《馬岙鎮志》載，馬岙古驛道全長十四公里，以石鋪砌，始建於唐開元年間（713 年—741 年），如今路面破損較嚴重。驛道上原建有七座驛亭，唯一留下的衹有長春嶺上的這座止善亭，現存建築始建年代無考，外墻爲山石所砌，内部爲木結構，南北及西側墻上各開圓拱形門洞，歷代多次重修。止善亭北門内兩側，有高矮兩碑，本碑爲其中的矮碑，高 83 厘米、闊 33 厘米、厚 9 厘米。碑文僅有二十四字，記述馬岙庄袁大邦於嘉慶二十四年（1819 年）在長春嶺壟上起造凉亭事，“乙人”蓋同“一人”，表其獨建之功。

參考文獻：

《馬岙鎮志》編纂委員會編：《馬岙鎮志》，中國文史出版社，2010 年。

17. 十畝間碑

清道光元年(1821年)

碑文:

道光元年」

十晦間」

白華居士書」

考釋:

清代著名詩人、畫家厲志(1783—1843),字心甫,號駭谷,又號白華居士、白華山人。他是定海富都鄉人,居住在定海城内。岱山秀山鄉北浦的秀山厲家是舟山知名的世家大族,明清由慈溪北部掌起鎮厲家村遷入,厲志是否屬於秀山厲氏,學者至今説法不一。厲志所書"十晦間"碑,今置於秀山厲家大院第五房門口,高 51 厘米、闊 131 厘米、厚 7 厘米，右上角被敲掉，上款應爲“道光元年”，即 1821 年，落款是白華居士。此是厲志爲秀山厲家五房太公厲常春於嘉慶初年（1800 年—1805 年）所建第五房大宅，其中的花園“十晦間”所題寫的門匾。“晦”是“畂”的異體字，“十晦間”并非實指花園占地十畂，而是取自陶淵明《歸園田居》詩句“方宅十餘畂，草屋八九間”之典故。厲常春精通武藝，於嘉慶四年（1799 年）考中武秀才，“十晦間”又被民間稱作“跑馬廳”，乃厲常春遛馬、射箭、練功之場所。厲家五房曾遭受嚴重破壞，院内建築大都被毁。

參考文獻：

厲家梓、厲敏主編：《蘭秀厲氏三百年》，中國文史出版社，2015 年。

張堅著：《蘭秀文化》，中國文史出版社，2015 年。

夏志剛：《“白華山人”厲志及其家族考辨》，《今日岱山》，2022 年 6 月 9 日。

18.太陽寺茶亭碑記

清道光二年（1822年）

碑文:

茶亭碑記」

邑西紫微庄之黄皋嶺者，東通塩倉、在城等處，西達岭江、大沙各嶴，商民絡繹，擔負往來，為趨步所必經詢康莊之大道也。」是冲風冒雨，無地息肩，酷暑嚴寒，末由解渴。緬彼勞人况瘁，徒嗟行路艱難。爰有庄民錢大成創立茅亭，施捨湯水，種福緣于」現在，積厚德于靡涯。迨錢姓物故之後，雖有继起者仿照舉行，而經理未得其宜，則樂善暫而不久。茲據村民劉敬忠、僧人大」文、静照等，合詞呈請，願捨己資，啟建瓦屋茶亭一座，助田□畝。另招老成住僧，專司冬夏茶湯，不惟蔭暍禦寒，亦得停轉憩足。」誠一方之善舉，利合境之行人。復慮日久廢弛，難期久遠，籲請立碑，以□□□。余嘉其惠而喜其澤之傳也。因敍□朱□勒貞」珉，並助十番，聊佐杯水。所有田畝字號，開列于右。後之住僧務須勤慎□□□始不怠，清夜將鳴巳耳，捫衷無愧人□□□，余」所厚望矣。」

文林郎、知定海縣事、加五級記録十次、又記大功四次惲敷撰」

計開劉敬忠置助大字一千七百九十九號，土名茅草山頭，計田一畝四分□□三十文。一則大字二千八百十□□□□」梅園，袝田一畝零。又一則，字號同，土名仝，計田九分八零。」

僧大文置助紫字一千一百七十一號，土名唐家園，計田一畝五分零。又一則，紫字二千一百七十五號，土名……」一畝五分。」僧静照置助紫字二千一百八十三號，土名唐家園，計田四畝零。護法陳朝法助殿基一方。」信女林氏福來仝男何玉振、媳李氏喜助茶山一則，塩字一百廿七号，土名徐家坑山，六分零，以作永遠施茶之費。」

道光二年歲次壬午五月　日上浣，住僧傳林敬立」

太陽殿」

光緒辛丑年孫氏助蕩田十則在塩倉，□畆□畆零……」

考釋：

《太陽寺茶亭碑記》嵌於舟山市定海區雙橋街道橋頭施村黄高嶺古茶亭墻内，高203厘米、闊74.5厘米，由定海知縣惲敷撰文，太陽殿住僧傳林立於道光二年（1822年）五月。碑記開篇道："邑西紫微莊之黄皋嶺者，東通鹽倉、在城等處，西達嶺江、大沙各岙，商民絡繹，擔負往來，爲趨步所必經詢康莊之大道也。"指明古茶亭所處的"黄皋嶺"，是舊時大沙、小沙、岑港、馬目等定海西鄉商民進城的必經之路。今古茶亭尚存，坐東北朝西南，面闊三間，單簷硬山頂，覆蓋小青瓦，内爲五架梁，以八根方形石柱作立柱，是定海古驛亭中保存較好的一座。

碑文下面講到修造茶亭的緣起。鄉民翻越"黄皋嶺"行路艱難，衝風冒雨、無地息肩，酷暑嚴寒、無法解渴，因而有莊民錢大成修建茅亭，施捨湯水。後來，錢大成去世了，雖有繼起者效仿他的義舉，但都因管理不善，以致此舉中斷了一段時間。接着有村民劉敬忠，太陽殿僧人大文、静照等，願捨己資，啓建瓦屋茶亭一座，助田以維持施茶的開銷，并另召做事稳重的僧人，專門負責爲旅人準備冬夏茶湯。今古茶亭就是當年的瓦屋，立柱上鎸刻的"信士劉臨孝子敬忠喜助凉亭一座又助施茶糧田三畝半""道光二年歲次壬午"等字仍十分清晰。

人們顧慮這樣的善舉日久廢弛、難期久遠，便向知縣惲敷籲請立碑表彰，昭示後人。碑文撰者惲敷（1770—1829），字子寬，號遜堂,武進人,即今江蘇常州人。惲敷自嘉慶二十五年(1820年)至道光二年(1822年)任定海知縣,他做官一任、造福一方,所任職的各地地方志中都詳細記録了他爲政廉明的事迹。光緒《定海廳志》載,民間有訴訟,惲敷限三日内審問立判,案牘絶無積壓。他爲保障海島糧食供應,續建倉厫五十二間;爲發展文教事業,集資擴建景行書院。當他調任嘉善知縣,離開定海時,百姓送者如市;其去世時一貧如洗,竟要靠典當家産纔能成殮,定海士民聞聽消息,紛紛跑到常州捐錢爲他送葬。

碑記最後是助田的田畝、字號。鄉民僧衆多的捐四畝,少的捐六分,無論多少都是一片心意。碑刻最後又補録了小字:"太陽殿,光緒辛丑年孫氏助蕩田十則在鹽倉,□畝□畝零……""光緒辛丑年"即光緒二十七年(1901年),可見百姓的善舉代代傳承了下去。

這座古茶亭後面的太陽寺亦值得注意,在碑記中稱作"太陽殿"。太陽崇拜流行於浙江紹興、寧波、舟山及福建、臺灣,人們將陰曆三月十九日作爲太陽生日,這天會有拜廟歲的典儀。有太陽生日習俗的地方,都是南明魯王政權的活動中心,陰曆三月十九日其實是崇禎帝朱由檢甲申年(1644年)自縊殉國的祭日。遺民孤臣將崇禎帝奉爲"日光菩薩"、皇后奉作"月光菩薩",寓意合成一個"明"字。今天太陽寺裏所供奉的便是這兩尊菩薩,僧人仍要念誦自古傳下的寶卷《太陽經》。經文"太陽三月十九生,家家念佛點香燈。有人傳我太陽經,闔家老幼免灾星。無人傳我太陽經,眼前就是地獄門。太陽明明珠光佛,傳與善男信女們……""明""珠(朱)"等字眼在經中反復出現,幾乎句句經文皆有暗喻。東南沿海地區是明遺民聚集的地方,與清朝的抗爭最爲激烈,紀念三月十九日的"國難日",表面上是對崇禎帝之死與明朝滅亡的追思,實際上凝聚着對清兵南下所致破壞的記憶。太陽生日的真意一直在民間流傳，舟山地區除太陽寺外，還有定海北門海山公園後山龍峰山萬峰禪院裏的太陽殿，普陀區沈家門街道東海中路的朱天廟，都供奉着崇禎帝的化身——日光菩薩、朱天大帝。

參考文獻：

趙世瑜、杜正貞：《太陽生日：東南沿海地區對崇禎之死的歷史記憶》，《北京師範大學學報（社會科學版）》，1999年第6期。

史致馴、黄以周等編纂，柳和勇、詹亞園校點：《定海廳志》，上海古籍出版社，2011年。

莊世維：《黄高嶺的太陽寺和古茶亭》，《舟山日報》，2011年10月13日。

舟山市文化廣電新聞出版局編：《海山風物：舟山市第三次全國文物普查成果彙編》，2012年。

孫峰：《定海黄高嶺〈茶亭碑記〉裏的公益善舉》（未刊）。

19. 干大聖廟公議禁約碑

清道光四年（1824 年）

碑文：

公議禁約」

夫神明以尊敬為重，廟宇以潔淨為先。本境廟貌重新工程重大，資費浩繁，惟祈境下仝人慎重毋」忽。凡一切褻瀆神明等事，公議勒石。例禁如違，公議神前罰戲一臺，以警境衆。凡我同人，毋得徇」私觀望。所有公禁條規列后：」

一、廟中不得污穢出入、堆疊貨物、晒晾物件、留宿外人并工匠作技。一、大殿上不得搭棚看戲，亦不浮成合」壽山，以致滋擾，并毋安寄。一、廟門口除演戲外，不浮設攤賣買以及滋擾等事。」一、廟祝在正屋外設灶頭，」門邊間歇宿，不得私留外人，如違即遠逐出。」一、境下月米不敷廟祝食用，沈三陽愿助民地一則，坐落北門」外楊梅湾地方，係甬字七百十八號，土名油車湾，丈計地二畝正，計東至西濶九丈。其四址東至盧姓地，南至」柯姓地，西至吴姓地，北至行路為界。每年花息永歸住廟人收管，以補食用，毋浮費賣，其條粮在栁蔭永慶」會户内投納。」

道光四年歲次甲申冬月　日，闔境公立」

考釋：

《公議禁約碑》嵌於舟山市定海區留方社區人民北路干大聖廟舊址墻内，高175厘米、闊48厘米，立於道光四年(1824年)十一月。干大聖廟最初在金塘島，定海城内的干大聖廟建於明永樂(1403年—1424年)初，所供奉的是元昌國州同知干文傳。干文傳(1276—1353)，字壽道，蘇州人，《元史》卷一百八十五有傳。傳稱："文傳首登延祐二年(1315年)乙科，授同知昌國州事……文傳長於治劇，所至俱有善政。自其始至昌國，即能柔之以恩信，於是海島之民，雖頑獷不易治，至有剽掠海中若化外然者，亦爲之變俗。”干文傳於昌國甫上任，便革除鹽官暴政，減輕賦稅，建翁洲學院禮殿，教化民俗，州民稱之爲“聖人”。光緒《定海廳志》卷八《名宦傳》載：“（干文傳）在任六年，政聲懋著。將去，民遮道攀車，如失父母。”《定海廳志》卷二十七《祠廟志》與民國《定海縣志》卷二《營繕志・祠廟》皆載：“干有惠政，及去，民航海相送，至金塘，爲立廟祀之。”此爲舟山最早的金塘柳行干大聖廟之由來。1999 年版《金塘志》載，明代實行海禁後，迭遭倭亂，廟宇傾圮，後又重建，清道光十五年（1835 年）拓新。今廟已廢，1959 年曾被用作金塘公社大禮堂，1980 年改建爲大豐電影院。除金塘島、定海城内，紫微莊天童、白石山下都有干大聖廟和干老相公廟。

定海城内的這座干大聖廟毁於“文革”時期，主體清代建築猶存，坐西朝東，由前殿、後殿、戲臺和厢房等構成。《公議禁約碑》開頭稱，剛完成的干大聖廟重建工程重大、資費浩繁，爲表示對神明的敬重，維護潔净的廟宇環境，希望廟境弟子都能慎重行事、莫要疏忽。因此經共同商議，將一切褻瀆神明等事勒於石上。所有公禁條規包括：不得有污穢之物出入、不得在廟内堆叠貨物、不得曬晾物件、不得留宿外人、不得留工匠在廟内做工、不得在大殿上搭棚看戲、不得在廟内製作棺材、亦不得安寄棺材、不得在廟門口設攤賣買等，若違反例禁，在神前罰戲一臺。“罰戲”是中國古代“禁約演出”之傳統，以較温和的方式既懲罰違規者，又對來看戲的鄉鄰加以警示。

碑文接着寫道，廟祝在正屋外設灶頭，門邊一間是歇宿卧室，不得私留外人，如違反即將廟祝逐出。另外，信衆供養的月米不夠廟祝食用,有善士沈三陽者願助民田一則,每年田租作廟祝生活費用,并規定土地不得變賣。碑文最後一句"其條糧在柳蔭永慶會户内投納"中的"條糧",又稱"條糧銀",是清政府徵收的土地税,由"柳蔭永慶會"繳納。"柳蔭永慶會"與前面所講的"東岳會"相似,是由柱首負責管理經營祠廟的組織,每年的條糧銀在會産中扣除。但是祭祀干大聖的神會爲何取名作"柳蔭永慶"呢?《定海廳志》卷二十七《祠廟志》載:"先是,廟有柳蔭尊神,因合祀焉。"民間傳説"柳蔭尊神"原爲柳樹下所發現之石爐,借石爐作神體。無論是金塘柳行的干大聖廟,還是定海城内干大聖廟,似乎都與柳樹和這位"柳蔭尊神"有着千絲萬縷的聯繫。道光年間的文人朱緒曾有詩云:"石爐香爐火重焚,循吏棠陰在昔聞。一自柳街迎大聖,搜神干寶説紛紛。"

參考文獻:

陳訓正、馬瀛等纂:《定海縣志》,民國十三年(1924 年)鉛印本。

《金塘志》編輯委員會編:《金塘志》,中華書局,1999 年。

史致馴、黄以周等編纂,柳和勇、詹亞園校點:《定海廳志》,上海古籍出版社,2011 年。

舟山市文化廣電新聞出版局編:《海山風物:舟山市第三次全國文物普查成果彙編》,2012 年。

宋濂等撰:《元史》,中華書局,2016 年。

孫峰:《定海干大聖廟裏的一通碑刻》(未刊)。

20.橋頭陳公同禁約碑

清道光七年(1827年)

碑文：

立公同禁約。陳族宗房柱首等，今因本族」公山壹同按着東至仙人脚、寺沄、横路、稻」篷崗，南至鷹嘴岩、劉姓山、横路，西至犁鏠」岩、監起岩、八宗岩，北至躲雨岩、監岩、濫岩、」任姓山為界。前被三房希謩，在族山界內」搭廠居住，屢次成訟。經我等歷控，前」縣正張燀飭令具結拆讓，和息在案。以後各」房子孫，毋許在族山界內搭廠居住。如敢」違約犯禁，再行搭住，定當會同宗房柱首」到山折逐，决不寬貸。至於壄地，照依公断，」只許佈種夏作，不許佈種冬作。欲後有憑，」立此公同禁約，勒碑永遠存照，以垂不朽。」

道光七年三月　日，陳族宗房柱首立」

考釋：

《橋頭陳公同禁約碑》位於定海區白泉鎮橋頭陳陳氏祠堂内，原立於村口，後移至祠堂，高 115 厘米、闊 87 厘米、厚 8 厘米，刻於道光七年（1827 年）三月，内容爲陳氏宗族所立關於保護公山的共同禁約。碑文首先明確本族公山界綫，其次提及之前被三房希謩在族山界内搭屋居住，後經前知縣張燀調處和解，進一步向各房子孫重申以後不准在山界内造房，如敢違約，必聯合宗房柱首到山拆逐，决不寬貸。碑文最後强調族内公田衹許夏種、不許冬種，應該是愛惜地力之舉。公山、公田乃族人之共有財産，是宗族得以長期維繫的經濟基礎與保障，將公同禁約勒碑之目的，在於通過明晰公山産權、訂立懲誡規則，向全體族人證明宗房柱首的公信與公正，從而引導他們的行爲與習慣。

21.砚池石刻

清道光十年(1830年)

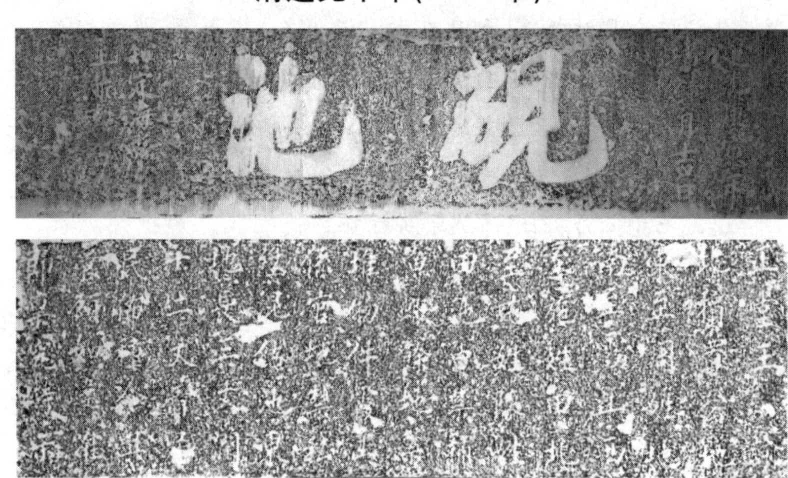

碑文：

硯池」

道光庚寅年黄鍾月吉日」

知定海縣王鼎勳書」

正堂王　諭：」此捐置公地，」東至周姓地，」南至霞山，西」至施姓田，北」至施姓、陳姓」田。池中禁捕」魚蝦，餘地禁」堆物件。霞山」係官地，禁私」陞混占。池東」地，長三丈，闊」十二丈，著居」民佈種，令其」管顧，如違，准」即稟究示。」

考釋：

硯池位於舟山定海區昌國街道鰲山新村，四面由 32 塊石板圍合，欄板交接處有望柱 24 根。池長 15.9 米，池寬 14.6 米，池深 2.9 米，面積約 232 平方米。硯池北面欄板中間刻有“硯池”二字及“道光庚寅年黄鍾月吉日，知定海縣王鼎勳書”之落款，東面欄板刻有王鼎勳的諭示。硯池又稱蜃池，元大德《昌國州圖志》卷四《叙水》載：“蜃池，在州治前，周數十丈，方廣如一，亢陽不枯，舊傳蜃潛其中，一名筆硯池。”此蜃池由昌國州判馮福京創建，其位置不在今硯池處。道光十年（1830 年），定海知縣王鼎勳捐俸薪，選址於霞山下，新鑿硯池。

在碑刻中王鼎勳諭示百姓道，東至周姓地，南至霞山，西至施姓田，北至施姓、陳姓田的範圍，是政府官員所捐置的公地。其中新建的硯池裏，禁捕魚蝦，其餘地方，禁堆物件。唐開元二十六年（738 年）初置翁山縣時，便在霞山之下創建了學宫，霞山屬於官府土地，禁止私人加高或侵占。硯池東邊田地，長三丈、闊十二丈，由附近居民布種、管理。以上禁令如若違反,即刻上報追究。

池名"硯池",正因其毗鄰學宫。乾隆二十二年(1757年),定海知縣莊綸渭在此重建了"文筆塔",王鼎勳在開鑿硯池同時,還在池旁挖了一口"墨井",與池水相通。加上池邊的農田"文稿田",終於組成一套文房四寶,象徵定海的文運昌盛。

參考文獻:

凌金祚點校注釋:《宋元明舟山古志點校本》,舟山檔案館,2007年。

舟山市文化廣電新聞出版局編:《海山風物:舟山市第三次全國文物普查成果彙編》,2012年。

孫和軍編著:《水孕定海山》,中國文史出版社,2021年。

22.海雲庵殘碑

清道光十一年(1831 年)

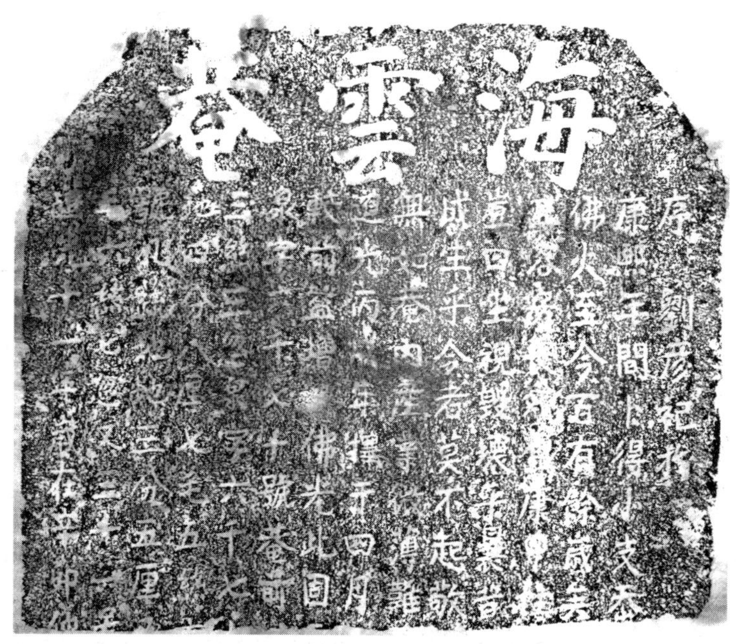

‖碑文：

海雲菴」

序劉彦祀於……」康熙年間卜得小支岙……」佛火至今百有餘歲矣……」□容房長观劉康申柱……」豈曰坐視毀壞乎？曩昔……」成生乎？今者莫不起敬……」無如菴内産業微薄，難……」道光丙戌年擇于四月……」較前益增。佛光此固……」泉字六千七十號，菴前……」三絲三忽。泉字六千七……」地四分八厘七毛五絲……」號，非蔬地，地三分五厘又……」毛六絲七忽。又三十一号……」

道光十一年歲在辛卯仲……」

‖考釋：

《海雲庵碑》位於舟山市定海區北蟬小支岙海雲禪寺藥師殿内，碑已殘，僅留上半截，高51厘米、闊62厘米、厚12厘米，刻於道光十一年（1831年）。碑文開篇序中提到的“劉彦祀”，指海雲庵前身爲康熙年間白泉水管口的劉氏支祠，供奉始遷祖劉彦牌位；至乾隆朝由小支岙劉氏與水管口下文劉氏兩房恭請比丘尼入主支祠以超度先祖，遂改爲海雲庵。據白泉水管口《世彩堂劉氏宗譜·譜序》載：“始祖劉彦公原籍鎮海北鄉貴泗橋，於明天啓年間挈眷遷居白泉炭山岙，遂曰炭山劉。”碑文後面内容大概講庵勢衰微、香火不繼，幸得有信士於道光六年（1826年）廣種福田，使佛光重現。碑文最後是善士助田字號、畝數。由於碑文缺失，以上僅爲推測。

23.雪交亭故址碑

清道光十四年(1834年)

碑文：

道光甲午歲季冬月」

雪交亭故址」

南勝莊中正立」

考釋：

雪交亭故址碑收藏於舟山博物館展廳，高 143 厘米、闊 68 厘米、厚 13 厘米，立於清道光十四年（1834 年）十二月，上刻"雪交亭故址"，樹碑者爲南勝莊中正，南勝即今福建南靖縣。民國《定海縣志》卷一《輿地志·名勝古蹟》載："雪交亭，在鎮鰲山麓明大學士張肯堂盡節處。"張肯堂（？—1651）是南明遺臣，在《明史》卷二百七十六中有傳，云："（順治）六年（1649 年）至舟山，魯王用爲東閣大學士。八年，大清兵乘天霧集螺頭門，定西侯張名振奉王航海去，屬肯堂城守。城中兵六千，居民萬餘，堅守十餘日。城破，肯堂衣蟒玉南向坐，令四妾、一子婦、一女孫先死，乃從容賦詩自經。"《定海縣志》撰者在"雪交亭"條目下有按語："按《鮚埼亭集》，張公肯堂以丙戌（1646 年）入翁洲，黃斌卿館公於參將故署。王入翁洲，公虚所居邸以爲王宫。别築雪交亭於邸中，夾以一梅一梨，開花則兩頭相接，嘗曰：'此吾止水也。'辛卯（1651 年），城陷，公投繯亭下，則雪交亭在參將署中可知也。考參將府在鎮鰲山麓，即古昌國縣基，初明爲中中所，隆慶三年（1569 年）改爲參將府。康熙二十三年（1684 年）總兵黃大來即其地建總鎮府，今蓉浦書院前有雪交亭故址碑，乃道光戊戌年（1838 年）總鎮莊芳紀子中正所立，不知何據。"按語稱，雪交亭故址碑在民國初立於蓉浦書院前，而不知何據。記建故址碑時間有誤。

參考文獻:

陳訓正、馬瀛等纂:《定海縣志》,民國十三年(1924年)鉛印本。

張廷玉等撰:《明史》,中華書局,2000年。

劉勝勇、王建富:《正氣凜然、書聲朗朗的書院弄》,王建富主編《群島老街巷記憶》,浙江古籍出版社,2016年。

24.祖印寺廣種福田碑二

清道光二十二年(1842 年)

碑文:

廣種福田」

佛說具大慈心者,大喜大捨,美□□長。今盤峙庄」居士王諱君成,善行方便,念衲苦行修持,葺新佛宇。因捐業寺中,」廣修供養,功德不可思議。既謹設牌位,朝夕焚祝,每届生晦日期,」剪蔬供奉,吉嗣享餕。至所有契載字號畝分,應並鎸于石,以垂」永久。計開四址列后:」

五十八,竹山門田壹畝一分零。」六十九,池邱田九分零。」塩字五百六十八號,墩頭王兩則田四畝分七厘。」式十六、七十二仝,仝田共四畝。」

道光二十二年孟秋月,住衲雲岫敬立」

考釋:

祖印寺《廣種福田碑》位於舟山市定海區昌國路祖印寺内,高 165 厘米、闊 79 厘米、厚 13 厘米,由住持雲岫於道光二十二年(1842 年)七月樹立。前面講到祖印寺嘉慶二十三年(1818 年)的《廣種福田碑》上,最後有雲岫於道光十九年(1839 年)四月補刻的,以錢元第、錢鑑堂爲首的信衆施銀贖回祖印寺山門左右樓屋,擴大山門、重建殿宇的善行。本碑所記載的是三年後,王君成居士廣種福田之義舉。

碑文道,舟山盤峙莊有王君成居士热心慈善,感念住持雲岫修葺殿宇之艱辛,因此向祖印寺布施,廣修供養,功德浩大。其去世後,雲岫在寺中謹設牌位、朝夕焚祝,每逢王居士的生日和忌日,寺中都要置辦素食,祭拜完王居士後,請其子孫享用。王居士生前所助田的字號、畝分均鎸於石上,以垂永久。

25.岱山羊府宫渔汛禁约碑

清道光二十三年(1843 年)

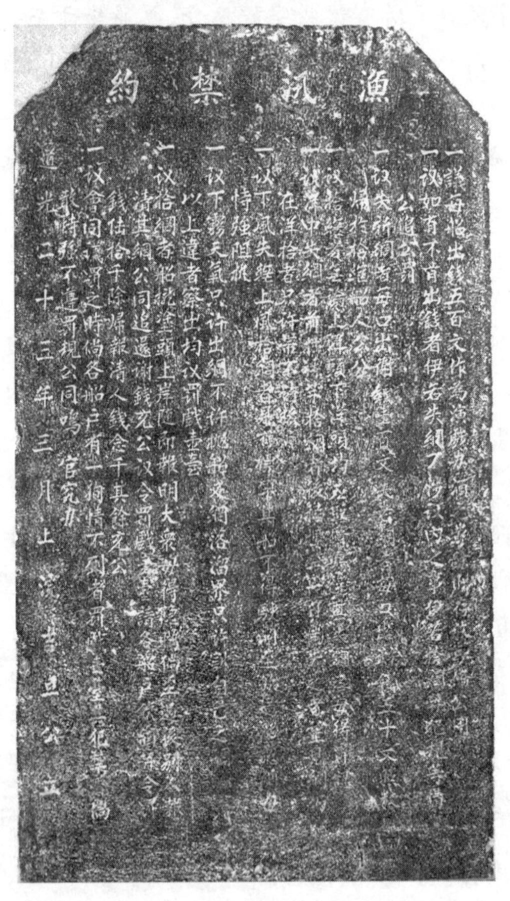

‖碑文：

漁汛禁約」

一議每船出錢五百文，作為演戲办酒之費。餘則存放，以備公用。」

一议如有不肯出錢者，伊若失網，不涉议內之事。伊若拾網并犯規等情，」公追公罰。」

一议失新網者，每口出謝錢壹百文；失舊網者，每口出謝錢五十文，照數」帰於拾網船人公分。」

一议拾網者，無論上洋頭、下洋頭，均应取償帰還，其失網者毋得冒認。」

一议洋中失網者前插標竿，拾網者後插標竿一日。倘失之者望見網仍」在洋，拾者只许帶、不许拔。」

一议下風失網、上風拾網者，見有標竿，其船不得駛開，至欲過船認網，毋」恃強阻執。」

一议下霧天氣，只许出網，不许抛船。又網落溜界，只许割自己之網。」

以上違者察出，均议罰戲壹臺。」

一议拾網者，船攏塗頭上岸，隨即報明大衆，毋得隱瞞。倘至過後別人報」清其網，公同追還，謝錢充公，议令罰戲壹臺，請各船户飲酒，并令罰」錢陸拾千，除帰報清人錢念千，其餘充公。」

一议會同議罰之時，倘各船户有一狥情不到者，罰戲壹臺。其犯禁者倘」敢恃強不遵罰規，公同鳴官究办。」

道光二十三年三月上浣吉旦公立」

考釋：

《漁汛禁約碑》立於舟山市岱山縣東沙鎮鐵畈沙小畚山羊府宫内，高 146 厘米、寬 78 厘米、厚 6 厘米，刻於道光二十三年（1843 年）三月。羊府宫是民間信仰中供奉羊府大帝的場所，坐東朝西，由前後大殿、南北厢房、照壁等構成，始建於乾隆二十年（1755 年），嘉慶二十三年（1818 年）擴建，道光二十三年（1843 年）重修。羊府大帝之身份在民間説法不一，有説是乾隆年間岱山姓羊的船老大、有説是西晋將軍羊祜、有説是唐代明州刺史羊僎，其信仰在江浙閩一帶廣爲流傳。漁船出海前，漁民都要去羊府宫祈求保佑，攏洋回來捕到的第一條大黄魚必是供給羊府大帝。據統計，舟山歷史上自清乾隆朝以來，在本島、岱山、秀山、泗礁、黄龍、嵊山等島嶼共建有羊府宫九座，現存六座。

《漁汛禁約碑》鎸刻了關於漁民之間出海時丢網或拾網情形下的約定，總共九條。這是由各幫漁船推舉柱首，延請董事，在羊府宫内成立議事機關，共同訂立的條款。第一條爲總綱，要求每船出錢五百文，作爲演戲辦酒的費用，剩餘的存放起來，以備公用。第二條規定不肯出錢之漁船，若在捕魚作業中失網，議事會不作處理，如果拾網并有犯規行爲，公家將追回并作處罰。第三條是如果漁船丢失新網，由船上每口人出謝錢一百文，交給拾網船人平分；如果丢失的是舊網，每口人則出謝錢五十文。第四條要求無論是在上洋頭或下洋頭，拾網者均應取償歸還，失網者不准冒認。第五條規定爲使一目瞭然，失網者應在船前插標竿一日，拾網者在船後插標竿一日，倘若失網者已在洋上見到所失之網，拾網者祇許將網帶來，不許拔掉船後插標。第六條要求在上風處拾到網的漁船，若見到有在下風處失網、於船前插起標竿的漁船，其船應作停留，不得駛開，有船開來認網，不得强行阻攔。第七條規定船隻航行時，若遇下霧天氣，也得下網作業，不准抛錨。因爲霧時抛錨不安全，他船看不清，容易撞上。但網在海上範圍較大，即使有船相近，也有網的阻擋。如果侵犯他人漁區，衹許割自己之網。以上七條若違反被查出，則罰戲一臺。第八條規定拾網漁船上岸後應立即報明大衆，如若隱瞞，事後被告發，不僅要追還，謝錢也得充公，罰戲壹臺，并請各船户飲酒。最後還要罰錢陸拾千，除賞給舉報人貳拾千外，其餘充公。第九條章程是總結，當議事會商議處罰之時，倘有各船户屈從私情不參加，罰戲壹臺；倘有犯禁者恃强不遵罰規，議事會將報官查究。

《漁汛禁約碑》通過議事會訂立公約的方式，引導漁船之間互相幫助、互相監督，以確保漁業秩序，維護漁民的共同利益。

參考文獻：

趙以忠：《解放前舟山漁業發展初探（上、下）》，《浙江水産學院學報》，1983 年第 1、2 期。

舟山市文化廣電新聞出版局編：《海山風物：舟山市第三次全國文物普查成果彙編》，2012 年。

王武瓊：《舟山群島羊祜信仰研究》，《浙江海洋學院學報（人文科學版）》，2012 年第 1 期。

《浙江通志》編纂委員會編：《浙江通志》第 44 卷《漁業志》，浙江人民出版社，2020 年。

26.司基東岳宫奉憲勒碑

清道光三十年(1850 年)

碑文:

奉憲勒碑(定海直隸廳同知之關防)」

署浙江定海直隸廳正堂、加五級紀録十二次黄　為」請示立碑以垂永遠事。切據岱山庄船户劉豐爵、邱彩福、徐邦治、劉豐能、陳景福、洪華裕、戎學清、魏廷佐、鄭德」高、金建安、費經銜、祝寶鉅等呈稱:岱地孤懸海島,居民駕船營生。舵水人等半係異鄉,風潮不測,或蹲篷失足,」或轉舵傾身,或因起椗下錨,力不能勝,隨帶落水,狂風巨浪,累多貽悮斃命。嘉慶二十四年間,船户趙士元等」呈,蒙惲前憲示諭:如有傭工于船,失水物故者,每名償錢弍拾四千;若船貨俱亡,償錢捌千文,以敷埋壅等」諭。迄今年遠日久,明知夷擾案毀,無可稽查。舵水等遇有溺海身亡,其父兄敢於率令多人,來家逼索,甚至百」般吵搗。聯名呈請出示,於岑司署前勒碑,以垂定章等情到廳。據此,當以卷燬無稽,飭檢碑摹去後,旋據該船」户將金塘庄碑記摹繳前來。復以繳到碑摹模糊難辨,飭據委員勘明金塘庄碑示,詳送碑記到廳。除批示外,」查屍屬藉屍詐擾,久干例禁。况受雇出洋,皆由情愿,即不幸而遭覆溺,亦應各安義命。雇主念其涉險亡身,酌」給微資,亦足以示矜恤。屍屬何得藉以訛詐,轉致自罹法網。顧不忍不教而誅,合行出示,勒石以垂久遠。為此」示仰船户、舵水人等知悉:嗣後,各漁船出洋溜網,并對漁氷鹹鮮及各店裝載貨物,各船雇用舵水,遇有風潮」不測,失足身亡,查照趙士元等前議,雇主給錢貳拾肆千文。其在船因病身故者,減半歸給。若已船貨俱亡,給」錢捌千文,俾作招魂埋壅之資。該屍屬倘敢不遵示諭,仍前藉命勒索,許該船户等據實稟」廳,以凴按律懲究。各宜凜遵,毋違。特示。」

道光叁拾年伍月　日立」

考釋：

《司基東岳宫奉憲勒碑》立於舟山市岱山縣東沙鎮司基村東岳宫内，高 195 厘米、闊 79.5 厘米、厚 13 厘米，刻於道光三十年（1850 年）五月，爲定海直隸廳同知黄維同處理岱山船員出洋溺斃賠償糾紛所訂立的章程告示碑。司基東岳宫始建於北宋宣和（1119 年—1125 年）年間，清道光二十二年（1842 年）在鴉片戰争中被英軍燒毁，二十五年（1845 年）重建。除照壁、臺门外，前後大殿、左右厢房及戲臺等建築均爲 20 世紀 80 年代後修建。

東岳宫歷來是漁、農、鹽民集中議事場所。《奉憲勒碑》開篇稱岱地孤懸海島，居民以駕船營生，船主所雇水手一半都是外鄉人，遭遇狂風巨浪，常因意外失足或操作不當而落水身亡。嘉慶二十四年（1819 年）前知縣惲敷訂立撫恤標準如下：若傭工溺水身亡，每名賠償貳拾肆千文；若船貨俱失，賠償捌千文。但此章程過去了三十年，再加上“夷擾案毁”，即原立於東岳宫的《奉憲勒碑》已被英軍毁壞，無可稽查。於是便有溺海水手的父兄帶人去雇主家勒索，甚至百般刁難。因而船主們聯名請求官府重新訂立章程，勒碑示諭。後官府參照金塘莊碑示，發布了新的撫恤標準，表示受雇出洋皆由情願，不幸失足身亡，也應各安天命，不能藉尸勒索。現規定，對於溺亡水手，雇主應給錢貳拾肆千文；若因病在船上亡故，雇主減半賠償；若船貨俱亡，給錢捌千文，以杜絶藉命勒索行爲。有違反者，按律懲究。

參考文獻:

舟山市文化廣電新聞出版局編:《海山風物:舟山市第三次全國文物普查成果彙編》,2012 年。

翁志峰、陶和平:《岱山東岳宫的故事》,《舟山晚報》,2020 年 4 月 12 日。

27.隆教寺憲諭永遵碑

清咸豐四年(1854 年)

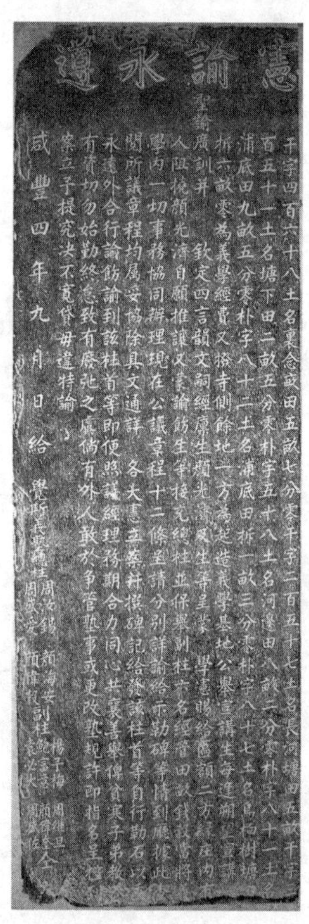

碑文：

憲諭永遵」

……千字四百六十八，土名裏念畝田，五畝七分零。千字二百五十七，土名長河塘田，五畝。千字三百五十一，土名塘下田，二畝五分零。朴字五十八，土名河邊田，八畝二分零。朴字八十一，土名」浦底田，九畝五分零。朴字八十二，土名浦底田，折一畝三分零。朴字八十七，土名烏柏樹塘田，」折六畝零，為義學經費。又撥寺側餘地一方，為起造義學基地。公舉宣講生，每逢朔望宣講」《聖諭廣訓》，并《欽定四言韻文》。嗣經廩生顔光濟及生等呈，蒙學憲賜給區額二方，緣庄内有」人阻撓，顔光濟自願推讓。又蒙諭飭生等接充總柱，並保舉副柱六名經管田畝錢穀，當將義」學內一切事務，協同辦理。現在公議章程十二條，呈請分別詳諭給示、勒碑等情到廳。據此，查」閱所議章程，均屬妥協。除具文通詳各大憲立案，并撰碑記，給發該柱首等自行勒石，以垂」永遠外，合行諭飭。諭到，該柱首等即便照議經理，務期合力同心，共襄善舉。俾貧寒子弟教養」有資，切勿始勤終怠，致有廢弛之虞。倘有外人敢於爭管塾事，或更改塾規，許即指名呈控到」案，立予提究，決不寬貸。毋違，特諭。」

咸豐四年九月　日給

覺斯義塾總柱 周汝錫 周盛愛 顔海安 顔偉穀

副柱 楊予梅 鮑富意 袁必大 周継旦 顔偉奎 周盛佐

仝立」

考釋:

《隆教寺憲諭永遵碑》立於舟山市定海區干覽(舊爲礦)鎮顔家村隆教禪寺内,石碑曾被整齊切割移作他用,缺失右半部分約兩列文字,20 世紀 80 年代由村民在附近地下挖出。現存殘碑高 206 厘米、闊 68 厘米、厚 12 厘米,内容爲清咸豐四年(1854 年)官廳示諭起造覺斯義塾的公議章程,涉及咸豐元年(1851 年)定海教案的善後事宜。隆教禪寺始創於五代吴越後漢乾祐二年(949 年),原名降錢院。北宋大中祥符元年(1008 年)賜"隆教寺"額,有僧人千名,故又稱"千僧寺"。該寺歷代均有修葺,至 1949 年後,改爲部隊營房。現寺院爲 1994 年後重建。

《隆教寺憲諭永遵碑》開頭便是田産字號、土名、畝數,其田租將作爲義學運營經費。又在隆教寺側空地,起造義學基地。此義學即"覺斯義塾",光緒《定海廳志》卷十八《學校志》載:"覺斯義學,在干礦隆教寺。咸豐二年,廪膳生顔光濟等以寺産幾爲邪教所奪,公議酌撥寺田三十餘畝,創設義學,又撥寺左餘地一方,以備起造屋宇。署廳事王承楷錫名覺斯,義取孟子'以斯道覺斯民'語。撥歸覺斯義學蕩田三十八畝四釐六毫四絲六忽,又寺左山麓餘地一畝零。"廳志内容與碑文相吻合,其中提到"寺産幾爲邪教所奪",指 1851 年爆發的定海教案。鴉片戰争後,英軍盤踞舟山長達六年,其間有大批歐洲傳教士在定海鼓動鄉民入教。1844 年,法國教士顧鐸德在定海建教堂一座,派福建籍教士方安之傳教,其教徒侵占定海城鄉多處寺廟庵院。1851 年 11 月間,村衆暴動,與方安之等争理,將教徒逐出,并收回被占寺院。教徒不服,向顧鐸德告狀,顧鐸德遂與法國駐上海領事前往寧波、舟山,威脅地方官員,要求懲辦村民、讓出寺院。浙江巡撫常大淳嚴辭拒絕了他們的無理要求，定海廳同知王承楷以義相争，力言"教徒强横不法，致激衆怒，欲償所值，必盡復我田宇"，勒令法方"將方安之交出，同生事擾民之入教人等，聽候地方官分别究辦，不許庇護"。這時的定海各岙鄉民義憤填膺，城下聚至萬餘人。顧鐸德與法國領事也怕惹出更大事端，灰溜溜地各回寧波、上海。因清廷當時正與太平軍作戰，在處理同外國教士之糾紛時，遵循"不可过于苛求，以致别生枝节"的原則，對教案罪魁禍首方安之網開一面，再未追拿。但是由於定海鄉民的强烈抗争，法國教會最終退還了幾處所占寺院，其中就有隆教寺。

定海廳同知王承楷和定海鄉紳商議，决定用退回的寺院與田産來辦學堂。光緒《定海廳志》卷八《名宦傳》載："在干礸曰覺斯義學，在鹽倉曰崇正義學，在岑椗者曰獅山義學、曰碧峰義學，皆以教養貧寒子弟"。碑文稱，大家共同推舉宣講生，每逢初一和十五在義學宣講《聖諭廣訓》與《欽定四言韻文》。《聖諭廣訓》纂於雍正二年(1724年)，是雍正帝對康熙帝《聖諭十六條》的推衍解釋。《欽定四言韻文》是針對洋教，爲"黜異端以崇正法"而由道光帝欽定刊刻的、翰林院掌院學士進呈的四言韻文，遍頒鄉塾，使民間孩童誦習。接着由廪生顔光濟牽頭，向官府申請辦學。浙江提督學政賜給義學兩塊匾額。顔光濟是覺斯義學的主要倡設者，本該成爲義學"總柱"，即總負責人，但因莊内有人阻撓，顔光濟自願推讓。於是由周汝錫、周盛愛、顔海安、顔偉穀四人接充總柱，保舉楊予梅、鮑富意、袁必大、周繼旦、顔偉奎、周盛佐六人爲副柱，共同管理田畝賦税、辦學資産等事務。最後公議章程十二條，呈報官府審批勒碑，倘有外人敢争管塾事或更改塾規，則嚴懲不貸。

參考文獻:

文慶等纂輯:《籌辦夷務始末(第 3 册)》,上海古籍出版社,2007 年。

史致馴、黄以周等編纂,柳和勇、詹亞園校點:《定海廳志》,上海古籍出版社,2011 年。

舟山市佛教協會編:《舟山佛教寺院通覽》,中國文史出版社,2015 年。

孫峰:《反映晚清“定海教案”的干覽〈憲諭永遵〉碑刻》,《舟山社會科學》,2021 年第 1 期。

28.三官會碑記

清咸豐五年(1855 年)

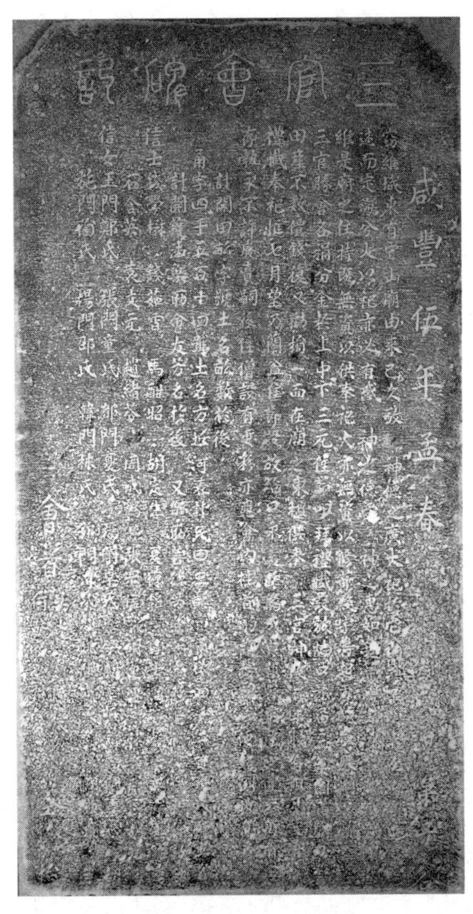

▌碑文：

三官會碑記」

咸豐伍年孟春 弟子谷……」

竊維城東有它山廟，由來已久。竕神德之廣大，祀於它山……」述而定海分火以祀，亦必有感神之德，受神之惠如我等……」維是廟之主持，既無資以供奉祀火，亦無資以修葺殿宇。待起處誠□舉……」三官勝會，各捐分金於上中下三元佳節，叩拜禮懺，設放焰口。茲届三年回満，除办……」田産不数價錢，復又勸捐一面，在廟之東楹，供奉三官神像。每年將有租月錢……」禮懺奉祀。惟七月望，乃蘭盆佳節，設放焰口，永遠作為成典。非□□□□□□助捐田……」存執，永不許廢賣。嗣後住僧設有更移，亦應會内柱首酌□□□，以便……」計開田畝字號、土名、畝数於後：」

甬字四千五百十四號，土名方坵，河表計民田三畝。甬字四千二百卅八號，土名……」計開護法樂助會友芳名於後：又樂助善德芳名……徐……」信士錢學楙 錢茹香 馬酣昭 胡定生 夏德銘 顔士禹 顔士□ 王□□……」石含英 袁文元 趙緒芬 周成鶴 張宗信 胡□□……胡……」信女王門鄭氏 張門童氏 都門夏氏 張門卓氏 樂門李氏 □門吴氏……」施門陶氏 楊門邵氏 韓門林氏 孫門□氏 姚門□氏 楊門陳氏……」會首 □光□ 何毓□……仝人 捐……」

▌考釋：

《三官會碑記》嵌在舟山定海區城北村老壽山它山廟墻内，高154厘米、闊80厘米，立於咸豐五年（1855年）正月。碑記底部缺失一截，下半段因雨水腐蝕嚴重，字迹不清。老壽山它山廟連同碑記是於二三十年前,由定海區昌國路南側它山廟弄遷來的。碑記開頭講“竊維城東有它山廟,由來已久”,指的就是位於它山廟弄的老它山廟,其始建於清康熙年間,光緒《定海廳志》卷二十七《祠廟志》稱“道光二十九年(1849 年)士民重修”,中華人民共和國成立後曾改作澱粉廠房、裕大造醬廠的水作車間,後來拆建爲宿舍樓。

碑記接着寫道:“考神德之廣大,祀於它山。”“它山廟”的“它”字念 tuō,它山位於寧波鄞江鎮,廟裏所供之神是唐代的鄮縣令王元暐。王元暐於唐大和七年(833 年)甫一上任,便着手修築一座堰壩以治理鄞江。經考察,他發現“兩山夾流,鈐鎖兩岸”的它山是築堰的最佳位置,於是修成它山堰,發揮堰禦鹹、蓄淡、引流、灌溉之功能,造福一方百姓。後人感念王縣令恩德,在它山堰旁建祠以祀之。它山堰歷經千餘年而沿用至今,乃是我國水利史上的奇迹。碑記稱:“述而定海分火以祀,亦必有感神之德,受神之惠如我等”,講康熙展復之後,它山廟信仰隨鄞州遷入定海的百姓而來。光緒《定海廳志》卷二十七《祠廟志》引用它山廟《匾記》云:“夫人情旱則求雨,澇則求晴,而神顧有以應之,可謂靈矣。而定邑之人更求醫於侯,亦無不立應者。靈無不通,惠無不溥,又豈鄞邑之所得而私也哉?”

碑記繼而講,後來因無資金供奉祀火、修葺殿宇,廟之住持決定發起“三官勝會”來籌款。與前述“東岳會”性質一樣,“三官會”是以祀奉三官大帝爲中心而構建的民間組織。三官大帝信仰可追溯至東漢時代,是人們對天、地、水崇拜的神格化體現。到南宋時期,“三官”在道教神靈體系中得到凸顯,全國出現大量的三官廟,天官賜福、地官赦罪、水官解厄的職責也最終確立。碑文道,三官會會友於每年正月十五、七月十五、十月十五祭祀三官大帝的三元節捐錢,用於叩拜禮懺、設放焰口等儀典。三年後又勸會友捐助田産,在它山廟東楹供奉三官神像,以田租維持奉祀活動之運轉。在每年的七月十五盂蘭盆節設放焰口成爲定例。

碑文規定,它山廟永遠不許廢賣捐田,并將田畝字號、土名、畝數及護法樂助會友芳名鐫刻於石。信士名單中,有定海鄉紳錢學楙可考。咸豐十一年(1861 年)《東港碶奉憲禁阻碑》亦記載其與弟錢學焕一起,向官府呼籲保護東港碶之事。錢學楙一生樂善好施、憂國憂民,其詳細生平事迹,見光緒《定海廳志》卷十《人物傳》中的傳記。

在舟山歷史上,除有它山廟弄的它山廟外,定海干覽鎮南洞岙新建村也有一座它山廟。光緒《定海廳志》卷二十七《祠廟志》載:"它山廟,在鳳鳴橋上,道光二十六年里人周姓、顧姓捐建。"這座它山廟在中華人民共和國成立後曾改作村公所、小學,2013 年在舊址上新建社區文化禮堂,堂内塑有王元暐像。在文化禮堂門口,有一通新立《它山廟志碑》。碑文云:"清康熙年間,新建先祖從鄞江遷至南洞,爲避旱防汛,遂效仿當年王縣令在五雷山下(溪坑)建攔水壩,取名'上堰',并在其旁修建它山廟。"道光年間的它山廟應爲重建。

參考文獻:

史致馴、黄以周等編纂,柳和勇、詹亞園校點:《定海廳志》,上海古籍出版社,2011 年。

周華誠:《它山廟會》,《寧波通訊》,2014 年第 18 期。

陳渭忠:《王元暐:縣令興建它山堰》,《中國三峽》,2015 年第 6 期。

孫峰:《它山廟弄》,《老舟山道古》,2019 年 8 月 17 日第 62 期。

29.永興會碑記

清咸豐六年(1856年)

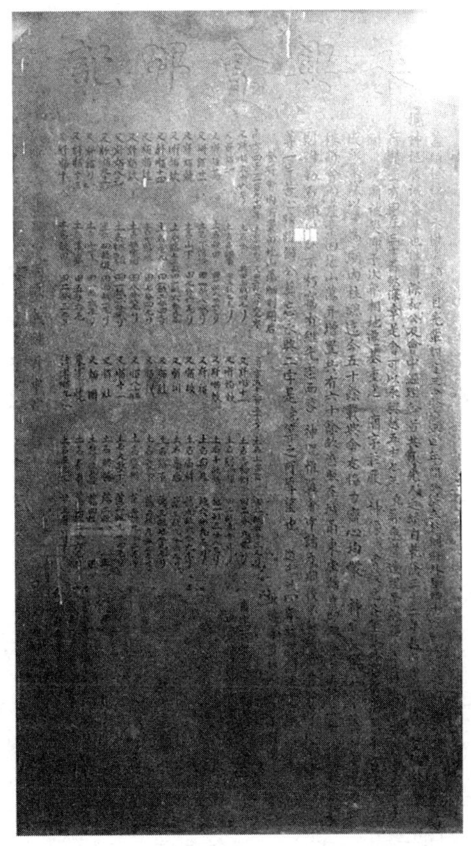

碑文：

永興會碑記」

蓋維恒德謂永、同志謂興，自先輩劉庭三公於雍正四年間，分堡立柱，創糾外堡四十家，腋成一會，名曰永興。每歲報祝」境神誕辰，诚善舉也。継傳際和公及會中經理幹首，共承先人之績，自乾隆三十二年起，每歲慶祝聖誕外，餘資」存積，置有田產三十餘畝，深幸是會可以永興。越五十七年，堯等悉遵遺規，黽勉從事、不敢告勞。至嘉慶二十年」間，境廟被災，即于次年相地遷基，重建廟宇、莊嚴神像。我會較之各堡，格外捐資，助盈千貫，始克告」成。承衆議，以堯為廟内柱總，迄今五十餘載，與會友協力齊心，均蒙神庇，共樂昇平。茲堯年邁力衰，」緣將會内產業、田地、山蕩，并增置共有六十餘畝，悉照在城、甬東庄歸户，印册經管。逐號、土名、坵段、畝分細」則，附勒石碑，以誌不朽。竊有継先志而答神貺，惟冀會中諸友，嗣後不許將廟會公產廢賣，當共思堯」等一片苦心，踴躍辦公，莫忘永興二字，是堯等之所厚望也。道光廿四年柱總劉運堯序。」今將會内所置田地、山蕩細則開后，継傳會首張兆餘沐手謹書。」

甬字四千三百九十四号，土名十畝整，民田二畝六分六厘零。又〤千〣百九十六、七、八号，土名仝，共田三畝四厘多。又〤千〤百一、二，土名廟前后墩，田三畝七厘多。又〣千〡百廿四，土名秧田，田一畝八分六厘多。又〣千〨百廿一，土名下湾坵，田一畝八分多。又〤千〤百〩十九，土名山下，田七分六厘多。又〣千〧百〦十八，土名路上三畝，田一畝六分九厘。又〨千〣百十四，土名屋几，田一畝二分四厘多。又〤百（千）〢百〦十二，土名廿田下坵，田七分四厘多。又〤千〤百〦十八，土名孫家田，田八分八厘多。又〤千〤百八十一、二，土名汆豆、手巾条，田一畝二分一厘多。又〤千〣百九十一、二、三，土名四畝墩，田四畝一厘多。又〤千〥百〢一、二，土名山下，田一畝六厘多。又〥千〢百十三，土名溪边，田五分六厘。又〥千〢百十，土名秧田，田二分三厘多。」甬字五千二百五十号，土名上汆豆，田二畝六分三厘多。又〤千〣百十一，土名楊柳樹，田二分九厘多。又〣千〩百〩〩，土名大疠豆、長灣，田二畝九分多。又〤千〣百〩〩，土名十畝墩，地一畝三分八厘多。又〤千〤百，土名庙几，地六分九厘多。又〢百〦〩，土名庙前，蕩九畝六分九厘多。又〢百〦〢，土名庙后，蕩三畝九分六厘多。又〢百〥〦，土名路下，蕩三畝七分九厘多。又〢百〧〤，土名墪下，蕩二畝九分二厘多。又〢百八十五、六，土名墪[illegible]，蕩二畝九分二厘多。又〢百十一，土名大墪下，蕩二畝九分四厘多。又〢百〤〦，土名路登，蕩二畝正。又〩百〣十，土名河边長坵，蕩四畝正。東字〢十七，土名長爿，蕩二畝二分六厘多。清字〣百九十八、九，土名車几下，地三厘多。」甬字二百七十九號，土名庙山豆，山林六分六厘零。以上共計田地、山蕩六十六畝零。」

今再計本堡會友三十三人，倘嗣後内有無力承办者，欲意推頂，只許本姓房下頂值，毋得出頂異姓。若無後裔頂于會中，計公議頂價錢式千五百文。此照。」

咸豐六年歲次丙辰黃鍾月中浣日，會首陸元信、楊偉昌等敬立」

考釋：

《永興會碑記》立於舟山市定海區雙擁路厲浦清廟内，高 207

厘米、闊 110 厘米、厚 9 厘米，刻於清咸豐六年（1856 年）十一月中旬。據天啓《舟山志》卷二《祠典》載，“蠣浦清廟，城東七里”，證明廟初建於明代。其原址在土名廟灣山的五虎山脚下，1950 年被部隊改用，1992 年由當地民衆自發在原廟址北側重建，改名“厲浦清廟”。原廟名“蠣浦”蓋與附近洋岙海灘盛産蠣房有關。

《永興會碑記》前半段序文由柱總劉運堯寫於道光二十四年（1844 年），叙述了永興會的發展沿革。“恒德謂永、同志謂興”，德行恒久才可永久，同志一心才能興旺。永興會由劉姓先輩劉庭三联合各村 40 户，於雍正四年（1726 年）發起，爲組織籌辦每年境神誕辰日的賽神會而創立。後來經柱總劉際和與會中經理幹首規定，自乾隆三十二年（1767 年）起，每年賽神會後，將餘資存積，并置田産三十餘畝。到了乾隆五十七年（1792 年），序文作者劉運堯等開始參與會務，謹遵遺規，藉《詩經・小雅・十月之交》“黽勉從事、不敢告勞”之語表示“我們勤勉做事，不會向人訴説勞苦”。嘉慶二十年（1815 年），境廟受灾，即於次年相地遷基，重建廟宇。與各村相比，永興會捐資最多，超過千貫。經衆人商議，推劉運堯爲廟内柱總，到寫序文的道光二十四年（1844 年），劉運堯參與辦會已過五十年。他將會内産業、田地、山蕩，并增置共有六十餘畝，按照在城、甬東莊歸户分類，印册管理。“歸户”爲明清賦役制度下的納税單位，可指個人、宗族、組織等。附録爲田地、山蕩的字號、土名、畝數，勒碑以垂不朽。序文最後，劉運堯寄望會中諸友，以後不許廢棄、買賣廟會公産，莫忘“永興”之初心。

序文落款爲“道光廿四年”，碑文最後一列有大字“咸豐六年歲次丙辰黄鍾月中浣日，會首陸元信、楊偉昌等敬立”落款。從整通碑文布局來看，咸豐年的落款不像後補刻的文字，“陸元信、楊偉昌等敬立"更表明此碑立於咸豐年間。道光二十四年的原碑去了哪裏不得而知,翻刻道光碑的原因,可能由於時隔十二年,原碑已有磨泐或損毁。總之,咸豐碑在田地、山蕩細則之後,有一則補記如下:本堡即本村莊有會友三十三人,倘若今後無力承辦賽神會,想要推薦新柱總人選,只許由本姓人頂替,不得找異姓。如果本姓無後裔,大家議定需抵錢兩千五百文。

值得注意的是,碑文田地、山蕩細則的數字由舟山漁碼子書寫,從一至九爲〡、〢、〣、〤、〥、〦、〧、〨、〩,"兀""丿"爲"厘""多"兩字的簡寫。舟山漁碼子,寧波稱"柴爿碼",江蘇稱"蘇州碼",是民間通行的商業數字。

參考文獻:

夏志剛:《舟山發現唯一古代民間計數石碑》,《中共舟山市委黨校學報》,2020 年第 6 期。

夏志剛:《蠣浦清廟石碑上的傭工死亡撫恤禁約和洋岙水利廟會史》,《舟山日報》,2020 年 8 月 3 日。

30.佛渡島奉憲開墾勒石殘碑

清咸豐年間

碑文：

奉憲開墾（勒）石……」

欽授浙江杭嘉湖道署分巡甯紹台、兼管水利海防兵備道、加十級記録十二次段　為」出示嚴禁事。據鎮民張永浙、林合興、林遇春、張鳴鍾、張孝登、張開邦、陳合全、張家」盛、賀君盛等呈称，伊等在鎮轄梅山毘連之佛渡地方，開墾蓄薪。前因土匪外」連西洋夷人來山詐擾，呈蒙示諭，□□得已禁止。近來本處土匪仍敢結党护」砍山上竹木柴薪，再叩恩賜示□□□，但前據該民人先後赴道具呈，即」經本署道分别照會示禁，在□□□□□批示外，合再出示嚴禁。為此示仰」該處軍民、地保人等知悉：尔□□□□□墾養薪，既費工本，又歷勤勞，自示」之後，毋許勾串匪党护砍□□□□□□故違或被指□□□□□□□」□□决不寬貸……」

考釋：

《奉憲開墾勒石殘碑》位於舟山市普陀區六横鎮佛渡島村關聖殿内，爲一殘石碑，高 160 厘米、最闊處 59 厘米、厚 10 厘米，碑額據推測有“奉憲開墾勒石”等字。内容是寧紹台道段光清所發布的、關於禁止結匪盗砍竹木的告示。因段光清於清咸豐四年（1854 年）升任杭嘉湖兵備道，調補寧紹台兵備道，於咸豐八年（1858 年）又升爲浙江按察使，可知本碑立於 1854 至 1858 年間。佛渡島位於寧波梅山島與舟山六横島之間，南北走向，形狀似羊皮水袋，陸域面積 7.3 平方千米，又稱“浡塗”“孛渡”“佛肚”等。關聖殿始建於清嘉慶五年（1800 年），是佛渡島上重要的議事場所。

碑文道，有鎮海民衆張永浙等呈稱，其在與鎮海轄内梅山島相毗連之佛渡島上，開荒種植竹木，之前有土匪勾結西洋夷人來佛渡訛詐騷擾，已被阻止。但近來有本地土匪仍敢結黨砍伐山上竹木柴薪，故再次請求官府出示嚴禁。清康熙二十三年(1684 年)舟山展復後，佛渡島墾荒居民基本來自寧波。鎮海等地鹽場至清末依舊保持鐵鍋煎鹽的生産工藝，有學者推測，來佛渡墾荒植木之人是鎮海鹽民。碑文中出現的“土匪”蓋指佛渡當地居民，他們以“西洋夷人”爲保護傘，結黨砍伐山林。佛渡島與梅山島之間的水道，古稱“青龍港”，道光之後多有西洋船隻往來進出。官府驅散洋人後，仍有被稱爲“土匪”的本地居民通過亂砍破壞的方式，阻撓鎮海鹽民。最終由寧紹台道段光清示諭勒碑，以“開墾養薪，既費工本，又歷勤勞”之理由，嚴禁本地人勾結“匪黨”亂砍亂伐。

參考文獻：

《中國海島志》編纂委員會編：《中國海島志(浙江卷第二册)》，海洋出版社，2014 年。

孫峰：《佛渡島〈奉憲開墾勒石〉碑刻》，《舟山晚報》，2020 年 9 月 13 日。

31. 咸豐東港碶奉憲禁阻碑

清咸豐十一年(1861 年)

‖碑文：

奉憲禁阻(定海直隸廳同知之關防)」

署浙江定海直隸廳正堂加五級記錄十二次劉　為」出示勒石永禁事。據在城庄般紳金士奎、錢學楙、沈有瀾、金學純、張有鎔、錢學焕、□□□、陳利仁、胡迎泰、孔廣發呈稱：東門外東港碶乃」定廳咽喉，城河入海總源，設立碶夫，捐置田畝，以作管碶修理等用。近因無耻之徒□□□利，罔顧碶閘攸關水利，竟敢私開碶板，乘潮」放水，或捕魚捉蝌，或小船從碶閘推出扛入，並有石板磚瓦堆叠碶橋，以致碶□□□樑壓斷，鹹潮擁入，貽害田禾，□碍行走。其該管」柱首，甚將碶田四拾餘畝，除歸碶夫管種外，其餘田地租息，一概分用，任碶坍壞。不□□□等會議，將前呈田產內叁拾壹畝仍給碶夫」經管。其餘田地一十八畝永禁廢賣，所收租穀租錢存放生息，抵作日後修碶之□□□各捐以資，搆料興工，將坍壞碶閘照旧修補。誠」恐日久廢弛，復蹈前轍，公叩出示，勒石永禁等情到廳。據此，除批示外，合行出示□□永禁。為此示仰廳屬居民、漁户、碶夫、地保、柱首人」等知悉：尔等須知，鄉畚田地山塲，全賴碶閘堅固，為禦鹹蓄淡，保儲源流，啓閉有時。□□□修，即有非常之患，全凴殷紳將□□碶閘捐」修完整，誠為善舉。其前置碶田，永禁廢賣。自示之後，不得仍前偷放捕捉魚蝌，并小船推扛□□以及侵蝕廢賣碶産。倘日久仍敢故違，」一經訪聞，或被告發，定即提案，從重究辦，決不姑寬。該柱首等亦當寔心經理，以垂久遠，毋□□志，切切，特示。」(遵)

咸豐拾壹年捌月　日給」　告示」

考釋：

東港碶原爲舟山定海城東門泄洪主碶，始建年代有明洪武年間與清咸豐初年之説。碶址位於定海區城東街道小碶村，城内外大小河流匯聚於此，通過碶門出海，故此地舊名"東江浦"或"東港浦"。南宋時，曾有著名的東江鹽場；明清之際，東港浦外形成港口。1976 年城東河改道，碶灘填塞，東港碶盡毁。原碶址共存三通碑石，除這通清咸豐十一年（1861 年）的碑石，還有清同治五年（1866 年）和民國十四年（1925 年）兩通碑石。

咸豐十一年《東港碶奉憲禁阻碑》立於定海區城東街道小碶村村委會旁，高 208 厘米、闊 82 厘米，嵌於墻中。此碑碑額爲"奉憲禁阻"，上方有"定海直隸廳同知之關防"滿漢文小篆官印，碑題爲"署浙江定海直隸廳正堂加五級記録十二次劉"指當時代理直隶廳同知的劉國觀，是典型的清代官禁碑。

碑文開頭序中列出的城莊殷紳共有十位。除一人因碑刻磨泐無法識讀外，其餘見於史傳者有金士奎、錢學林、沈有瀾、錢學煥四人。金士奎，號爽花，道光年間廪貢，署寧波府教授。1818 年漂至定海的朝鮮難民崔斗燦所作《乘槎録》中，留存大量與金士奎的詩文唱和。1842 年 12 月 27 日，定海廳紳士金士奎還曾向官府呈訴英軍在舟山的暴行。

錢學林和沈有瀾出自定海望族。北門錢家與沈家，在光緒《定海廳志》中皆有傳。錢學林"家世殷實，納粟爲國子生，居鄉不著聲譽"，在鴉片戰争中"自願毁家紓難，捐發軍需以爲守禦"，作出表率後，"富家紳商皆踴躍"。他共捐資三萬餘金，保全定海城池，人皆稱其有功，其名留在舟山很多的"善舉碑"中。錢學煥乃其弟，因藏有吴越王錢弘俶所造阿育王塔,在民國《定海縣志》中留名。沈有瀾(1811—1884),“由廩膳生授嘉興縣學訓導,旋以母老乞假回里,遂無志宦游”。其從此以鄉紳身份,積極投身社會公益事業,在亂世中賑濟灾民,“修葺文廟,經理書院”,“邑中遇有善舉,諸同志莫不欲借重以資董率”。光緒十年(1884 年),法國人入侵福建,侵犯鎮海口,定海也設海防,沈有瀾殫精竭慮,在共籌堵禦外敵的過勞工作中去世。

碑文繼續寫這十位鄉紳,聯名向上呈報的是近期無耻之徒的不法行爲。一爲“私開碶板,乘潮放水”,在河中“捕魚捉蟹”;二爲趁機將“小船從碶閘推出扛入”;三爲在碶橋上堆疊石板磚瓦,壓斷碶梁。結果導致鹹潮擁入,貽害田禾,碶橋損壞,妨礙交通。可東港碶本設有碶夫,專門管理,又有捐置的田畝,“以作管碶修理等用”,爲何還能坐視這些行爲不管,而要鄉紳們出面呢?中國古代基層的農田水利灌溉工程一般由民間管理,負責人多是鄉村德高望重者,稱爲“柱首”。碑文解釋道,管理東港碶的柱首將四十餘畝的碶田,“除歸碶夫管種外,其餘田地租息,一概分用”。即只有一部分的碶田租息用在了碶閘的管理上,日常維護用的資金,大部分被“分用”了。既然負責人已經開始“侵蝕廢賣碶産”,下面的碶夫也只能怠忽職守,“任碶坍壞”了。

此事引起地方鄉紳的警覺。經會議决定,將前呈四十餘畝田産中,三十一畝仍由碶夫經管,以維持碶閘的正常運行;其餘十八畝永禁廢賣,所收租息,作爲日後修碶費用。而目下碶閘的修補由鄉紳們捐錢、“構料興工”。决議上呈官府後,由直隸廳下達批示,并勒石永禁,樹立“奉憲禁阻”碑。以附近居民、碶夫、地保、柱首爲對象,明確禁令:“其前置碶田,永禁廢賣。自示之後,不得仍前偷放捕捉魚蟹，并小船推扛□□以及侵蝕廢賣碶產。倘日久仍敢故違，一經訪聞，或被告發，定即提案，從重究辦，决不姑寬。”

在違禁行爲發生地立碑，有利於禁令的傳播與周知，凸顯其針對性和警示性，具有威懾作用。同時，立碑是一種例行公事的舉措，無論禁令公布後實施結果如何，祇要勒石永禁，以後遇到上級檢查追責，官員們也可以此應付。東港碶碑刻是晚清至民國社會法律秩序存在樣態的真實記録，所展現官民之間共同維繫地方秩序的互動，對於現代法治建設亦有借鑒意義。碑文所體現的愛水、惜水、護水共識，對當今推進水生態文明建設仍有重要的參考意義。

參考文獻：

舟山市文化廣電新聞出版局編：《海山風物：舟山市第三次全國文物普查成果彙編》，2012 年。

龔憶夢：《舟山東港碶碑刻考釋》，《浙江海洋大學學報（人文科學版）》，2021 年第 3 期。

32.三甲新庙會碑

清同治二年(1863年)

碑文：

岑椗庄自古分為六甲，盧、夏、陳三處向」列三甲。今有嗣下弟子夏熙和喜助田」四畝，归于盧、夏、陳三柱輪流收息。本庙」敕封英烈侯王座前，春秋兩季當办應用。」三柱輪值後，尚有一年餘，仗花息，三柱」公存公放收息，共成此會，名曰三甲新」庙會。亦謂功之最大者也，不淂不勒諸」碑，以旌其善云。助田細則列后：」

岑字一千七百十七坟頭下田，八分三厘一毛。」一千七百十八，仝田，一畝一分三厘三毛。」一千八百□九大垄下田，折一畝□六厘。」一千八百□□堰底洋田，折九分八厘。」

同治二年清和月　日，三甲新庙會柱首仝立」

考釋：

《三甲新庙會碑》位於舟山市定海區岑港街道橋頭村大廟自然村大廟30號夏氏祠堂臺門東墻，高98厘米、闊125厘米、厚20厘米，立於同治二年(1863年)四月。碑文開篇所說岑椗莊自古分爲六甲，盧、夏、陳三處向列三甲，指的是當地有盧、夏、陳、王、羅、李六大家族，勢力最强的是盧、夏、陳三家。有嗣下弟子夏熙和助田四畝，由盧、夏、陳三家選出的柱首輪流收取田租，所得歸大廟，以作春秋兩季致祭英烈侯王之經費。此大廟便是離夏氏祠堂不遠的岑港大廟，據傳其始建於南宋初。光緒《定海廳志》卷二十七《祠廟志》稱："乾隆二十一年重建，道光三十年修葺之。"中華人民共和國成立後，廟被岑港糧管所改建使用。現大廟爲1994年在原址後空地新建，由前殿、正殿、戲臺、東西廡廊和後罩房等構成。門口有2018年所立《岑港大廟傳略》石碑稱，"英烈侯王"是北宋太祖趙匡胤,由南宋高宗趙構敕封之,此説當屬民間誤傳。“英烈侯王”在浙、閩、粤一帶有不同的人物原型,此地的“英烈侯王”爲鮑蓋的可能性最大。鮑蓋,東漢鄮縣縣吏,爲官清正,保境安民,深受百姓愛戴,死後爲海神。其在元至正二十年(1360 年)被加封爲“英烈王”。元代海漕以烈港、岑港爲起運港,祭祀鮑蓋的英烈侯王廟或於元代創立。鮑蓋在寧波城的祖廟,一向亦被稱作“大廟”。碑文繼續道,盧、夏、陳三家柱首輪值一遍後,還有一年多剩餘時間,於是成立“三甲新庙會”,管理這一年多的田租,用以維持大廟的日常開銷。碑文最後是助田細則。

參考文獻:

舟山市文化廣電新聞出版局編:《海山風物:舟山市第三次全國文物普查成果彙編》,2012 年。

33.城道酒米鋪遵示禁碑

清同治五年(1866年)

碑文：

遵示禁碑」

欽加陞銜、署定海直隸理民府、加五級紀録十二次史　為」出示嚴禁事，照得定海地方向有礱匠，在于四城門設立厦處，聚集多人，所有民間及店鋪礱□□，」由該匠等把持，不許另行雇工承办。推原其故，因衙門小工歷係該匠等派充，狃于此役，以為□□」相沿，牢不可破。此種惡習，亟應革除，以便工商，而示安静。除此後，本廳衙門小工，自行捐廉雇□□」役，一面飭差督同地保，將各厦處封禁外，合行出示諭禁。為此示仰合屬居民、店鋪及礱匠人等，□」等均當各安生業，照常開張。所有礱舂等事，即應聽從民便出錢雇用。其礱匠等内有家室，切□□」朝出暮歸，倘有路途寫遠，城鄉遠隔，或在雇主之家住宿，或在寺廟飯鋪棲身，均無不可，勿得□□」名目。自示之後，如敢再蹈舊習，以及三五成羣高抬工價，把持詐擾，一經訪問或被告發，定即□□，」儘法懲办，決不稍寬。本廳嫉惡如仇，痌瘝在抱，民間果有冤抑，當為之辨明。奸徒聚衆横行，□□」究治。办事但知酌理，理民曲，體輿情，総求有益于地方，無累于百姓，以期弊絶風清，與吾民共□□」樂。此本廳一番之苦衷，不妨坦懷以相示，願尔等勿負告誡，其各凛遵，毋違。特示。」

同治五年三月，城衙酒米鋪公立」

考釋：

《城道酒米鋪遵示禁碑》現立於舟山博物館外，高 175 厘米、闊 72 厘米、厚 15 厘米，以“城道酒米鋪”名義樹於同治五年（1866 年）三月，爲定海直隸廳同知史致馴發布的關於規範定海礱舂行業、禁止壟斷敲詐的示諭。史致馴曾主持撰修光緒《定海廳志》,他於同治四年(1865 年)至五年(1866 年)代理定海直隸廳同知,於光緒二年(1876 年)至五年(1879 年)正式任職。碑文正書,共 12 行,行滿 38 字,底部加碑座,每行覆蓋兩字。

"礱"爲用於破穀取米的農具,"礱匠"指專門作礱并替人碾米穀的師傅。碑文道,定海一向有礱匠職業,他們在四個城門設立住所,聚集多人。所有民間或店鋪有礱舂需求,均由四城門礱匠壟斷,不許另行雇工。其之所以蠻横,是因爲去衙門礱穀的小工歷來也由該礱匠集團派遣,他們慣於此業務,認爲舊習相沿,"牢不可破"。官府先從衙門小工着手整頓,一面規定衙門礱舂之事,由官吏捐獻養廉銀雇工承辦,一面派遣公差監督地保,一起將四城門礱匠住所封禁。同時出示諭禁規定此後所有礱舂之事,應遵循使民衆方便之原則,允許民衆自由雇傭礱匠。若所雇礱匠有家室,切勿朝出暮歸。倘路途遥遠,礱匠或在雇主之家住宿,或在寺廟飯鋪栖身均可,但不得另立名目抬價、詐擾。此碑由城道酒米鋪公立,旨在維護工商業者的共同利益。

34.同治東港碶奉憲禁阻碑

清同治五年(1866 年)

碑文:

奉憲禁阻(定海直隸廳同知之關防)」

補用總捕分府、署定海直隸廳、加五級記錄十二次史　為」出示嚴禁事。據甬東庄東港碶柱首劉運莊等呈稱:東港碶一□□□城及四城」門外河道出水之咽喉,於咸豐十一年間,經帮办董事孔廣發□□□,因蒙」劉前憲示諭,勒碑永誌。乃近有愚民罔顧水道有碍,不知稼□□関,竟在碶旁塘」下堆疊石版,開設石作,將每日鎚敲石屑等物抛棄河中,以致□□迊遶,為害田」疇。叩賜示禁等情到廳,據此,除批示外,合行出示嚴禁。為此示仰該處居民、碶夫、」地保、柱首人等知悉:爾等須知,碶閘攸関水利,全賴疏通源流,自示之後,勿得再」在該處開設石作,將石屑等物抛棄河中,以致日積日多,水道壅塞,有碍田疇。如」敢故違,許柱首人等指名稟告,定當提案究辦,决不稍寬,其各凜遵,毋輕嘗試。特」示。(遵)」

同治伍年玖月　日給」

告示」

考釋:

清同治五年(1866年)九月的《東港碶奉憲禁阻碑》位於舟山市定海區城東街道小碶村村委會旁,高188厘米、闊58厘米,嵌於墻中。其爲咸豐十一年(1861年)立碑五年後,官府再次於東港碶樹立的"示禁碑"。碑額作"奉憲禁阻",上方有"定海直隸廳同知之關防"滿漢篆字官印,碑題爲"補用總捕分府署定海直隸廳加五級記録十二次史"。"史"是定海直隸廳同知史致馴,"補用總捕分府"是史致馴的另一官職,"總捕"爲總理捕務,"分府"爲同知别稱,負責地方治安。

這次同治五年(1866 年)九月的立碑緣起於東港碶柱首劉運莊等呈稱,雖然五年前經幫辦董事孔廣發呼籲,得到前直隸廳同知劉國觀示諭,已勒石警示,但最近又發現有人“竟在碶旁塘下堆疊石版,開設石作,將每日錘敲石屑等物抛棄河中”,所以再次立碑示禁。對象爲該處居民、碶夫、地保、柱首,銘刻禁令:“自示之後,勿得再在該處開設石作,將石屑等物抛棄河中,以致日積日多,水道壅塞,有礙田疇。如敢故違,許柱首人等指名禀告,定當提案究辦,决不稍寬。”可知咸豐十一年(1861 年)立碑之後,雖然禁止了侵蝕碶産、私開閘門、堆疊碶橋、偷放捕捉魚蟹等行爲,但又出現新問題。

據光緒《定海廳志》卷二十四《物産志》載,舟山盛産優質石板。如普陀山“有紫竹旃檀林,山中石剖之,俱白質黑章,作花竹草木狀,濃淡工細如畫”。又如岑港海口釣山島上有“釣山石”,“石質雖粗,頗資於用。其居民以采石爲業,謂之石宕。”因而可以推測,清代舟山的手工業中,石作産業應十分發達。石工作坊設於河邊,是爲了方便用水與運輸,但若不規範經營,勢必會破壞生態環境。“同治碑”的樹立,爲通過立法來協調産業與環保關係之例証。

參考文獻:

史致馴、黄以周等編纂,柳和勇、詹亞園校點:《定海廳志》,上海古籍出版社,2011 年。

舟山市文化廣電新聞出版局編:《海山風物:舟山市第三次全國文物普查成果彙編》,2012 年。

龔憶夢:《舟山東港碶碑刻考釋》,《浙江海洋大學學報(人文科學版)》,2021 年第 3 期。

35.廣澤廟憲示碑

清同治十三年(1874 年)

碑文:

憲示」

欽加道銜、署定海直隸理民府、候補府正堂、加三級記録十二次陳 (為)」出示曉諭事。案據誠求堂董事舉人曾廷熾、廩生朱鴻年呈稱:朱家尖一山半屬僧產,(奉飭辦理)」嬰堂田務,見是處赤棺暴露,掏掘埋葬有礙塘堤,請飭普陀寺僧公遵一山作為義塚(等情。當經)」飭據普濟寺僧真源、法雨寺僧満圓、隱秀庵僧寶樹等,以所管之廟後小山地勢平坦,(泥土深厚,)」共有五十三畝,堪以助作義塚。並據堂董曾廷熾、朱鴻年等帶同文書,親赴該山丈(計畝數,與該)」僧等呈報相符,業已釘定界址。聲明每年租息向係隱秀庵收花,兹經前後寺方丈、(隱秀庵住僧)」寶樹等,寫立助書,永作義塚。若照給租錢,日久恐有未便,當由堂內提錢一百千文(歸寺生息。事)」已允洽,理合檢呈助書,請核明蓋印,發堂存執。並求給示曉諭,以便勒石而垂久遠。(各等事情到府,)」據此,除批示,並將助書核明盖印、發堂存執外,合行出示曉諭。為此示仰該處居民(人等知悉:爾)」等須知隱秀庵廟後小山,已由寺僧真源等,助入誠求堂內,永作義塚。自示之後,所(有附近土客、)」居民無地埋葬,各棺木聽其抬赴該山,在於釘定界內妥為安葬,毋須仍前掏掘(塘堤,及越界紊)」亂該寺僧衆。并先前各租户,以後亦不得藉詞阻撓,紛爭佔種。其各凜遵,毋違。特(示。)」

同治拾叁年柒月」

考釋:

《廣澤廟憲示碑》位於舟山市普陀區朱家尖街道廟跟村外塘廣

澤廟,碑曾斷爲三截,最下端缺失。殘碑高 172 厘米、闊 75.5 厘米、厚 10 厘米,勒於同治十三年(1874 年)七月。缺失碑文可據民國《定海縣志》卷四《財賦志・公款及公産》録文補全,縣志中定其名爲《誠求堂朱家尖義山碑示》,祇是將“同治十三年立”錯爲“光緒十三年立”。民國《定海縣志》卷二《營繕志・祠廟》載:“廣澤廟,朱家尖竹頭浦。”2019 年版《朱家尖志》稱廣澤廟舊址在澤山,建於清道光年間(1821—1850)。殿屋十餘間,主祀老爺菩薩。解放前曾爲私塾學堂,20 世紀 50 年代改作供銷合作社用屋。90 年代由村民自發將其移址,於村外塘處重建,2006 年擴建。

碑文爲定海直隸府同知陳乃瀚關於批飭普陀山僧劃定朱家尖山地,以作誠求堂義冢之示諭。開篇提到的誠求堂,其沿革詳載於民國《定海縣志》卷二《營繕志・善堂》,云:“誠求堂,初名育嬰堂,清道光六年(1826 年)署縣事李景、韓捐廉爲倡,職員沈有慶佽助白金一千、基地三畝有奇;錢鏡佽助白金三千建大廳、左右廊屋共十九間,其故址在城北。至道光十五年(1835 年),適有僧俗互争朱家尖順母塗兩處接漲塗田,經知縣事王鼎勳詳准撥入育嬰堂報升輸糧,將租息作爲育嬰經費。後因朱家尖塗田千餘畝塘碶盡壞,租息無出,又遭外患,堂屋被毁,事遂中止。同治十一年(1872 年)廳同知陳乃瀚刻意興復清查朱家尖田産,修塘築碶,因田高下,定額出租,參酌舊規,分寄養、自養兩項。惟舊堂一時不能興建,暫賃城内祖印寺屋,改名誠求,以示區别。洎光緒十七年(1891 年)知定海廳事黄樹藩向紳商勸募,由富紳何瑞堂、李肅銘等捐資興復,擇城南偏東地方新建大廳三間、臺門一座、東首厢房三間、厨房一間、西首厢房九間……”《廣澤廟憲示碑》所立的 1874 年,正是老育嬰堂因鴉片戰争被燒毁後,因一時不能興建,暫賃祖印寺屋,改名誠求堂之際。從縣志記載可知,育嬰堂自1835年起,就擁有朱家尖順母塗的兩處塗田,本將租息用作育嬰經費,後因朱家尖塘碶盡壞,塗田受損,導致租息無收。

1872年,廳同知陳乃瀚開始清查朱家尖田産,於是有了碑文開頭所講誠求堂董事舉人曾廷熾、廩生朱鴻年奉飭辦理嬰堂田務之事。他們目睹四處都是裸露的棺材,如果就地掏掘埋葬,勢必影響塘堤牢固。由於朱家尖一半都屬普陀山僧産,因此二人向官府呈請,能否將隱秀庵所管之廟後地勢平坦、泥土深厚、共計五十三畝的小山,助作誠求堂掩埋棺槨的義冢。經普陀山與誠求堂雙方協商,劃定界址,普濟寺、法雨寺方丈及隱秀庵住僧寫立助書、永作義冢。誠求堂向隱秀庵一次性支付一百千文作爲租息補償。最後立碑爲證,宣布今後附近所有住户,無論是本地人還是客居者,若死後無地安葬,可將其棺木抬至該山勘定的地界内妥善安葬,不得再像以前掏掘塘堤,亦不得越界打擾僧衆;并告知之前該山租户,此地既已成爲義山,以後不得藉詞阻撓、紛争占種。

參考文獻:

陳訓正、馬瀛等纂:《定海縣志》,民國十三年(1924年)鉛印本。

洪波雷:《普陀山在朱家尖僧田资料》,舞月空城的博客,2014年2月15日。

《朱家尖志》編纂委員會編:《朱家尖志》,中國文史出版社,2019年。

36.濟生池碑

清同治十三年(1874 年)

碑文:

濟生池」

池鑿同治六年,捐集里資襄成是舉。益為」吾鄉居民便於井汲,非所以灌田畝也。嘗」見叱飲牛羊、洗灌器物,甚至拋磚下石,殊」失創始之本意。爰邀同里勒石永禁後,有」□□罰依公議。所誌碑略如左。」□捐存資福寺錢貳千文,以作生息完粮。」

同治十三年仲冬月　日,里人公立」

考釋:

《濟生池碑》位於舟山市岱山縣東沙鎮橋頭村康寧路 19 號附近濟生池邊,高 135 厘米、闊 65 厘米、厚 16 厘米,立於同治十三年(1874 年)十一月。濟生池緊鄰資福寺,《岱山鎮志》卷十《社廟志》載:"資福寺,在橋頭寺嶺下,五代時石晋天福八年(943 年)癸卯建。同治初,里人張志高、虞永法捐資重修。光緒間僧又募修之。入民國後,僧廣通又擴而大之。"碑文稱,濟生池鑿於同治六年(1867 年),與張志高、虞永法捐資重修資福寺時間相近。碑文明確指出濟生池是鄉民的飲用水源,即井汲之水,不用於農田灌溉。杜絶牽牛羊飲水、洗灌器物、拋磚下石等不良行爲,違者按照公議受罰。鄉里群衆除捐款修建濟生池外,又向資福寺捐存錢貳千文,以作寺院日常運轉經費。有學者考證,資福寺前身是始創於唐開成年間(836—840)的海西山翠蘿寺,可備一説。

參考文獻:

舟山市文化廣電新聞出版局編:《海山風物:舟山市第三次全

國文物普查成果彙編》,2012 年。

林斌:《揭開千年古寺:海西山翠蘿寺的謎團——金塘鄉海西山翠蘿寺原在西岱山島》,《浙江國際海運職業技術學院學報》,2014 年第 4 期。

湯濬撰,陶沙、陶和平、毛久燕點注:《岱山鎮志(點注本)》,岱山縣檔案局(史志辦),2019 年。

37.海不揚波碑

清光緒元年(1875 年)

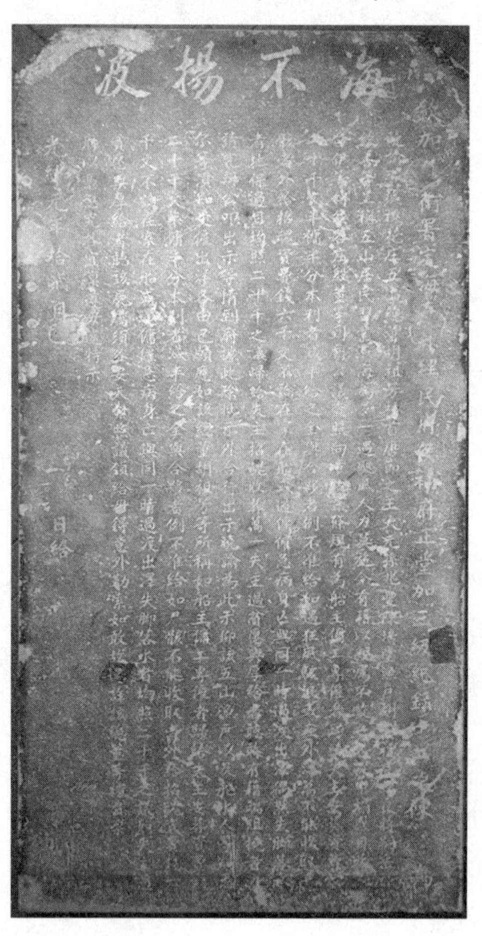

碑文：

海不揚波」

欽加道銜、署定海直隸理民廳、候補府正堂、加三級記録十五次陳　為」曉諭事。據桃花庄五山總董胡祖芳，柱首唐節之、王大元、孫兆豐、陳培堂，漁户胡以禮、虞瑞良、蔣嗣岳、張」欽善等呈稱：五山居民習業漁海為多，一遇颶風，人力莫施。今有藉以親屬不唆之名，從中煽惑，目為□。」命伊等傳集各庄般董等到廟公議，查照向章公議條規，有為船主傭工、專傭者，歸給失主安葬資費錢」二十千文；半傭半分本利者，減半給之；全與合夥者，例不准給。如遇狂風駭浪，或在外洋，萬不能收取屍」骸者，外給招魂資費錢六千文。不論在家在船，或遇傭僱，急病身亡，與同一時過渡出澤偶然失脚落水」者，地保過目，均照二十千之議，歸給失主招魂收葬。萬一失主過貧，願與厚給者，聽。敢有藉端阻撓者，務」請究辦。公叩出示等情到府，據此，除批示外，合行出示曉諭。為此示仰該五山漁户以及舵水人等知悉：」尔等須知，受僱出洋，各由己願，應如該總董胡祖芳等所稱，如船主傭工、專傭者，歸給失主安葬資費錢」二十千文；半傭半分本利者，減半給之；全與合夥者，例不准給。如尸骸不能收取者，外給招魂資費錢六」千文。不論在家在船，或遇傭僱急病身亡，與同一時過渡出澤、失脚落水者，均照二十千之議。如失主過」貧，願與厚給者，聽。該屍屬須各安天命，照議領給，毋得意外勒索。如敢故違，許該總董等據實稟」府，以憑懲究。各宜凜遵，毋違。特示。」

光緒元年拾貳月　日給」

考釋：

《海不揚波碑》立於舟山市普陀區桃花鎮茅山村茅山廟内，高150厘米、闊70厘米、厚9厘米，刻於清光緒元年(1875年)十二月。光緒《定海廳志》卷十一《祠廟志》載："茅山廟，在洞下浦，道光十年(1830年)胡召甘等重建。"此碑内容爲定海直隸廳同知陳乃瀚所發布的、關於漁民海難事故之撫恤條例。碑額"海不揚波"寓意海上太平無事。

碑文開頭提到桃花莊五山，指桃花島、六横島、蝦峙島、登步島和螞蟻島，總董胡祖芳，柱首唐節之、王大元、孫兆豐、陳培堂等應是"五山"轄内各船幫聯結組成的"船幫公所"之總負責人，辦事機構設在茅山廟内。他們聯同漁户一起向官府呈稱，五山居民凡遇海難，無力回天，但總有亡者親屬挾尸要價的現象。官府命五山各莊"船幫公所"殷董到茅山廟公議，查照之前的章程如下：第一條，若溺亡者身份完全是船主的雇工，賠償安葬費錢二十千文；若是"半傭半分本利者"，即所謂"半落脚半傭雇者"，安葬費減半給之，船主爲調動雇傭船工的捕魚積極性，讓其參與部分股份，叫作"落脚"；若是船主的合夥人，照例不給錢。第二條，若遇狂風駭浪，或溺於外洋，無法收尸時，額外再給招魂費錢六千文。第三條，對於因急病身亡的傭工，撫恤金與溺亡者相同，但必須經"地保過目"，纔能賠償。"地保"是舊時村落的行政監管，瞭解本地情況，具有權威性，由其過目作證，可使事實清楚，避免糾紛。第四條，若亡者家裏過貧，可以酌情多給。第五條，敢有製造事端、阻撓章程實施者，將追究懲辦。

參考文獻：

俞保根、丁峰峰：《從漁港石碑，看人間真情》，張捷主編《話説沈家門漁港》，浙江大學出版社，2009 年。

史致馴、黄以周等編纂，柳和勇、詹亞園校點：《定海廳志》，上海古籍出版社，2011 年。

《普陀漁業志》編纂委員會編：《普陀漁業志》，方志出版社，2015 年。

孫峰：《佛渡島上的一通涉漁碑刻〈奉憲勒石永禁〉》，《今日普陀》，2021 年 3 月 4 日。

38.渔商农莆碑

清光绪二年(1876年)

碑文:

漁商農莆」

欽加道銜、署定海直屬隸理民府、候補府正堂、加三級記録十二次陳　為」曉諭事。據蝦岐柱首林雲龍、鄭源盛、張和相、鄔承鶴、李士定、包全福、周大貴、胡萬全、虞瑞秀等呈稱:本」莊與附近之大桑、小桑、箎泥、走馬塘各山居民千餘家,習業漁海,跬步往來,非舟不渡。偶遇風潮,失水」殞命,時或有之。無賴地棍,糾党唆覩,搗毁索詐,柱保莫阻。今邀閤山般耆妥議,循照桃花莊請示,凡傭」雇為工者,議給失主喪葬資費錢式拾千文;半落脚半傭雇者減半;全與合夥在船為工者,例不准給。」倘遇狂風駭浪,無論內外洋,萬不能撈取尸骸者,另給召魂資費錢六千文。如失主内過貧,情求事主」愿與厚給者,聽。又雇工人過渡出澤失脚落水,與不論在家在船,一時病急身亡者,地保過目,亦照式」拾千文章程給之。至本身傭雇工錢,核其一季所得若干算找,毋□□□論寡;如不遵示諭,持强索詐,」指名稟究。查莊上傭雇之人,係象山外來為多,預支辛工,更易数主,一經投理,動輒糾党恃横,酗酒撒」潑,釀成禍端。公叩頒示公所,勒石永禁等情到府。據此,除批示外,合行頒示曉諭。為此示仰該山居民」人等知悉:爾等須知,船隻出洋以及往來過渡,偶遇風潮不測,或失足落海,均事之所有,由於定數,無」可挽回。其酌給資費,本有舊章可循。自示之後,如有前項情事,務各遵章,聽候照給。倘有藉端糾党图」詐,不安義命者,許即指名稟候懲办。該柱亦須秉公办理,不得偏抑,滋端干咎。各宜凜遵,毋違。特此。」

光緒二年八月　日給」

告示本莊勒石永禁，以垂久遠。」

考釋：

《漁商農莆碑》位於舟山市普陀區蝦峙鎮聖塘廟，嵌入墻内。高163厘米、闊94.5厘米、厚9厘米，刻於清光緒二年(1876年)八月，但字體有現代人爲加深鑿刻之痕迹。此碑内容與桃花島光緒元年(1875年)的《海不揚波碑》一樣，是定海直隸廳同知陳乃瀚所發布的、關於漁民海難事故之撫恤條例。碑額"漁商農莆"的"莆"蓋爲"[illegible]"之訛字，意爲漁業捕撈。

碑文道，據蝦峙"船幫公所"柱首林雲龍等呈稱，本轄區内漁民失水殞命之事時有發生，但總有亡者親屬挾尸要價，於是邀集當地耆老商議，按照去年桃花島《海不揚波碑》所立章程，即第一條，若溺亡者身份完全是船主的傭工，賠償安葬費錢二十千文；若是"半落脚半傭雇者"，減半給之；若是船主的合夥人，照例不給錢。第二條，若無法收尸時，額外再給招魂費錢六千文。第三條，若亡者家中過貧，可酌情多給。第四條，對於因急病身亡的傭工，經地保過目確認，撫恤金與溺亡者同爲錢二十千文。

根據實際情況，與《海不揚波碑》不同的是以下多加的兩條：第五條，至於本身應該付給溺亡傭工的工錢，按照一季所得核算，不得持强索詐。第六條，蝦峙島所雇船工多來自象山，他們動輒糾黨恃横，要求船主預支工錢、增加數目等，對此官府將追究懲辦。

參考文獻：

俞保根、丁峰峰：《從漁港石碑，看人間真情》，張捷主編《話説沈家門漁港》，浙江大學出版社，2009年。

史致馴、黄以周等編纂，柳和勇、詹亞園校點，《定海廳志》，上海古籍出版社，2011 年。

《普陀漁業志》編纂委員會編:《普陀漁業志》，方志出版社，2015 年。

舟山市普陀區蝦峙鎮人民政府編:《蝦峙鎮志》，中國文史出版社，2021 年。

39.竹山廟太極圖碑

清光緒七年(1881 年)

‖碑文:

竹山廟」

光緒七年元月」

歲次辛巳吉旦」

‖考釋:

竹山廟位於舟山市岱山縣秀山鄉秀北村,依岩洞而造,廟内岩洞前供案上立有一通光緒七年(1881年)的石碑。碑高75厘米、闊96厘米、厚5厘米,上有"竹山廟"題額,中心是太極圖案,兩旁題款爲"光緒七年元月,歲次辛巳吉旦"。外圈另有"賞善罰惡"横批及兩旁對聯,疑爲現代後加。

據傳此地過去是海濱,有福建林姓船商遭遇風浪,遇洞中仙人搭救,後又病倒,服洞仙所施仙丹,得以痊癒。林姓商人回閩後籌集大量資金,再次來到竹山頭的岩洞,建起規模宏偉的竹山廟,時間約在清代的乾隆時期。其實洞仙也大有來頭,他本是岩洞内修煉千年終成正果的大蜈蚣,號"慈仁",成仙後便開始救難醫人,因而廟中歷來有忌供鷄之傳統。最初的竹山廟曾遇雷擊燃爲灰燼,再次重建於清光緒七年(1881年),并毁於民國年間的强颱風,留下廟碑一通。三建於1948年,1962年遭拆除,現在的竹山廟建於1997年。

石碑上的太極圖爲三個同心圓,主體是動態互補、陰陽對立的"S"形結構,類似唐末五代時期道士陳摶所傳出的中國最早太極圖"無極太極圖"。圓圈代表太極,兩條陰陽魚表示太極生兩儀,魚眼的兩點指兩儀生四象,圓外八卦是四象生八卦,此爲順行造化。逆向運行時,圓圈代表無極,圓外八卦代表萬物,陰陽魚白中有黑、黑中有白代表坎離交媾,經煉精化氣、煉氣化神、煉神還虚,復歸無極。而竹山廟的太極圖無八卦,陰陽魚未作黑白區分,魚頭部分又添加了兩道弧綫。從竹山廟供太極圖來看,蜈蚣仙信仰有濃厚的道教色彩。

與之前介紹過的、同樣建於岩石上的舟山市定海區雙橋街道石礁廟類似,竹山廟最初所供之神也可能與閩臺地區的保生大帝有關,理由如下:一方面,竹山廟由福建人初創,保生大帝信仰在閩臺地區有絶對影響力,竹山廟建於岩石之上的自然環境與福建青礁村、白礁村保生大帝祖廟慈濟宫一帶相似。另一方面,保生大帝一生行醫救濟百姓,多以蜈蚣爲藥引,南宋帝王賜保生大帝廟額"慈濟",與竹山廟蜈蚣仙之號"慈仁"相近。關於竹山廟供奉蜈蚣仙的原因,還有一種説法是,從前秀山島上流行怪病,病人先是腹痛,隨即身軀僵硬而亡。有一婦女去竹山廟拜神,發現供桌上有三隻蜈蚣,於是拿回去烘乾、磨粉,病人吞服之後竟痊癒。一傳十,十傳百,人們都到竹山廟周圍捉蜈蚣醫病,久之,"竹山廟菩薩不供鷄"就成爲當地百姓的一種習俗。其實,岱山諸島自古就是"蜈蚣之鄉",乃藥用蜈蚣的主産地。湯濬在《岱山鎮志》卷十九《物産志》裏提到岱山蜈蚣"每年所出不下數十萬條";衢山島東岳宫裏有一通"勒石永禁"石碑,是官府專門發布的"蜈蚣"捉捕規範。總之,竹山廟與慈濟宫有類似元素,但没有直接證明兩者有關係的憑據。

參考文獻:

束景南:《唐宋道教太極圖的兩大系統》,《湖南大學社會科學學報》,1993 年第 2 期。

郭强、郭學松、秦丹:《民間信仰儀式中的“蜈蚣閣”研究》,《湖北體育科技》,2016 年第 1 期。

湯濬撰,陶沙、陶和平、毛久燕點注:《岱山鎮志(點注本)》,岱山縣檔案局(史志辦),2019 年。

40.衢山東岳宫勒碑

清光緒八年(1882年)

勒碑

特授定海直隸海防理民府正堂加六級紀錄十二次陳

光緒捌年肆月　給

‖碑文：

勒碑」

特授定海直隸海防理民府正堂、加六級紀録十二次陳　為」曉諭事。據衢山庄殷耆鄔渠仁、李德大、毛順利、金源森、李萬豐、潘盛貴等呈稱：衢山孤島」距城較遠，應輸錢粮秋米，户口繁雜，若令各户赴城投納，或歸岱山帶徵，各户輸納無幾，」往來多有未便。因而滋生疲頑愈甚，公事反多窒碍。惟有仰求俯察民情，飭令庫粮柜書」每年於六月二十日前，赴衢山設柜開徵。定期以四拾日為限，各户應納錢粮秋米於四」拾日内，將上下忙一律投納齊全。身等為便民起見，聯名呈叩示諭遵辦等情到府。據此，」除批示，并諭飭庫粮書遵辦外，合行出示曉諭。為此示仰衢山業户人等知悉：爾等須知，」該山設柜啟徵，原為體卹便民起見，務各遵照議定章程，每年應完錢粮秋米，於六月二」十日開徵，以四拾日為限。無論大（小）各户，於限內照冊一律掃數投納全完，不准絲毫抵」欠，如有觀望延挨，定即照例提追，各宜凜遵，毋違。特示。」

（定海直隸廳同知之關防）光緒捌年肆月　日給」

告示衢一二庄謹刊」

‖考釋：

《衢山東岳宫勒碑》立於舟山市岱山縣衢山鎮桂花園村東岳宫内，高 193 厘米、闊 71 厘米、厚 12 厘米，刻於光緒八年（1882 年）四月。據民國《定海縣志》卷二《營繕志・祠廟》載：“東岳宫，桂花園宫，清嘉慶間建。”此碑内容爲定海直隸廳同知陳恩受發布的納糧告示。

碑文道,據衢山莊鄉紳李德大等呈稱,衢山孤島距離定海城較遠,户口繁雜,如果納糧日各户赴城投納,或由岱山代徵,都不方便。本來輸納金額不多,路費反而昂貴,因此滋生疲頑心理,影響公事。從而仰求官府體察民情,定出解決方案如下:飭令庫糧柜書每年於六月二十日前,去衢山設柜徵税,限四十日内,各户將本年"上下忙"應交錢糧與秋米投納齊全。如有抵欠、拖延等行爲,必追究懲辦。"上下忙"是雍正十三年(1735 年)所規定的田賦徵收制度,一年分上下兩期,上期從二月開徵,五月截止,爲"上忙";下期從八月接徵,十一月截止,叫"下忙",合稱"上下忙"。此告示發往衢一、二莊。衢一莊、衢二莊是清代爲徵收錢糧,在衢山島上所設的兩個莊,主事者稱爲莊胥。

參考文獻:

劉錦藻:《清朝文獻通考》,浙江古籍出版社,1988 年。

陳訓正、馬瀛等纂:《定海縣志》,民國十三年(1924 年)鉛印本。

《岱山縣志》編纂委員會編:《岱山縣志》,浙江人民出版社,1994 年。

《衢山鎮志》編纂委員會編:《衢山鎮志》,浙江人民出版社,2013 年。

孫峰:《衢山東岳宫有一通〈勒石永禁〉碑刻》,《舟山晚報》,2022 年 6 月 12 日。

41.定遠炮臺碑

清光緒十年(1884年)

‖碑文:

光緒十年春二月穀旦」

定遠礮臺」

……督造張……監造」

‖考釋:

《定遠炮臺碑》位於舟山市定海區沿港西路4806海軍軍工廠内,高180厘米、闊65厘米、厚22厘米。此爲炮臺標識碑,上款是炮臺建造時間,光緒十年(1884年)春二月;下款磨泐嚴重,爲督造、監造官員姓名,漫漶不清。第二次鴉片戰争後,定海屢受英法兩國侵擾,民國《定海縣志》卷十五《故實志》稱:"德宗光緒十年夏,法蘭西爲圖占越南與我構兵,沿海各要地戒嚴……浙江巡撫劉秉璋檄委前台州府知府成邦幹,統領楚軍貞字全營至定海辦理防務。先是邦幹曾至定海辦防修築震遠城、五奎山、青壘頭、竹山門、小獺山等處炮台,又添築莫家山、東長堤等處炮台。至是再至乃益加嚴海口,自東港浦至竹山門一帶舊有土城一律加高。又於各處山嶺要隘疊石爲垣,防守出入,并令各鄉舉辦民團。至次年和議成,始撤防。"定遠炮臺即是成邦幹修築於竹山門的炮臺,其遺址就在今海軍軍工廠内,配有炮兵120名,有洋炮七門,分置於東、西兩側。西側第一、二、三門及東側第一門封鎖螺頭門、蟹嶼門水道,東側第二、三、四門直擊吉祥門。孫中山先生曾於1916年8月、1917年7月两度巡視舟山。1916年8月24日上午,孫先生乘小艇專門考察了定遠炮臺,本次舟山之行是爲判斷這裏有無修造軍港之條件。定遠炮臺最終毁於日軍侵略。據1999年版《舟山市志》載:"民國二十八年(1939 年)十一月,炮臺被日軍拆毁,十三門鐵炮運至日本,僅存定遠炮臺石碑。”

參考文獻:

陳訓正、馬瀛等纂:《定海縣志》,民國十三年(1924 年)鉛印本。

舟山地方志編纂委員會編:《舟山市志》,浙江人民出版社,1992 年。

林上軍等:《舟山發現孫中山考察定海時的文物 究竟是啥寶貝?》,浙江新聞客户端,2017 年 4 月 13 日。

孫峰等:《近代革命先驅孫中山先生的兩次舟山之行》,《舟山日報》,2017 年 12 月 3 日。

42.厲浦清廟奉憲碑

清光緒十年(1884年)

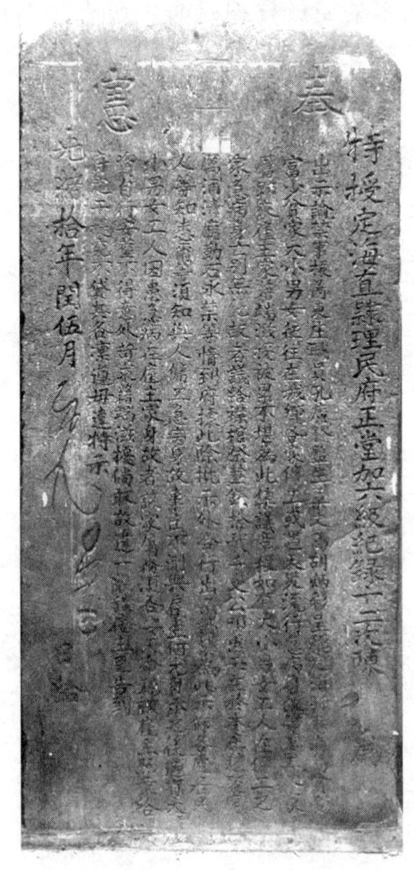

碑文：

奉憲（定海直隸廳同知之關防）」

特授定海直隸理民府正堂、加六級紀録十二次陳　為」出示諭禁事。據甬東庄職員孔廣發，監生桑文高、胡炳彩呈稱：定海孤懸海島，貧多」富少，貧家大小男女往往在城鄉各家僱工。或遇天災、流行急病身故等事。工人家」屬即來雇主家，藉端滋擾，被累不堪。為此，集議章程：如有大小男女在傭工之」家急病身亡，別無他故者，議給襟棺祭葬錢拾貳千文，公叩出示，在於本庄壇聚廟、」厲浦清廟，勒石永禁等情到府。據此，除批示外，合行出示諭禁。為此示仰各處居民」人等知悉：爾等須知，與人傭工，急病身故，事出不測，與雇主何尤？自示之後，遇有大」小男女工人，因患急病在雇主家身故者，該家屬務須各安天命，聽該雇主照章給」資，自行安葬，不得意外苛求，藉端滋擾。倘敢故違，一經該雇主呈告到」府，定干提究不貸。其各凛遵，毋違。特示。」

光緒拾年閏伍月初九日給」

考釋：

《奉憲碑》立於舟山市定海區雙擁路厲浦清廟内，高 143 厘米、闊 63 厘米、厚 9 厘米，内容爲定海直隸廳同知陳恩受於清光緒十年（1884 年）閏五月初九日所發布的、關於城鄉傭工死亡撫恤的公告。“厲”原作“蠣”，該廟初建於明代，其原址在土名廟灣山的五虎山脚下。1950 年被部隊改用，1992 年由當地民衆自發在原廟址北側重建，改名“厲浦清廟”。原名“蠣浦”蓋與附近洋岙海灘盛産蠣房有關。

碑文開篇由甬東莊職員孔廣發，監生桑文高、胡炳彩向官府呈稱，海島定海，貧多富少，窮人無論男女大小，往往靠在城鄉各家作雇工謀生，常有因天灾或流行急病導致雇工在傭工家中身亡的情况發生，而家屬即以此藉端發作，滋擾雇主。最後官府核准撫恤章程如下：如有雇工在傭工家因急病身故，而非其他原因死亡，雇主應付錢十二千文作爲喪葬費。雇工家屬須安天命，自行安葬，不得意外苛求，違者必究。此公告同時勒石立於甬東莊的壇聚廟。

碑中的甬東莊職員孔廣發，在清同治五年（1866 年）《東港碶奉憲禁阻碑》中的職務是"幫辦董事"。由鄉紳、民衆發議，經官府示諭、勒石，發布禁約的官民互動方式，是清代至民國實現地方治理的重要手段。

參考文獻：

夏志剛：《蠣浦清廟石碑上的傭工死亡撫恤禁約和洋岙水利廟會史》，《舟山日報》，2020 年 8 月 3 日。

43.六横奉宪禁阻碑

清光绪十一年(1885 年)

‖碑文:

奉憲禁阻(定海直隸廳同知之關防)」

欽加運同銜、題補定海直隸理民府正堂、加三級紀錄十二次黄為」分條出示,勒石永禁,以垂久遠,而杜爭奪事案。奉」道憲薛批發,民人劉讓杉控劉讓玉等,不顧本宗,合同外姓,佔伊六横庄公共塗場,採取蜻蚶,伊弟讓彩等往阻爭毆,致被綑送等情詞,蒙批速集訊断」等因到府,奉此查此案。前據劉孝雷等呈稱,劉讓武等在大支岙口採取小蜻,劉讓彩等將劉讓武等毆傷,呈請騐究等情。當經本府騐傷填單,一面飭提訊」断在案。兹奉前因,隨集人証溯查,該處塗場自康熙年間劉文艮報陞採取蜻蚶,為劉姓子孫糊口之計,迨光緒六年,劉姓房族立有議據,甚屬公允。洎」九年五月,劉讓杉等與劉讓玉等互奪蜻蚶具呈,經前府飭差查看,本年二月又肇衅毆傷。本府查該處塗場甚屬寛大,劉姓子孫並無分上下面地界,遂」断令該塗場劉姓子孫有資本之家,准其蓄養蜻蚶一蕩,該蕩准管方圓二十丈,四面插標為記,不准他人在標內採取,以示區別。至標外各蕩,准劉姓子孫」採取天生蜻蚶,而外姓之人不得帮同採取,以杜爭端。惟蓄養之人准其次年收餘,收餘之後或因資本不足不願蓄養,亦准劉姓别房插標蓄養,亦不得因」此塗上年蓄養藉以允佔。並為分列條欵,兩造均具遵結銷案。一面詳奉」道憲核示批飭,如詳銷案等因,前来合行,開明條欵,勒石永禁。」計開:」

上面塗場」

一諭大支岙,離塘脚二十丈外方准蓄養,凡取天生小蜻在塘脚二十丈以內;一諭横皮塘下山嘴至碶門口,離十丈以外准蓄養;一諭苧蔴嘴至老虎岩,離四丈以外准蓄養;一諭下嘴頭至稻蓬岩,離二十丈以外准蓄;一諭短礁嘴,各离沙塘二十丈以外准蓄養;一諭碶門口至韮菜峙,离二十丈以外准蓄養;一諭老虎岩至埠廠灣西沙角,离十丈以外准蓄養;一諭頭浦嘴至積峙碶門口,离三十丈以外准蓄養;一諭長礁嘴至横皮塘嘴,离二十丈以外准蓄養;一諭韮菜峙至苧蔴嘴一帶,离四十丈外准蓄養;一諭西沙角至下嘴頭,離五丈以外准蓄養;一諭獅子口,離十丈以外准蓄養。」

下面塗場」

一諭碶門外,離二十丈以外准蓄養。

不准蓄養塗場」

一諭獅子口至平岩頭一帶,洎洪以裏不准蓄養;一諭裏龍頭,計寬濶五丈不准蓄養;一諭大衖口,計濶□丈不准蓄養;一諭埠廠灣為船隻出入門户,其衖計寬濶一丈五尺內不准蓄養;一諭横皮塘嘴,計濶十丈不准蓄養;一切横衖,各計濶一丈五尺;一諭中衖口,計寬濶五丈不准蓄養;一撩扈衖口,計濶十丈不准蓄養。」

為此示仰劉姓房族及該處居民人等知悉:自示之後,劉姓子孫照堂断條欵,各安分守業,不得藉端爭奪;外姓人等不得妄生覬覦。如敢故違,許劉姓柱首」人等指名控告,或扭獲送案,以憑究治。惟不得妄行呈控,致于坐誣,各宜凜遵,毋違。特此示。(遵)」

光緒拾壹年告示六月十八日發」

考釋:

《六横奉憲禁阻碑》立於舟山市普陀區六横鎮積峙村岐山廟内,高 230 厘米、闊 85.5 厘米、厚 11 厘米,内容爲定海直隸廳同知黄樹藩於光緒十一年(1885 年)六月十八日發布的、關於積峙塗場蓄養與采捕蜻蚶之章程。據當地《劉氏家譜》載,岐山廟始建於清嘉慶三年(1798 年)。至道光元年(1821 年),“(劉氏)先祖太公孝道移居積峙山,浮居始定、百舉未興,唯土地祠一間,太公見名山有主,禮宜崇祠以祀之,乃偕里人捐資出力,建造殿宇三間,顔曰‘岐山廟’。日後棟宇漸增、典祀漸興,實爲太公首創之功矣”。廟在“文革”期間被拆毁,於 2001 年重建,又從 2003 年擴建至今。

碑文開頭表明,勒石立碑之目的在於杜絶塗場争端。承蒙寧紹台道薛福成批示,定海直隸廳奉命查辦此案。案情發端於光緒九年(1883 年)五月,劉氏内部族人互奪六横莊公共塗場内的蜻蚶采捕權。蜻蚶即蟶子與泥蚶。劉讓玉不顧本家族利益,合同外姓於塗場采捕蜻蚶,劉讓杉之弟劉讓彩前往阻攔,結果造成兩相鬥毆,主犯被捆送官府。到了光緒十一年(1885 年)二月,又發生劉讓武等在大支岙口采取小蜻,劉讓彩等將劉讓武等毆傷一案。

案件發生後,官府一面勘驗傷情,一面提訊滋事者。通過集合人證溯查,確定該處塗場自康熙年間劉文艮上報采取蜻蚶,爲劉姓子孫糊口之計。至光緒六年(1880 年),劉姓房族立有議據,塗場權屬劃分甚爲公允。此事具載於寧波鎮海昆亭《明德堂劉氏宗譜》卷七,稱:“清康熙二十六年(1687 年),燕灣劉文艮先生等報認定海之桃花、登塗、蝦峙、順母塗、朱家尖、六横各處塗場,推爲聖山廟公業,劉姓人皆向六横等處采塗爲業。”俞樾所撰光緒《鎮海縣志》卷十四《壇廟下》載:“聖山廟,在崑亭,祀明宋濂,乾隆四十九年甲辰重建。劉懷瑾記:崑嶺之南、白岩之東有山焉,自北蜿蜒而來,停而復峙。山下曰聖山廟,廟以山得名也。創建不知所昉,欲問其由而遺老盡矣。神姓宋名濂,謚文憲,明洪武朝官至翰林學士,偕劉基、葉琛、章溢稱爲四先生,詳著於史乘者也。立廟多歷年所,傾圮過半。歲辛酉,里人議更新之,選里中廉能者董其事,拓基高闊視舊制而式廓,出資力役,衆願樂從。閱一載而落成,規制宏敞、材木堅緻,以垂億萬世而永永弗替也。里人屬余記其經營創始,以示後襄贊協力其事者,例得備書。李資先、劉君義、劉瑞玉等後之踵事而修葺者,庶識創造之所自也。家文艮公行義於鄉,鄉人德之,繪像於廟旁祀焉,附記於此。"碑文中的劉文艮是清康熙年間寧波崑亭劉氏家族中德高望重的人物,他將舟山各處灘塗歸入聖山廟公産,劉姓子孫皆在六横等處以采塗爲業。至光緒年間,劉氏後人將劉文艮畫像附祀於聖山廟中,以不忘其對鄉民的恩德,聖山廟遂帶有崑亭劉氏家廟性質。據 1996 年版《六横志》載,於雍正年間,崑亭劉氏遷入六横島積峙。

經官府調查,六横島積峙塗場面積寬大,因劉姓子孫并無劃分上下面地界,遂訂立章程如下:首先,准許有資本的劉姓子孫在該塗場内蓄養蜻蚶一蕩,方圓二十丈,四面插標爲記,不准他人在標内采捕。其次,准劉姓子孫可至標外各蕩采捕天生蜻蚶,爲杜絶争端,不准外姓之人帮同采捕。最後,准蓄養之人於次年收取蜻蚶,如因資本不足不願繼續蓄養,亦准劉姓别房插標蓄養,但不得侵占上年蓄養收成。開明條款之後,訴訟雙方均應遵守,并上報道憲薛福成處審核批示。碑文最後,詳列上面塗場與下面塗場准許與不准蓄養蜻蚶的地址範圍細則。

薛福成(1838—1894)是中國近代著名外交家、政治家、文學家,光緒十年至十四年(1884 年—1888 年)在寧波出任寧紹台道,政績卓著,尤在中法鎮海之役中功勞重大。《六横奉憲禁阻碑》所示定海直隸廳處理争奪蜻蚶采捕權一案的條款,正是薛福成在任期間所批飭的衆多公文之一。

參考文獻:

俞樾纂:《鎮海縣志》,清光緒五年(1879 年)刊本,《中國方志叢書·華中地方·第 183 號》,台灣成文出版社有限公司,1974 年。

劉燦芳編:《昆亭明德堂劉氏宗譜》,民國三十七年(1948 年)刊本,昆亭劉聯慶藏。

蔣文波主編:《六橫志》,上海書店出版社,1996 年。

44.新建三忠祠碑記

清光緒十一年(1885 年)

碑文:

新建三忠祠碑記」

定海創建三忠祠碑文」

國家褒禮忠節,邁越前古千百。其有效命疆場,蹈大難而不慄者,未嘗不贈秩賜謚,並於死事所建專祠。所以發揚其光,昭示無窮,微特以妥幽」靈,順民志也。道光辛丑,英吉利再陷定海,時則山陰葛壯節公雲飛為總兵,與壽春鎮王剛節公錫朋、處州鎮鄭忠節公國鴻,同守力戰六晝」夜,死之。今海内所稱,定海同日殉難三總兵者也。既得詔,」優卹如禮,有司以費不具,附祀於關帝廟之啟忠祠。厥制湫阸不稱,日月既遠,棟宇攱陊,盲風霪雨,既瀸且漏,丹青黕昧,金石缺如,祈畇來庭,用」萌戮思,越四十年於兹矣。光緒十年,屬又有法蘭西之釁。湘鄉成君邦幹,以台州府知府統兵駐定海。至之日,謁於祠下,慨然顧諸將士曰:"男」兒出身勤國事,生當封萬户侯,死當廟食百世,如三公庶幾不負者。兹為其授命所,而俎豆他寄,神用弗歆,甚不足以稱」朝廷褒忠之典,吾當率先飭而新之。"衆皆曰:"願盡力!"於是度阯裒費,慮材鳩庸。地方官紳,蠲俸集貲,檄紳士武銘盤等董其事。閲四月,工竣。成君」率所屬將佐親拜堂下,無不感奮動容,人人誓以死禦敵。明季春,法艦薄鎮海口門,我礮臺先後擊中其兩艘。相持數月,敵計益窮。是時,民間」譁言,夜見海濱神燈無數,有葛將軍、朱將軍效靈助戰,以故浙東郡縣二十餘城,晏然不驚,若寇未至者。葛將軍蓋謂葛壯節公,朱將軍謂故」金華協副將朱公貴,亦以禦英吉利戰死慈谿大寶山者也。鎮海守備既堅,定海尤危甚,海道中阻,軍書、粮械皆取間道夜渡,去法船密迩,卒」幸無事。成君亦晝夜督勵所部,設備維謹。法船終不犯定海，會和議成，乃退去。自海上多故，浙洋有事，則定海常為之衝。形勢孤懸，四無險阻。」故凡守定海者，皆視為絶地，嚴兵待寇，而終未與寇遌。自成君始，雖由善守，亦若有天意焉。夫人事不至，而聽於神，此必敗之道，神固不祐也。」若人事至，而神應之，蓋積感相通之理。况以前賢忠義之風，激發軍民萬衆一心，氣勢益壯，雖猾悍之寇，有不聞而卻避者邪？福成既以定海」三忠祠與慈谿朱將軍祠事達於大府，請為奏聞於」朝，加封號、列祀典。又嘉成君固守定海之功，且得鼓舞將士之妙用，因為甄敘其大凡如此，并係以樂章，俾定海之民，歌以祀焉。若三公忠勇大」節已焯然在，史氏記茲，不具。辭曰：

海思兮雲愁，溯迢迢兮碧流，結夫容兮延企，渺神山兮不可求。望九州兮黯如霧，吾叱蒼龍吹篪兮白鼉」擊鼓，乘飛虹兮欻上征，吾將叩紫闥兮窮神靈之所處。紫闥兮四開，吳戈犀甲兮光裵回，雲為輦兮風為御，羽旄紛兮靈之下。忽被髮兮叫大」荒，挾猨鶴兮往翱翔，朝丹山兮暮赤水，白楊蕭蕭兮見昔日之戰壘，戰壘高兮古骨横。西風起凋冬青，身雖殄兮靈不滅，炯丹心兮炤白日，揮」長劍兮屠蛟鯨，一埽海宇兮鏡再清。天吳歌兮海若舞，駕文螭兮來復去，熹我民兮受天祐。顧字誤寫叶字，西風起字下脱兮字。」

光緒十一年歲次乙酉秋八月」

欽加布政使銜、分巡甯紹台、兼管水利海防兵備道、護理浙海關監督、加三級記錄四次無錫薛福成謹撰」

例授文林郎、乙丑補行辛酉正科壬戌恩科舉人、前功臣館謄錄石門縣學教諭毛琅謹書」

考釋：

《新建三忠祠碑記》立於舟山市定海城西竹山公園曉峰嶺南崗墩三忠祠内，高 217 厘米、闊 105 厘米、厚 15 厘米。由寧紹台道薛福成於光緒十一年（1885 年）秋八月撰文，毛琅書丹。民國《定海縣志》卷十三《禮教志》載："三忠祠，祀清道光間英吉利陷定海時殉難三鎮（民國九年省長指令三忠祠春秋二祭祭費，由縣税準備金項下支撥）。正祀定海鎮葛壯節公雲飛、壽春鎮王剛節公錫朋、處州鎮鄭忠節公國鴻。祔祀親兵王連陞、把總謝福魁（以上二人皆王剛節部下），哨官余忠元（鄭忠節部下）。"三忠祠始建於咸豐四年（1854 年），舊址在定海城區南部和昌弄北側，有前後殿各三間，偏殿五間，《新建三忠祠碑記》原立於偏殿西次間。1997 年 3 月整體遷建於今址，即曉峰嶺舟山鴉片戰争紀念館内。

薛福成所撰碑記開篇稱，國家表彰禮遇忠貞節義之士的規格，已超越前代千百倍。效命疆場、冒大難而無畏懼者，没有不受到朝廷追贈官爵、下賜謚號的。并爲烈士建立專祠致祭，發揚其精神，永遠昭示後代，不僅安慰亡靈，而且順應民心。道光辛丑年（1841 年），英軍再犯定海，在第二次定海保衛戰中，犧牲了三總兵，他們分别是浙江山陰人、時任定海鎮總兵葛雲飛（1789—1841）；順天寧河人、時任安徽壽春鎮總兵王錫朋（1786—1841）；湖南鳳凰人、時任浙江處州鎮總兵鄭國鴻（1777—1841）。《清史稿》卷三百七十二有三人列傳云："葛雲飛等守定海。敵至，錫朋初守竹山門，爲諸軍應援，數獲勝。及敵乘霧登曉峰領，以無巨炮不能禦，率兵奮擊，并分援竹山，所部裨弁朱匯源、吕林環、劉桂五、夏敏忠、張魁甲先後陣歿，衆且盡，錫朋手刃數人，遂遇害。久之始得其尸，面如生，耳際有創……敵艦初犯竹山門,國鴻發巨炮斷其桅,遂以竹山爲分汛地。戰連日,久雨,往來泥淖。及敵分三路同時來撲,國鴻奮擊,槍炮皆熱不可用,短兵拒戰,而土寇導敵奪晓峰領,險要盡失,國鴻單騎衝陣,被數十創而殞。""是役連戰六晝夜,斃敵千餘,卒以衆寡不敵,三鎮同殉。"道光帝揮淚下詔,依禮優厚撫恤,但時局紛亂,衙署以經費不足爲由,先將三總兵附祀於定海關帝廟的啓忠祠。殿宇狹小,其規制與三總兵身份既不相稱,經歲月變遷,祠廟在風雨中傾圮,亦無史籍、金石記載他們之功績,無法滿足百姓的祈禱願求,距今已四十餘年。

光緒十年(1884 年),中法戰争爆發。台州知府、湖南湘鄉人成邦幹駐守定海,到達之日謁於祠下,慨然對諸將士説:"男兒爲國事奔走,生當封萬户侯,死當廟食百世,除三總兵之外,幾乎没有做到的。他們爲國犧牲,却作關帝附祀,與朝廷褒忠之典儀不相匹配,我當率先爲他們建一座專祠。"此議得到衆人響應,開始籌集資金,官紳捐獻俸禄,紳士武銘盤主持其事,四個月後,工程竣工。成邦幹率衆將親拜堂下,人人無不感奮動容,發誓以死禦敵。光緒十一年(1885 年)春,法國軍艦逼近浙江鎮海口,招寶山炮臺先後擊中其兩艘,相持數月,敵軍無計而退,宣布停戰。當時民間歡言,夜晚看見海濱有神燈無數,葛將軍、朱將軍顯靈助戰,纔將敵軍打退。浙東郡縣二十餘城安然不受侵擾,如敵寇未至一般。葛將軍即葛雲飛,朱將軍乃金華協副將朱貴(1779—1842),道光二十二年(1842 年)爲抗英軍,戰死於慈溪大寶山。《清史稿》卷三百七十二有傳云:"(朱貴)屯慈溪城西大寶山。敵乘勝以二千人自大西壩登岸,貴率所部迎擊,斃敵四百餘人。再却再進,自辰至申,軍中不得食,猶酣戰。鄉勇忽亂隊,敵由山後鈔襲,增者幾倍。又三艦自丈亭江直逼山下，長谿大營驚潰。貴腹背被攻，怒馬斫陣，中槍馬倒，躍起奪敵矛奮鬥，傷要害，乃踣。子武生昭南，以身障父，同時陣亡。”既然鎮海的守備堅固，定海便面臨危險，幸而有大海阻隔，傳遞軍書、乾糧、武器，都靠夜間秘密渡海通道，雖離法艦很近，却相安無事。成邦幹亦晝夜督導勉勵部下，嚴防守備，法艦終不犯定海，和議之後退離。碑記作者薛福成感慨道，自古海上發生變故，浙江沿海有事，則定海首當其衝。形勢孤懸，四無險阻，一般守衛定海者，都視其爲絶險之地，嚴兵待寇，但却終未與寇相遇。雖説成邦幹善於守衛，也好像有天意的幫助。如果不能盡人事，衹求助於神，則必定失敗，神靈也不會保佑。衹有盡人事，神靈纔會響應，這是感應道交之理。更何況用前賢的忠義之風，激發軍民萬衆一心，會更加壯大氣勢。即便是狡猾兇悍的敵寇，聞聽之後都會躲避。作爲寧紹台道薛福成説，他已將建定海三忠祠、慈溪朱將軍祠之事匯報給上級，請求上奏朝廷，爲英烈加封號、列祀典。同時拔擢成邦幹，嘉獎其固守定海之功績，以英烈精神鼓舞將士。

三忠祠的新建過程大致如此，致祀時奏響樂章，使定海民衆用歌獻祭。薛福成説，如果三總兵之忠勇大節已經昭顯於世，史書記載已詳，在此不作贅述。最後作祭神樂歌曰：大海悲傷啊白雲憂愁，逆流逐遠啊碧色大江，纏起芙蓉啊伸頸踮足而望，神山縹緲啊不可企及。俯瞰九州啊如黯霧籠罩，我叱喝蒼龍吹篪啊白鼉擊鼓，乘起飛虹啊急劇上升，我將要叩開天宫啊尋究神靈所視之處。天宫大門啊四面敞開，吴戈犀甲啊流光徘徊，雲作我輦啊風爲我駕車，插上鳥羽牛尾裝飾的旗幟啊來到神靈面前。我忽然解開髮束啊在遥遠的地方呼喊，夾持着國殤的魂靈啊在天上翱翔。早晨游至丹山啊傍晚到達赤水，蕭蕭白楊啊看到昔日之戰壘，戰壘高聳啊横躺着將士的枯骨。颳起西風啊冬青也會凋零,身體雖死亡啊靈魂永遠不滅,明亮的丹心啊照映着青天白日,揮起長劍啊殺盡蛟鯨,一掃海宇啊使乾坤再清寧。聽天吴在歌唱啊看海若翩翩起舞,我駕起文采斑斕的螭龍啊飛來復去,祈禱天下百姓啊都能得到上天的護佑。

碑記書丹者是同治舉人、石門縣教諭、鄞縣人毛琅,其書法蒼勁秀逸,著有《蜀江吟館詩文草》。碑上辭後小字"顧字誤寫叶字,西風起字下脱兮字",指"吾將叩紫閽兮窮神靈之所處"的"處"字當爲"顧",誤寫爲諧音字"處",以及"西風起"下面漏脱了"兮"字。薛福成(1838—1894)是晚清著名外交家、思想家、文學家,1884 至 1888 年任寧紹台道,逢中法戰争爆發,臨危受命,領導抗敵。1888 年升湖南按察使,未及赴任,又改出任英、法、意、比四國公使。

參考文獻:

陳訓正、馬瀛等纂:《定海縣志》,民國十三年(1924 年)鉛印本。

王和平:《誓死保衛舟山的定海三總兵》,中國社會科學院近代史研究所編《中國近代愛國人物叢書——抗英中流砥柱》,福建教育出版社,1993 年。

趙爾巽等撰:《清史稿》,中華書局,2000 年。

丁鳳麟著:《薛福成評傳》,南京大學出版社,2002 年。

喬曉軍編:《中國美術家人名辭典》,三秦出版社,2007 年。

張天星輯録:《晚清〈申報〉刊載的薛福成史料》,《歷史檔案》,2015 年第 4 期。

劉勝勇、王建富:《祭典三總兵英魂的和昌弄》,王建富主編《群島老街巷記憶》,浙江古籍出版社,2016 年。

45.岱山羊府宫碑

清光绪十二年(1886 年)

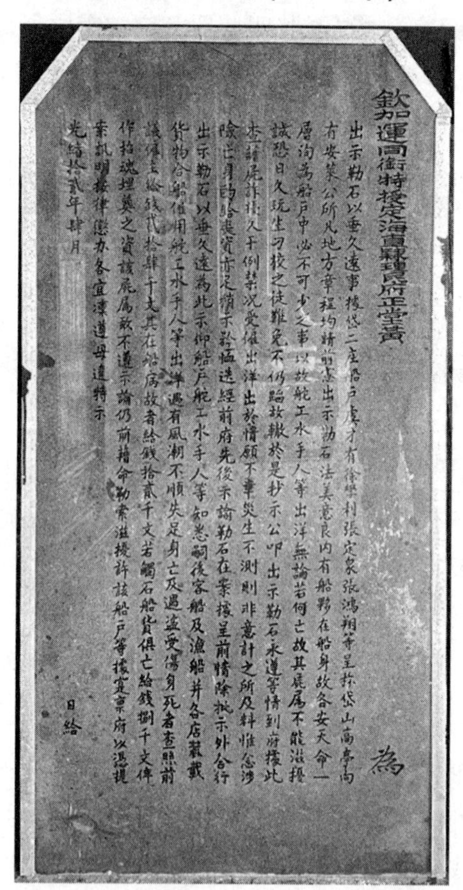

碑文：

欽加運同銜、特授定海直隸理民府正堂黄　為」出示勒石，以垂久遠事。據岱二庄船户虞才有、徐學利、張定泉、張鴻翔等呈称：岱山高亭向」有安莱公所，凡地方章程，均請前憲出示勒石，法美意良。内有船夥在船身故，各安天命一」層，洵為船户中必不可少之事。以故，舵工、水手人等出洋，無論若何亡故，其屍属不能滋擾。」誠恐日久玩生，刁狡之徒難免不仍蹈故轍，於是抄示公叩，出示勒石永遵等情到府。據此，」查藉屍詐擾久干例禁，况受僱出洋，出於情願，不幸災生不測，則非意計之所及料。惟念涉」險亡身，酌給喪資，亦足稍示矜恤，迭經前府先後示諭勒石在案。據呈前情，除批示外，合行」出示勒石，以垂久遠。為此示仰船户、舵工、水手人等知悉：嗣後，客船及漁船并各店裝載」貨物，合船僱用舵工、水手人等出洋，遇有風潮不順失足身亡及遇盗受傷身死者，查照前」議，僱主給錢貳拾肆千文；其在船病故者，給錢拾貳千文；若觸石，船貨俱亡，給錢捌千文，俾」作招魂埋葬之資。該屍属敢不遵示諭，仍前藉命勒索滋擾，許該船户等據寔稟府，以憑提」案訊明，按律懲办，各宜凛遵，毋違。特示。」

光緒拾貳年肆月　日給」

考釋：

《岱山羊府宫碑》立於舟山市岱山縣東沙鎮鐵畈沙小岙山羊府宫内，高 144 厘米、闊 69 厘米、厚 12.5 厘米，内容是定海直隸廳同知黄樹藩於光緒十二年（1886 年）四月所發布的、關於船工死亡撫恤之章程。

碑文開頭道，據岱二莊船户虞才有、徐學利、張定泉、張鴻翔等人呈稱，岱山高亭鎮過去有安萊公所，凡地方章程，均請官府立碑，規章完善、意義重大。公所是漁民爲保障同行集體利益而結成的自治組織，安萊公所未載於湯濬的《岱山鎮志》中，具體創立、運營情况不詳。有可能是指象山船幫的安瀾公所。民國《定海縣志》卷五《魚鹽志》載，安瀾公所，組織漁幫爲象山幫，創立於清光緒二十二年(1896 年)，駐在地點爲朐山，所轄大箭船一百二十隻。船户們呼籲現官府亦要訂立章程并勒石的具體事由，即船工在船身故是常有之事，但家屬往往藉尸敲詐，若無法律約束，有刁狡之徒仍蹈故轍，日久玩生。官府示諭如下：首先，客船、漁船裝載貨物，雇傭舵工、水手等出洋，因風潮失足或遇盗受傷身死者，查照舊例，雇主給錢貳拾肆千文。其次，若舵工、水手在船病故，給錢拾貳千文。最後，若觸礁石，船貨俱亡，給錢捌千文作招魂埋葬之資。此章程發布後，家屬仍敢藉命勒索滋擾，則由船户稟告官府，按律懲辦。

參考文獻：

陳訓正、馬瀛等纂：《定海縣志》，民國十三年(1924 年)鉛印本。

46.衢山勒石永禁碑

清光緒十二年(1886年)

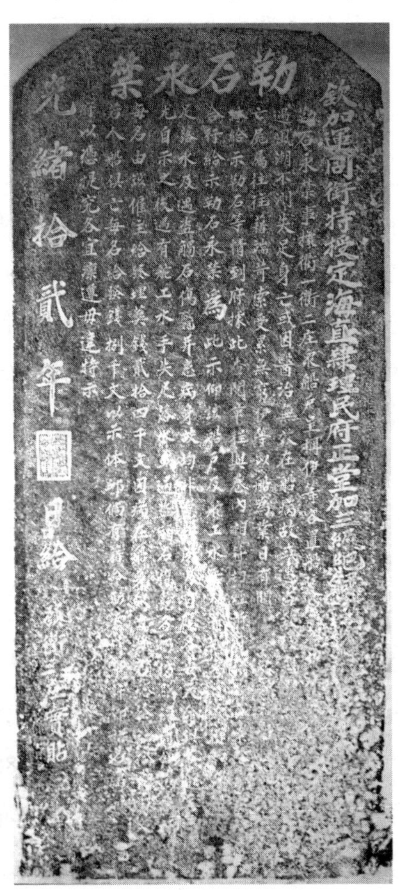

‖碑文:

勒石永禁」

欽加運同銜、特授定海直隸理民府正堂、加三級紀錄十二次黄為」勒石永禁事。據衢一、衢二庄衆船户呈稱:伊等各置船隻駕駛出洋……」遇風潮不順失足身亡,或因醫治無效在船病故,或遇盗致被殺……」亡,屍屬往往藉端苛索,受累無窮。伊等以船為業,日有關係□節……」体,給示勒石等情到府。據此查閲章程,與卷内相符,均經前府□□在案……」合行給示,勒石永禁。為此示仰該船户及舵工、水手人等知悉:爾等須知,□船失」足落水,及遇盗觸石傷斃,并患病身故,均非意料所及。自應各安天命,與各僱主無」尤。自示之後,遇有舵工、水手失足落水,或遇盗觸石傷斃者,仍仿照漁商公……」每名由該僱主給發埋葬錢貳拾四千文;因病在船身故者,每名給發錢拾貳千文;」若人船俱亡,每名給發錢捌千文,以示体卹。倘有藉命勒索情事,許即指名稟」府,以憑提究。各宜凜遵,毋違。特示。」

光緒拾貳年　日給(定海直隸廳同知之關防)發衢一、二庄實貼」

‖考釋:

《衢山勒石永禁碑》現位於舟山市岱山縣衢山鎮島斗村,高179厘米、闊70厘米、厚11厘米,立於光緒十二年(1886年),下半部文字磨泐嚴重,内容是定海直隸廳同知黄樹藩所發布的船工死亡撫恤章程。碑文道,據衢一、衢二莊衆船户稱,船隻出洋,有船工失足溺亡、在船病故、遇盗被殺情形時,家屬常常藉端敲詐。因此請求官府訂立規章勒石，以杜爭執。經查閱以往章程，規定自示禁之後，遇船工失足落水、遇盜觸石傷斃等情况，仿照之前所立漁商公約，雇主給錢貳拾肆千文；若因病在船身故，給錢拾貳千文；若人船俱亡，給錢捌千文，以示體恤。倘再有藉命勒索之事，提訊究拿。

47.止善亭福益於衆殘碑

清光緒十六年(1890年)

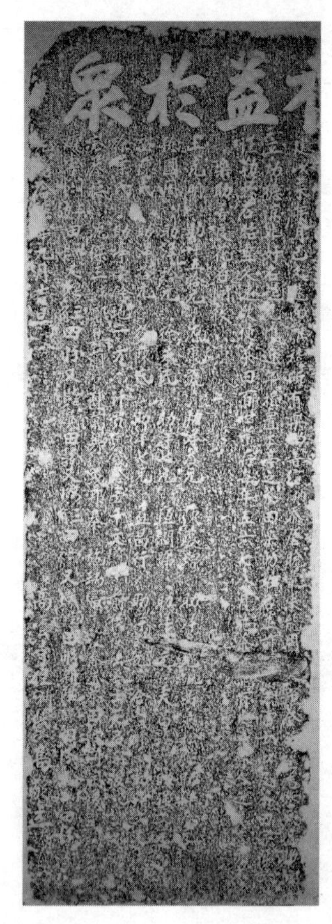

碑文:

(福)益於衆」

……建以来,年月已久,遠而難稽。所有樂助善信,衲忝居晚輩,不能周□□,雖金錢難為鑒□,□助□者,」立功德諒非好名起見,惟近年捐置本亭之茶田、樂助姓名並前□□□士,以及茶田字號、畆分,」謹勒於石,昭垂久遠,欲使茶田百世常存。每年五六七八月施茶□能有□□□人之美意□□□」

樂助善良花名開後:」

王克明 助洋五拾元 徐國周 助洋拾元 宓陳氏 助洋拾元

源康號 助洋叁元 徐朱氏 助洋七元 徐陳氏 助洋七元

陳慶增 助洋叁元 恒潤號 助洋□元 益昌行 助洋弍元

□泉松 助洋叁元 天昌號 助洋弍元 合豐號 助洋弍元」

徐葉氏 助亭旁餘地一方 計買價錢□□千文 前後□出善士花名開後:」

宓琴楼 沈傑玉 鄭其蘭 陳萬興 戎邦泰 施端富 長春嶺茶田□□開後:」

頌字□半边田□□又□□三角 田〢分又□□□□田〣分□□□田丨分 又□田丨分」

光緒拾陸年九月吉旦,高雲寺住衲紫高敬立」

考釋:

《止善亭福益於衆碑》位於舟山市定海區馬岙街道長春嶺嶝古驛道止善亭北門東側,高161.5厘米、闊64厘米、厚11.5厘米,立於清光緒十六年(1890年)九月。右側寬11.5厘米的碑石被鋸掉,當在“文革”中移作他用,故成殘碑。碑額首字不全,可推知爲“福益於衆”。開頭文字缺失,碑面磨泐嚴重,碑文大意爲止善亭年久失修,由高雲寺住持紫高和尚發起,衆善信助洋、捐地、置茶田,立碑開列樂助姓名及茶田字號、畝分細則,以垂永久。茶田畝分用民間計數碼子書寫。位於樂助花名之首的王克明,便是定海區東管弄51 號“舟山第一大宅門”王家住宅的主人。他是定海旅滬巨商,發迹於洋行買辦,1878 年參與創建定海旅滬同鄉組織——善長公所,并擔任董事。王克明以慈善公益爲己任,除助洋修葺止善亭外,還有參與光緒年間建造普陀山回瀾亭、1919 年捐款重修定海老城公墻等善舉。光緒《定海廳志》卷二十七《祠廟志》載:“高雲寺,在高大山腰,山跨吴樹、皋泄二隩間。同治四年十月住持僧龍敬募建。”光緒年間的住持紫高在史籍中無考。

參考文獻:

史致馴、黄以周等編纂,柳和勇、詹亞園校點:《定海廳志》,上海古籍出版社,2011 年。

孫峰:《群島述舊:近現代舟山歷史名人實録》,寧波出版社,2020 年。

48.公墙碑记

清光绪十七年(1891 年)

碑文：

公牆碑記」

定海公墙記」

古者民間門閭垣墉之政，皆官為之治，隨時戒約而申令之。故《小戴記·月令篇》曰："孟秋之月，命百官修宫室、坏牆垣。"自井田既廢，而後民間造作皆聽其自置，自」此不復官為監舉。此定海公牆之作，所不能不備書顛末，以誌善政，述盛德，而為今世之民牧者勸也。定海向無公牆，光緒辛卯春二日，民房失慎成災，人咸尊」黄公海珊率夫役、會兵弁，竭力捍禦，而闤闠鱗比，此熄彼然，燎原之勢難施補救。火既滅，即出俸錢撫灾民，乃召諸父老，告曰："吾比見火之作，凡遇高垣城墉，其」勢輒阻遏不得逞。今亡羊而補牢，未為遲也。其不可不亟築公牆，以為備預不虞之地。"爰即以狀聞於大吏，并陳善後事。而中丞崧公、觀察吴公亦先後聞」警委員勘驗、撫郵。既而中丞復檄，委觀察齎洋泉千有六百圓，躬詣定海，為剏造公牆之需。即諏日，鳩工庀材，踰月而事蕆。

牆既成，邑人謀所以久之者，屬」書於余。余曰："夫眾人可與樂成，難於圖始。方火之作也，諸皆失喪，踵頂顧救不暇，方戚然，慮旋定安集之不易易，而重欲興大工、動大役，則莫不竊竊然議之，以」為其事之迂，收效緩而成功難也。而黄公海珊獨毅然决然，志在必行，行在必成，卒以收捍灾衛難之功，為綢繆先事之計。今向之議者，亦且□而樂之矣。其」利賴於吾定之民者，豈淺鮮哉?"余既喜黄公之能師古，以為善政；尤喜中丞崧公、觀察吴公能並成黄公之志，以保我桑梓，故樂為之書，而即以告今」世之凡為民牧者也。

是役也，築公牆凡八堵，為時凡兩閱月，用民力不知凡幾，縻洋泉凡四千七百十餘圓。以千金為定民撫者，杭州善士丁君松生也；在上海」勸輸集貲，指率洋泉千圓衈灾民，繼復以洋泉三千圓助築公牆者，湖州善士施君少欽也；齎銀來定而襄事者，少欽之子志仙及吾鄉王司馬克明、朱明府葆」三也；始終董其事者，邑人林封翁感亭、高廣文柳堂、孫中翰雪湖、陳孝廉懷之也；操畚尺監工者，邑人武司鹺新余、朱明經萃夫、許明經召盧、金茂才壬甫、朱茂」才捷三、白職員復三、陳上舍曉雯、鄭上舍蓮溪暨市上諸君也；顏牆之眉，而并書其顛末以勒之石者，太史氏王菀生也，皆例得備書。」

賜進士出身、翰林院庶吉士邑人王修植撰，庠生邑人武聯逵書。」

光緒十七年七月　日吉」

考釋：

《公墻碑記》原樹於定海城隍廟附近，現收藏在舟山市檔案館，高 206 厘米、闊 70 厘米、厚 15.5 厘米，由王修植撰文、武聯逵書丹，立於清光緒十七年（1891 年）七月。碑額爲“公墻碑記”，碑文作“定海公墻記”，石碑四邊有人工鑿刻痕迹，下方有一穿洞，可知此碑曾作他用。

碑文開篇道，古代修築城門、城墻，皆由天子遣百官負責，隨時監督、命令工程。故而引用《小戴禮記・月令篇》曰：“孟秋之月，命百官修宫室、坏墻垣、補城郭。”自西周“井田制”廢除，民間工事皆由地方自治，没有中央指派官員監舉協助。因而定海修造公墻的緣由經過不能不大書特書，以表彰善政盛德，可作爲對當今地方官的勉勵。定海過去没有公墻，光緒十七年（1891 年）正月初二，民房不慎失火成災。當時定海直隸廳同知黄樹藩(字海珊)率領官民竭力滅火,但是街道店鋪鱗次櫛比,此處熄滅、他處又燃,費盡周折纔將大火撲滅。黄同知又出俸錢,安撫灾民。考慮到今後若再有火情,難施補救,黄同知召集諸位父老,説道:“我見到大火燃起時,凡遇到高墻城垣阻隔,火勢便能得到遏制。如今亡羊補牢,時尤未晚,應馬上修築公共防火墻,以防不虞。”隨即,黄同知寫信向上級匯報,得到浙江巡撫葉赫崧駿與寧紹道台吴福茨的積極響應,派人前來勘驗、撫恤,後來葉赫崧駿又復函委派吴福茨親至定海,送六百洋圓以作創造公墻之需。立即選定吉日開建,過了一個月便竣工。

建成後,鄉民爲了公墻能夠永存,請翰林院庶吉士王修植撰文立碑叙述因由,他説:“對百姓而言,衹能與他們分享成功的利益,而不能在開始時一起謀劃。當火灾起時,大家皆是驚慌失措,不顧一切地救火,火滅後,民衆好不容易纔安定下來,緊接着馬上又被動員興工,没有人不悄悄地説,工程進度肯定緩慢而成功難。但是黄同知獨毅然決然,志在必行、行在必成,終於建立公墻,實現未雨綢繆的願望,當初議論的人也樂觀其成。此舉依靠的都是定海百姓,誰説他們的力量是微薄的?”王修植最後表明自己樂於撰寫碑記之目的,在於歌頌黄公能夠效仿古代的賢官而作善政、巡撫葉赫崧駿與寧紹道台吴福茨能夠成全黄公心志而保我桑梓,他們都是當今父母官的好榜樣。

碑文接着寫道,這項工程修造了八道公墻,工期兩個月,不知用了多少民力,共花費洋元四千七百十餘圓。捐獻善士衆多,有杭州丁松生、湖州施少欽與施志仙父子、定海王克明與朱葆三等。丁丙(1832—1899),字松生,晚清杭州著名士紳。太平天國運動時,因搶救文瀾閣《四庫全書》有功,任江蘇候補知縣,又加同知銜。但他并未赴任,而是以紳商、藏書家、慈善家等身份活動。他與杭州衆士紳聯合,創辦當時全國最大的慈善救濟組織"杭州善舉聯合體"。1889 年,丁丙等人爲振興民族工業,在杭州拱宸橋西創建杭州通益公紗廠。太平天國運動之後,杭州大部分基礎設施的恢復,主要也是丁丙整合各方資源并親歷親爲之成果。施善昌(1828—1896),字少欽,晚清上海絲織業和絲織品貿易的領導者,長期擔任上海絲業會館總董,主持上海仁濟善堂,并將這兩個機構都辦成了全國性的籌賑中心。定海人王克明與朱葆三(1848—1926)是晚清上海商界的領軍人物,上海灘曾流傳一句話説"上海道臺一顆印,不如葆三一封信",他們致富後都不斷回報家鄉、造福桑梓。此外,從始至終的主事者有林感亭、高柳堂、孫雪湖、陳懷之,親身參與工程者有武新余、朱萃夫、許召廬、金壬甫、朱捷三、白復三、陳曉雯、鄭蓮溪等,都不應被忘記。

碑文最後,王修植説列舉作過貢獻之人,也得把撰寫碑記的自己算上。王修植(1860—1902),字菀生,1890 年赴京參加會試中第,是定海歷史上最後一名進士,又通過"朝考",被欽點爲翰林院庶吉士。1894 年甲午戰争爆發,王修植從舟山前往天津,1896 年出任北洋大學頭等學堂總辦,成爲中國近代高等教育之先驅。書丹者武聯逵無考。

如今,定海城中還有四道公墻留存。

參考文獻:

凌金祚:《公墻碑記訴説定海百年滄桑——記清光緒定海辛卯大火》,舟山博物館編《舟山文博論叢》,中國文史出版社,2012 年。

靳環宇、周秋光:《施善昌與晚清義賑》,《福建師範大學學報(哲學社會科學版)》,2012 年第 1 期。

吴晶、周膺:《浙江近代文化轉型中的士紳蜕變——以丁丙爲中心的丁氏家族考察》,《浙江學刊》,2016 年第 6 期。

孫峰著:《群島述舊:近現代舟山歷史名人實録》,寧波出版社,2020 年。

石一民編:《王修植史料集》,海洋出版社,2022 年。

49.善成寺永傳印和尚墓碑

清光緒十九年(1893 年)

碑文：

光緒癸巳年菊月吉日立」

示寂善成堂上先師上永下傳印老和尚蓮域」

元徒 蓮根 孫 化如 曾孫 開□ 元孫 了源 頂禮同建」

考釋：

永傳印和尚墓碑位於舟山市定海區千島街道新城村善成寺内，高153厘米、闊68厘米、厚13厘米，立於光緒十九年（1893年）九月，墓已毁。善成寺歷史無考，僅在民國《定海縣志》卷十三《禮教志·宗教》記載"善成庵，茨灣"幾字。據附近老人回憶，善成庵在民國初一直有香火，抗日戰争爆發後，僧尼全部轉移，寺院殿宇作了游擊隊的指揮所。中華人民共和國成立後，寺院房産分給了當地村民，直至2011年重建，并挖出此墓碑，成爲善成寺唯一遺物。墓主永傳印老和尚生平無考，其圓寂於1893年，由徒弟、徒孫、曾徒孫、玄徒孫共四代爲祖師建塔，可知傳印老和尚壽命一定很長。除普陀山外，舟山寺院還留有民國之前和尚墓碑的情況不多。

參考文獻：

陳訓正、馬瀛等纂：《定海縣志》，民國十三年（1924年）鉛印本。

50.秀竹庵奉憲碑

清光緒二十年(1894 年)

碑文:

奉憲」

欽加三品銜、在任候補府、特授定海直隸理民府正堂、隨帶加三級記録十次趙　為」出示諭禁事。據蘆花庄秀竹庵尼龍安呈稱:伊福建人氏,於光緒拾年間,」至該庵主持。因庵屋僅二三間,屋宇坍塌,佛像凋零,前往閩省本鄉募資修」造,並置田產五十餘畝。兹有不肖之徒,妄生覬覦,屢来借貸,不遂其慾,輙行恃」强纏繞。除往恳八閩會館柱首襄理庵務外,開具田地畝分細則,叩請給示諭禁」等情。並據八閩會館柱首,啟興、新和記、慶和、瑞裕等號,呈同前情到府。據此,除分」别批示外,合行出示諭禁。為此示仰該處尼俗人等知悉:尔等須知,庵產攸關」佛火,豈容妄生覬覦?自示之後,該庵產業,無論尼俗人等,均不得覬覦廢賣,恃」强佔奪,並不許不肖之徒屢向索借。倘敢故違,一經察出,或被告發,定即差」提到府,從重究懲,不稍寬貸。其各凜遵,毋違。特示。」

光緒二十年八月二十九日給」

考釋:

《秀竹庵奉憲碑》位於舟山市普陀區東港街道南岙村塔嶺下秀竹禪寺外土地殿内,高 120 厘米、闊 48 厘米、厚 17.5 厘米,立於光緒二十年(1894 年)八月二十九日。内容爲定海直隸廳同知趙惟嵛所發布的、關於不得覬覦廢賣秀竹庵田産的禁諭。秀竹庵始創時間不詳,光緒《定海廳志》卷二十七《祠廟志》僅云:"秀竹庵,分水嶺西。"中華人民共和國成立後,秀竹庵分爲上下兩處,上庵住僧、下庵住尼,至 20 世紀 60 年代,僧尼全被遣散。現秀竹禪寺爲 1990

年後重建。《秀竹庵奉憲碑》講秀竹庵比丘尼龍安法師向官府呈稱，自己本是福建人氏，從光緒十年(1884年)開始擔任秀竹庵住持。前因庵屋僅有兩三間，殿宇坍塌，於是前往老家福建募資，終於重建佛庵，并置田五十餘畝。但有不肖之徒覬覦秀竹庵田産，屢來借貸，若不遂其意，便恃强纏繞。龍安法師勢單力薄，不得已而去懇請八閩會館的柱首襄理庵務，并由柱首聯同啓興、新和記、慶和、瑞裕等福建商號，一齊上報官府，爲龍安法師撑腰。最後由定海廳同知趙惟崙出示諭禁，該處比丘尼及俗人等，一律不得覬覦、廢賣、占奪、索借秀竹庵産業，如敢故意違反，一經告發，定追拿嚴懲。

一座小庵堂的比丘尼，竟能驚動正五品的定海廳同知爲其出具“保護令”，這都是背後八閩會館與福建同鄉的功勞。自康熙“展復”以來，海上民間貿易興旺，大量福建漁民、商人涌入舟山，八閩會館便是他們所建的同鄉會或商業組織。據光緒《定海廳志》卷二十一《祀典志》載：“天后宫，在南門外東山之麓，康熙間總兵藍理創建，旁爲八閩會館。”可知，舟山最早的八閩會館在康熙年間建於定海城南門外，媽祖信仰也隨福建人而來。據學者研究，光緒年間建於沈家門的八閩會館，不僅管理福建人的漁業生産，還致力於民間辦學，以及爲同鄉排憂解難。《秀竹庵奉憲碑》不僅反映了在舟閩人患難與共的互助精神，還顯示出歷史上舟山與福建之間存在密切的人員往來。

參考文獻：

胡瑞琪：《沈家門發展與閩人關係初探》，張捷主編《話説沈家門漁港》，浙江大學出版社，2009年。

史致馴、黄以周等編纂,柳和勇、詹亞園校點:《定海廳志》,上海古籍出版社,2011 年。

舟山市佛教協會編:《舟山佛教寺院通覽》,中國文史出版社,2015 年。

孫峰、洪波雷:《閩舟文化的東海相會(下)》,《舟山日報》,2016 年 6 月 18 日。

孫峰:《普陀秀竹庵〈奉憲〉碑與八閩會館的淵源》,《舟山晚報》,2022 年 7 月 17 日。

51.嵊泗黄龍勒石永遵碑

清光緒二十三年(1897 年)

碑文：

勒石永遵」

署理甯波府鎮海縣正堂、加三級記錄十二次畢　為」出示諭禁事。案奉」前府憲胡批、奉」前道憲薛批，前縣詳網户應成材等，稟雇工出洋失足溺斃，給資埋葬，仰請立案由。奉批：案查同治十一年」問據，漁商張公益等呈稱，雇工出洋失足物故，議給錢文以敷埋葬招魂之資，請給示諭禁等情節，經前道批」府會督廳縣妥議章程示諭，詳覆在案，迄未具覆。兹據前情，應准如詳立案，仰甯波府轉飭遵照，仍將該廳縣」前案如何定議，查明錄覆，備查毋延此繳等因，奉此查舵工、水手失水身死，既經給錢議恤，應安議命，自應如」詳立案。現據該縣並詳到府，當經批示在案，奉批前因。除詳覆並移廳查案，復府核辦外，札縣即便知照等因，」奉此查此案。前據網户柱首應成材、孫義披、謝崇周、劉同淮、周三隆、劉汝舟、胡德申、胡小邦、潘果福、柳餘有、胡」順泰、周愛才等，稟稱伊等自置船隻，僱夥幫駕，向在北洋張網為業，名曰北莆。由各沙頭搭厰安歇，乘潮撐駕，」拖渡舢板至洋面，打樁安倉，放網採捕魚蝦等貨。遇有颶風驟起，躲避為難，抑或走風失足、溺水身亡，事所不」免，屢遭家屬藉誣命案，逼索亂抄，甚至聽唆糾衆滋擾。叩請給示，勒石永禁，並請轉詳立案，並議雇夥網捕船」水人等，無論在厰在船，遇有患病身故，及失足身死、遇風斃命者，厰主酌給殮葬錢二十四千文。倘報知屍親，」一時未到，屍身未便久待，厰主備棺盛殮，內除棺殮錢六千文。如夥伴及舵水人等，出洋打樁安倉，落水遭風，」屍無着落者，厰主除給殮葬資外，加給招魂錢八千文，以示體恤。而安漁業等情到縣，當以船工、水手受雇出」洋，因皆由於情願，其不幸而遭風失足溺水身亡,應亦各安義命。然人孰無良,目睹堪憫,故雇主」有酌給葬資」之議,原所以示矜恤,而非開索詐之門也。乃屍親即居為奇貨,百計刁難,必須滿其慾壑而後已。索詐之門,遂」由此起。始據船户趙士元等請示,嚴禁於前;繼據漁商張公益等稟請,會詳立案於後,以為從此民各安畏,詐」風可息,無如日久僥生,復萌故智。若不准其所請,重申禁令,何以安漁業而戢刁風?即經具詳請示,立案奉批」前因。迭經出示,諭禁在案,誠恐日久玩生,復蹈故轍,合再查案,出示嚴禁。為此示仰漁户、舵水人等知悉:自示」之後,務需恪守定章,各安義命。倘再藉命案擾,一經訪聞,或被呈控到」縣,定即提案,從嚴究辦,決不姑寬。其各凜遵,毋違。切切,特示。」

光緒貳拾叁年正月二十五日給」

告示發黄隴山勒石」

考釋:

《嵊泗黄龍勒石永遵碑》位於舟山市嵊泗縣黄龍鄉南港宫山巷孝子廟内,原嵌立於張世傑廟,高 183 厘米、闊 85.5 厘米、厚 9.5 厘米,内容爲鎮海縣縣令畢詒策於光緒二十三年(1897 年)正月二十五日所發布的、關於處理同治十一年(1872 年)黄龍船工失水身亡善後事宜之示諭。碑文道,此事件經前寧波府知府胡元潔及前寧紹台道薛福成批示立案,上級迄今爲止未收到辦理回覆,於是命寧波府審核前案,由鎮海縣發回定議結果。從負責處理此案的官員爲畢詒策,可知黄龍南港當時行政規劃屬寧波府鎮海縣。

碑文稱,漁商柱首應成材、孫義披、謝崇周等人,自置船隻,雇船工駕駛,一向在北洋名爲北莆之地張網捕魚。於沙灘邊搭棚安歇,在潮來時拖渡舢板至淺海,打樁張網,采捕魚蝦。若遇颶風驟起,躲避爲難,溺水身亡事故在所不免,屢遭家屬藉命案勒索。因此,船户集議叩請官府訂立章程,勒石永禁。最終定條款如下:首先,船工無論在船在岸,患病身故或失足斃命,船主酌給殮葬錢二十四千文。其次,報知家屬後,若一時未到,尸身不能久放,船主備棺盛殮,應從二十四千文中扣除六千文。最後,若船工落水、尸無着落,船主除給殮葬錢二十四千文外,加給招魂錢八千文。船工受雇出洋,皆由情願,應各安天命,然而船主憑良心酌給葬資,常遭家屬索詐。已據船户趙士元等請示,嚴禁在前;又據漁商張公益等稟請,立案於後。如今若不重申禁令,何以安漁業、止刁風?於是定章勒碑,出示嚴禁,倘再藉命滋擾,從嚴究辦。最後,碑文寫明此告示發往黄隴山勒石,知黄龍山過去作“黄隴山”。

參考文獻:

趙以忠:《解放前舟山漁業發展初探(上、下)》,《浙江水産學院學報》,1983 年第 1、2 期。

舟山市文化廣電新聞出版局編:《海山風物:舟山市第三次全國文物普查成果彙編》,2012 年。

52.祖印寺普濟會碑

清光緒二十三年(1897 年)

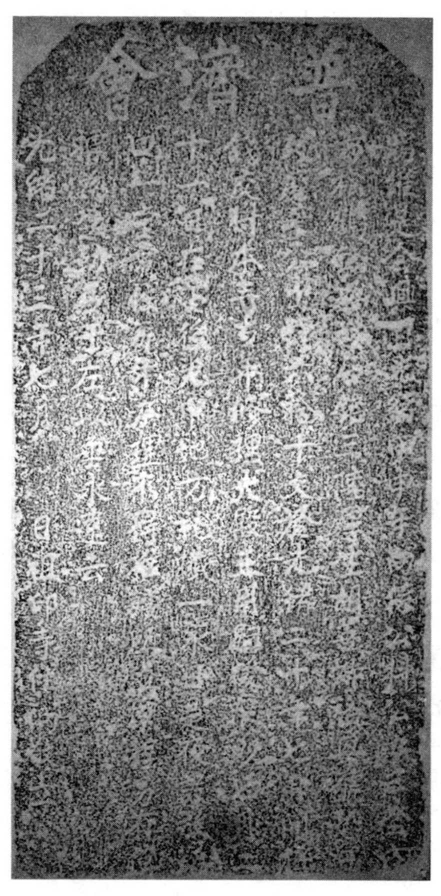

碑文:

普濟會」

窃維是会,興自光緒甲申年。向係公料公□,承会內」□□□□□□□三、陸厚生、胡善卿、裕興號,恐日」久廢,□公出錢六拾千文,於光緒二十年七月間,將」錢交付本寺,□作修理大殿正用。嗣後限以七月二」十七日在□後大□地方,礼懺一永日,是夜設放焰」口。□□□□年,□理不得推諉。所立章程另有簿」據,為□勒石于左,以垂永遠云。」

光緒二十三年七月　日,祖印寺住衲敬立」

考釋:

《普濟會碑》立於舟山市定海區昌國路祖印寺内,高128厘米、闊61.5厘米、厚10厘米,勒於光緒二十三年(1897年)七月。因石質不良、風化嚴重,導致文字漫漶不清,大概講的是組織普濟會籌款維修佛殿之事。碑文稱,普濟會興建於光緒甲申年,即光緒十年(1884年),其組織通過會友共同集資,維持寺院日常運轉。蓋因日久,制度逐漸廢弛,於是由會友陸厚生、胡善卿、裕興號商鋪重新發起,於光緒二十年(1894年)七月間捐錢六十千文,交付祖印寺,以修理大殿作主要用途。并規定以後每年七月二十七日,在後大殿全天啓建禮懺法會,當夜設放焰口,經費由普濟會出,輪值柱首不得推諉。光緒二十三年(1897年)祖印寺住衲的立碑目的,是在以往規約基礎上,訂立新的普濟會章程,以垂永遠。

53.惠濟橋碑一

清光緒二十七年(1901 年)三月

正面

碑陰

碑文：

【正面】

惠濟橋碑」

今將重造本橋各户捐助芳名開列於左：」

林彙運洋五十元 孫光瑞洋五十元 湯錦豐洋十八元 徐忠智洋十五元 趙順興洋十五元 史春茂洋十五元 陳文榮洋十元 史仲二洋十元 徐孟大洋十元 徐寬二洋八元 吳成奕洋七元 □化寬洋七元 徐才蘭洋七元 王茂才洋六元 孫元順洋五元 張文富洋五元 丁財高洋五元 吳名良洋五元」

王言財洋五元 張乾恕洋五元 徐祥茂洋五元 聞孝位洋五元 王朔房洋五元 汪翰章洋五元 □富順洋五元 王順□洋五元 余坤智洋五元 孫光文洋四元 □□行洋四元 孫光富洋四元 王順生洋四元 胡春大洋四元 陳文美洋四元 洪教房洋三元 余成滿洋三元 王松房洋三元」

□□三洋〣元 □□成洋〣元 □乾忠洋〣元 □乾礼洋〣元 □孟元洋〣元 □仲元洋〣元 □維開洋〣元 □宅三洋〣元 □福寿洋〣元 □鼎興洋〣元 □順成洋〣元 □□氏洋〣元 □□善洋〢元 □□□洋〢元 □□連洋〢元 □世存洋〢元 □尚裕洋〢元 夏必生洋〢元」

聞□泰洋〢元 丁吉□洋〢元 鄭双宝洋〢元 沈紀榮洋〢元 鳴聰洋〢元 鳴□洋〢元 林英元洋〢元 徐忠仁洋〢元 紀琅洋〢元 錢大宝洋〢元 仁房洋〢元 義房洋〢元 萬金號洋〢元 萬成號洋〢元 五昌行洋〢元 娄欽朝洋〢元 虞体順洋〢元 貝昇泰洋〢元」

童萬成洋〢元 禾興洋〢元 張乾頌洋〢元 □興洋〢元 竺尚豐洋〢元 柳開楊洋〢元 賢仕洋〢元 娄茂順洋〢元 洪坤大洋〢元 性房洋〢元 孫坎二洋〢元 張氏洋〢元 史得順洋〢元 茂泰洋〢元 楊永泰洋〢元 鄭安心洋〢元 余成漢洋〢元 周興仁洋〢元」

林朝元洋……协利洋……陳順興洋……余徐氏洋……孫信房洋……徐□柱洋……敏房洋……吳元大洋……成珠洋……夏必徐

洋……双和洋……汪聞蘭洋……成□洋……章有洋……陳金利洋……蔣合順洋……聞孝□洋……娄孝□洋……」

光緒二十七年歲序辛丑三月良旦，首事 林茂才 徐繼瀾 徐新廣 聞元泰 吴成奕 吴名良 謹啟」

【碑陰】

惠濟橋碑」

今將重脩本橋各户樂助芳名開列於左：」

王得利洋丨元 □欽有洋丨元 汪恆立洋丨元 □祖平洋丨元 □行泰洋丨元 阿英洋丨元 余协興洋丨元 成生洋丨元 □□□洋丨元 □□悦洋丨元 李清海洋丨元 吴成興洋攵角 成四洋〥角 □□洋……史顺利洋〢元 王正魁洋丨元」

吴復正并〥角 成志并〥角 林英太并〥角 英有并〥角 英富并〥角 生言并〥角 英標并〥角 英和并〥角 孫光采并〥角 光二并〥角 耀□并〥角 光裕并〥角 沈紀朝并〥角……」

沈紀祥并〥角 紀要并〥角 紀福并〥角 紀善并〥角 鄭行房并〥角 □房并〥角 双林并〥角 全松并〥角 双成并〥角 汪成□并〥角 美章并〥角 王立順并〥角 正如并〥角」

王吴□并〥角 吴□并〥角 吴□并〥角 加□并〥角 成□并〥角 亦□并〥角 成□并〥角 成□并〥角 成位并〥角 順兴并〥角 徐新旺并〥角 方珮并〥角 張大□并〥角」

吴伏太并〥角 張文宝并〥角 大茂并〥角 長寿并〥角 錢智房并〥角 娄孝遠并〥角 孝昌并〥角 欽壽并〥角 張氏并〥角 陈相記并〥角 春富并〥角 元顔并〥角 岑□□并〥角」

□□□并〥角 □□□并〥角 □□□并〥角 余茂□并〥角 茂

□并〤角 茂□并〤角 士順并〤角 何氏并〤角 士顯并〤角 啟風并〤角 盧仁林并〤角 仁德并〤角 成存并〤角」

……

光緒二十七年歲序辛丑桃月良辰，首事 徐繼瀾 林茂財……」

‖考釋：

《惠濟橋碑》位於舟山市普陀區展茅街道茅洋新村，高153厘米、闊73.5厘米、厚8.5厘米，立於光緒二十七年（1901年）三月。正面及碑陰題額皆作"惠濟橋碑"，其旁還立有一通《善與人同碑》，均爲重造惠濟橋捐款功德碑。兩碑原用來鋪路，碑面曾有水泥覆蓋，被發現於2017年。原惠濟橋爲木橋，1958年重建爲鋼筋水泥戰備橋，橋長12.8米，橋面寬6.6米，拱跨4米，拱高3.1米，東西跨越林家溪與茅洋溪處。正面與碑陰刻滿修橋捐助芳名及款額，數字用舟山漁碼子書寫，從一至九爲〡、〢、〣、〤、〥、〦、〧、〨、〩。負責工程的首事爲林茂才、徐繼瀾、徐新廣、聞元泰、吴成奕、吴名良等人。

‖參考文獻：

舟山市文化廣電新聞出版局編：《海山風物：舟山市第三次全國文物普查成果彙編》，2012年。

翁青青、丁峰峰：《驚現清代石碑：茅洋橋的歷史又往前推了五十多年》，《舟山晚報》，2017年11月16日。

54.潘氏宗祠公禁規碑

清光緒二十七年(1901 年)

‖碑文:

公禁規碑」

前者新建祠堂,迄今二百餘年,皆用松木料,俱損坏,難以修理。謹择辛丑年重建祠堂并新立宗譜,择四月」八日興工上樑,族内近處帮工,遠處樂助,鳩工告竣。前中後三進,後進觀音阁;中進歷代祖先宗祠,左居六房男人,右居六」房女人;前進右首中堂孤婦归族,左首未婚男人,右首未嫁女人。按年清明、七月半、冬至、謝年,以作六房輪流,計明当办田畝,開列請」办。新增焰口田,在檀樹爿、高三畝,七月半当办,施放焰口。田在潭四横山,冬至当办。田在岩珠六畝,謝年当办。田在棋杆脚寺嶺後,新年香油。」草化田在莊家山,另又坟潭坑田,归宗長輪流。小蕨園田,归於各岙海山值客。岩珠頭田九分,归於開门經管什物各房,田租归於錢粮秋米。」刀坵田歸祠内修理,议明四年一小修,十二年一大修,田畝損坏修費在内。三门頭山归於六房輪流,計明逢節羹飯拾桌。公禁後山永不□」木,永不開砍。無帮工,火不許入门,廚房不借。如有偷砍掏掘,察出议罰羹飯拾桌。公禁祠堂紅白应用,并不許堆晒料物,切忌亡人永不□」此。勒石以图永久不朽。」

大清光緒貳拾七年四月中浣日」

族宗長 盛坤

總柱 乾 坤 元 亨 利 貞

長 文□ 文至 美生 美瑤 世祚 盛忠

柱首 星光 星祥 文善 文贊

祠內宗長 盛坤

宗柱首……」

房長……

柱首……」

考釋：

《潘氏宗祠公禁規碑》嵌於舟山市定海區小沙街道廟橋新光村潘氏宗祠内，高 230 厘米、闊 90 厘米，立於清光緒二十七年（1901 年）四月中旬，内容是潘氏宗祠管理細則。碑文開頭道，潘家舊祠堂已有二百餘年歷史，因使用松木料，皆毁壞而難修理。從“二百餘年”可知，蓋於康熙二十三年（1684 年）舟山展復之後，潘姓已至此地墾荒聚居。潘氏家族擇辛丑年（1901 年）重建祠堂并新立宗譜，四月初八上梁大吉。新建祠堂有前中後三進：後進爲觀音閣；中進爲歷代祖先宗祠，男左女右，供奉潘氏六房先人神主；前進右首中堂放置外嫁歸族孤婦的牌位，左右首廳内分别安置未婚男人、未嫁女人的牌位。每年清明、七月半、冬至、謝年四大節日時，由六房輪流管理祭祀典禮，每年一换。碑文接着記録祠堂田産地址及畝數，包括保障七月半、冬至、謝年祭祀的祀田，特爲新年香油購買、輪流宗長補貼，以及爲前来帮忙的“各岙值客”準備的專項費用。還有“岩珠頭田”由管理祠産的各房經營，田租用以繳納官府徵收的賦税；“刀坵田”收支用於祠堂修理，議定四年一小修、十二年一大修；“三門頭山”祀田歸六房輪流管理，用於四大節時拾桌羹飯費用。最後，公約還規定後山樹木永不開砍，違者罰羹飯拾桌；在無幫工的情况下，不得帶火入祠堂，厨房不外借；在祠堂舉辦紅白喜事時，不許隨意堆叠、拋灑物品，亡者不得在堂内停尸。

‖参考文獻:

孫和軍主編:《人文小沙》,定海小沙鎮政府,2008年。

孫峰:《定海小沙鎮潘氏宗祠〈公禁規碑〉解讀》(未刊)。

55.惠濟橋碑二

清光緒二十七年(1901 年)五月

正面

碑陰

碑文：

【正面】

惠濟橋碑」

……橋各户樂助芳名……」

……洪宗本洋｜元　遠□洋｜元　□三洋｜元　明銀洋｜元　仁房洋｜元　徐新邦洋｜元　鍾民洋｜元　公三洋｜元　和房

洋丨元　均房洋丨元　金富洋丨元　孫氏洋丨元　夏氏洋丨元　陳氏洋丨元　祥泰洋丨元……」

……紀□洋丨元　竺氏洋丨元　王金洋丨元　龍仁洋丨元　位三洋丨元　仁二洋丨元　方珎洋丨元　吴成晶洋丨元　成文洋丨元　成滿洋丨元　成明洋丨元　復倫洋丨元　復紀洋丨元　孫氏洋丨元　馮尚茂洋丨元……」

必華洋丨元　必財洋丨元　永和洋丨元　必裕洋丨元　徐氏洋丨元　張大盛洋丨元　吴氏洋丨元　大昂洋丨元　文元洋丨元　文揚洋丨元　文言洋丨元　鼎三洋丨元　徐氏洋丨元　大福洋丨元　大□洋丨元　大岳洋丨元　文□洋丨元　□氏洋丨元　大春洋丨元」

□周氏洋丨元　朱汝惠洋丨元汝祖洋丨元　汝富洋丨元　汝貴洋丨元　汝義洋丨元　范松房洋丨元　楊順二洋丨元　嚴王氏洋丨元　娄欽順洋丨元　士忠洋丨元　徐氏洋丨元　士文洋丨元　孝善洋丨元　林氏洋丨元　興順洋丨元　成順洋丨元　王紀首洋丨元　紀□洋丨元　順利洋丨元　張廷鋆洋丨元　廷存洋丨元　乾風洋丨元　乾雅洋丨元　明效洋丨元　光禄洋丨元　得利洋丨元　小采洋丨元　□协茂洋丨元　鄭安□洋丨元　順二洋丨元　双□洋丨元　双三洋丨元　永□洋丨元　林□洋丨元」

孫祖……元……祥……和……裕……元……」

光緒二十七年時值仲夏吉旦,首事……」

【碑陰】

善與人同」

竊維本處雖云僻壤,寔為往來要道,為有溪淌阻攔先人,爰……」來已久，不免鬆動，自光緒二十四年間，再彼洪水冲淹，因……」為艱難。余等爰糾集同人酌議脩葺，但資費浩大，余等無……」樂善諸君集液成功。工竣，因將諸君芳名并修理繳費……」

共資助英洋、龙并百十……角。」付石料、亦工洋一百四十五……」付又石料洋五十……」付埋石洋二百一十八（元）六角，」付廟首濟世橋石砌、亦工洋□二元，」付包土工洋七十五元七角，」付另土工洋弍十八元五角，」付築砍鋪路洋共工〢乃廿一元，」付枱宕石力洋三十五元，」付起工、放焰、告土、上樑、福食洋……」廿日工……」

大清光緒貳拾柒年歲辛丑□月良辰吉立，監修……首事……」

考釋：

《惠濟橋碑二》位於舟山市普陀區展茅街道茅洋橋邊，高 159 厘米、闊 72 厘米、厚 10.5 厘米，立於光緒二十七年（1901 年）五月，與同年三月所刻《惠濟橋碑一》皆爲重造惠濟橋捐款功德碑。正面碑額是“惠濟橋碑”，碑陰題額爲“善與人同”。碑體磨泐嚴重，下半截所補水泥高 42 厘米。碑正面刻捐助芳名及金額，當爲《惠濟橋碑一》名單之延續。碑陰記載事由，稱本地雖偏僻，也是往來要道，中有溪水阻攔路人，原所造橋日久鬆動，更於光緒二十四年（1898 年）被洪水冲淹。因而由首事林茂才、徐繼瀾、徐新廣等發起重葺惠濟橋之議，諸君樂善捐資，最終修成，後列經費具體開銷，是對兩碑内容的總結。

56.藏經寺碑

清光緒二十八年(1902年)

碑文：

藏經寺」

寺基名宋平岡，係皋洩庄木龙桥王氏土也。旧本有刹，興廢無考。光緒什」年辛卯，和尚顯道與山王弄募建于此草創，犓旋將陊剁。於是皋泉甬在」四庄，善信護法弟子特发虔誠，如出方兄兼行募化，鳩工庀材，聿观厥成。」性然菩薩之安棲有所，無奈和尚之薪采無资。玆何本庄東皋嶺下，幸」有王着来翁與其姪继生，情願將自己之山，助入寺内。又有白泉庄鴨蛋」嶺下前岙張成增翁，亦情願將自己之田助入。自助之田，只许寺内收花，」無许和尚廢賣，徑將字号、土名、細則開列于后：」

皋字号，土名原始岙，山頂二則，上至岡，下至横路。」泉字三千四百九十三号，土名粉田，丈田五分八厘三毛。」泉字新田無号，土名田坑，丈田四分二厘五毛。」泉字一百四十二号，土名新田㝵山，肯田一分零，与前併則。」

光緒廿八年歲次壬寅宫三月中旬，何小林 洪明榆 成林 穀旦」

湖洲府孝峯县北岙自灵峯寺帝印大和尚剃徒顯道禅師发脉，定海鴨」蛋嶺上宋平岡建造藏經寺。住納顯道 朱安利 張成榮 戾成金」 護法弟子 吳全松 吳桂芳 王士正 林士礼 王冬治」

考釋：

《藏經寺碑》立於舟山市定海區白泉鎮皋泄村老庵基藏經寺内，高 140 厘米、闊 69 厘米、厚 8.5 厘米，勒於光緒二十八年（1902 年）三月中旬，因是民間碑刻，訛字較多。藏經寺歷史在史志中無載，據現寺中所立 2002 年《簡歷碑》及《王氏宗譜》云，寺基爲定海皋泄莊木龍橋王家之地，山名宋平岡，平坦隱隱有階址狀，即所謂老庵基。藏經寺相傳始建於宋朝，因海禁，舟山居民多次遷徙，庵宇亦幾度廢棄，故後人改稱宋平岡爲老庵基。有史可考者，即此碑所述 1902 年重修之事。1957 年寺廟被拆除，至 1997 年由廣大村民籌資及海外僑胞捐助得以恢復重建。碑文講，宋平岡上的藏經寺幾經興廢，至清朝末年已無痕迹，“光緒什年辛卯”由顯道和尚與山主募化草創，但不久又破敗剥蝕。查光緒十年并非辛卯年，當爲光緒十七年(1891 年)辛卯年。於是皋泄、白泉、甬東、在城四莊善信再次募款，終將寺院建成。但菩薩雖有安栖之所，僧人生活仍無法保證，這時有住在皋泄莊東皋嶺下的王着來老翁與姪子王繼生，以及白泉莊鴨蛋嶺下前岙的張成增老翁，情願將自家之田助入寺内，規定衹許寺内收取田租，不許僧人廢賣，并詳列字號、土名、畝數於碑上。

碑文最後落款處介紹藏經寺開山者顯道禅師，係湖州府孝峰縣靈峰寺帝印大和尚法脈弟子，靈峰寺今坐落於浙江湖州市安吉縣靈峰山大雄峰，林木深幽、歷史悠久，始建於五代後梁開平元年(907 年)，吴越王錢鏐曾游觀布施，明四大高僧之一蕅益大師晚年駐錫十餘年。晚清住持帝印大和尚實爲諦隱和尚，民國《北天目靈峰寺志》卷四《僧侣》有傳：“諦隱禪師，師號寂融，温州平陽張氏子……師年二十四發出世想，入平陽仙壇寺出家。咸豐三年在天台山國清寺受戒律，曾爲國清寺長老。同治四年游杭州，卓錫半龍山龍寄寺，寺多俗累，不協機緣，協大亮和尚至靈峰山。其時洪楊亂後，片瓦無存，僅有大殿基礎縱横荆棘叢中。五年八月結茅而居，鋤種自任，不干世緣。越一年，遠近感師德者咸願資助，師於是興作殿宇，而結福緣善果者争先恐後，闢其舊址，集以新材，經之營之，鍥而不捨。同治十三年大殿告成，又年餘而禪堂、僧舍、雲閣、香厨一一完竣。复墾荒田二百餘畝，以資日食。其時，僧侶如顯宗、顯梁、顯甯、顯森、顯機、顯三、顯本諸大師同心扶助，克宏佛法，以展法輪。蓋師之擁護三寶、辛苦經營，其功不在元如月、明智旭之下。主靈峰凡四十年，先後三開道場、六登戒席、明心見性、證道菩提，爲佛門巨子。光緒十九年十二月逝世。”諦隱禪師的顯字一派弟子衆多，後在各地開枝散葉。傳記中雖未提及顯道禅師，但從草創藏經寺之舉可知，他秉承了其師蓽路藍縷之風範。

最後的信士名單中，有厐成金之名，“厐”當爲“嚴”之異體或手寫俗體字。

參考文獻：

王華編：《北天目靈峰寺志》，民國二十四年（1935 年）排印本，白化文、張智主編《中國佛寺史志彙刊》第 96 册，廣陵書社，2011 年。

57.沈家門奉憲勒石碑

清光緒二十九年(1903 年)

碑文:

奉憲勒石」

欽加鹽提舉銜、賞戴花翎、調署定海直隸理民府正堂呂　為」出示曉諭事。據鄞東鄉漁柱職員史長發,監生曹顯忠、忻順富、鄭聖琅等聯名呈稱,伊等向以捕魚為業,每届秋汛,均來定洋網捕,若遇」風颶,駛往沈家門停避。又有同鄉收買鮮魚船隻,亦常在該處停泊。設遇風潮不測,每有失足落水,或中途遇盜,受傷斃命。漁戶既」駭,復被屍親索擾,情屬難堪。今伊等公議出資設立公所,延請司事,遵照各公所成議:如有船夥失足落水情形,由本公所給發喪資錢」二十四千文;若妻艾子幼,亦由公所每月給錢五百文,定其子十六歲為限,以全善舉而免擾累。惟漁汛之際,良莠聚集,或搭棚誘賭,私自」設局窩娼,伊等船夥,屢被引誘勒索。迨天晴風息,正欲開船往捕,甚至船夥疲憊抑勒,致失潮汛,漁民苦無可伸,粘抄条議,公叩示諭等」情到府。據此,除批示並諭飭司事遵照外,合行出示曉諭。為此示仰該漁戶及舵水人等知悉:爾等須知,失足落水及遇盜斃命,事屬意」外,非人所能逆料,自應各安天命,與僱主無尤。自示之後,遇有舵水失足落水及被盜傷斃者,每名由該司事給發埋葬錢二十四千文,」以示體邺。倘有藉命勒索,以及誘賭情事,許該司事指名稟府,以憑提究,其各凜遵,毋違。特示。」

計開条議:」

一、議公舉公正,紳董經办,分立柱首、帮理,以冀永安無事。」

一、對漁船照貨價每千愿出錢六文,收鮮船照貨價每千愿出錢弍文,存積公所,以作漁船風潮不測、失足落水撫恤之資,不得濫用。每至謝洋,公同揭算,以昭核實。」

一、凡遇風潮不測、失足落水,漁户既已受災,復被屍親擾害,實有不忍。公議遵照以前府憲宗定章,每人由公所給發喪葬資費錢二十四千文,免得再擾。漁户如果」子幼少,亦由公所每月給錢五百文,定其子十六歲為限,以示體卹。」

一、凡吾鄉漁船在沈家門停泊,各宜嚴禁船夥不得上岸賭錢宿娼,如有不聽約束,告知公所,趕為禁阻,免致廢事失業,以昭慎重。」

一、漁户船夥,如有被人誘嫖誘賭,訛詐勒索情事,船主告知公所,當先投保理處,如有不聽勸戒之徒,准予稟請送究,以禁效尤。」

一、凡行船屢有撞船犯網等情,必須告知董事柱首,秉公理處,不得徧袒狗私。船户亦不得私自鬥毆,各宜恪守条議,免滋事端。」

光緒二十九年二月　日給」

考釋:

《沈家門奉憲勒石碑》原位於舟山市普陀區沈家門漁港的羊府殿内,此殿舊係鄞縣東錢湖漁幫永安公所駐地,1981 年拆除改建"海港飯店",此碑被移至沈家門繆家塘路的普陀博物館。碑高 173 厘米、闊 83 厘米、厚 9.5 厘米,内容爲定海直隸廳同知吕耀弼於光緒二十九年(1903 年)二月所發布的漁業禁令。碑文開篇道,鄞東鄉漁柱職員史長發,監生曹顯忠、忻順富、鄭聖琅等聯名向官府報告,他們具體是來舟山沈家門的寧波東錢湖漁幫於光緒二十六年(1900 年)自發組建的漁業公所——"永安公所"之負責人員,所呈報之事爲所雇船工在沈家門常有失足落水或中途遇盜斃命的情况,爲了解决"尸親索擾"的問題,漁幫出資設立永安公所,懇請官府勒石公示關於船工亡故撫恤條例及漁業禁約,如有失足落水情形,由公所發喪葬錢二十四千文;若妻年長而子息尚幼,則由公所每月給錢五百文,發到其子十六歲爲止;謹防船員在漁汛之際被人誘嫖誘賭。官府根據公所請求,最後計定六條條款勒碑,如下:第一條,要求永安公所選拔柱首、幫理,應徵求地方上有身份的紳董意見,共同推舉,保證公平,以求維護漁港"永安無事"。第二條,針對捕魚漁船按照貨價每千文出錢六文,針對收集與運輸新鮮漁獲的收鮮船按照貨價每千文出錢二文,存積於公所,作爲船工身故撫恤之資,不得濫用。每至謝洋之時,公同核算賬目。第三條,規定船工身故喪葬費按舊例爲錢二十四千文,若亡者子尚幼,由公所每月給錢五百文,以其子長到十六歲爲限。第四條,漁船在沈家門停泊時,嚴禁船員上岸賭錢宿娼,如不聽約束,公所將出面攔阻。第五條,若有漁户船員被人誘嫖誘賭,受到訛詐勒索,船主告知公所,公所出面處理贖回,如有不聽勸戒之徒,送交官府。第六條,凡行船屢有撞船、犯網等情形發生,必須告知公所董事、柱首,需秉公處理,不得偏袒徇私,船户亦不得私自鬥毆。

參考文獻:

《普陀漁業志》編纂委員會編:《普陀漁業志》,方志出版社,2015 年。

俞保根、丁峰峰:《從漁港石碑,看人間真情》,張捷主編《話説沈家門漁港》,浙江大學出版社,2009 年。

58.墓志殘石

清光緒二十九年(1903)

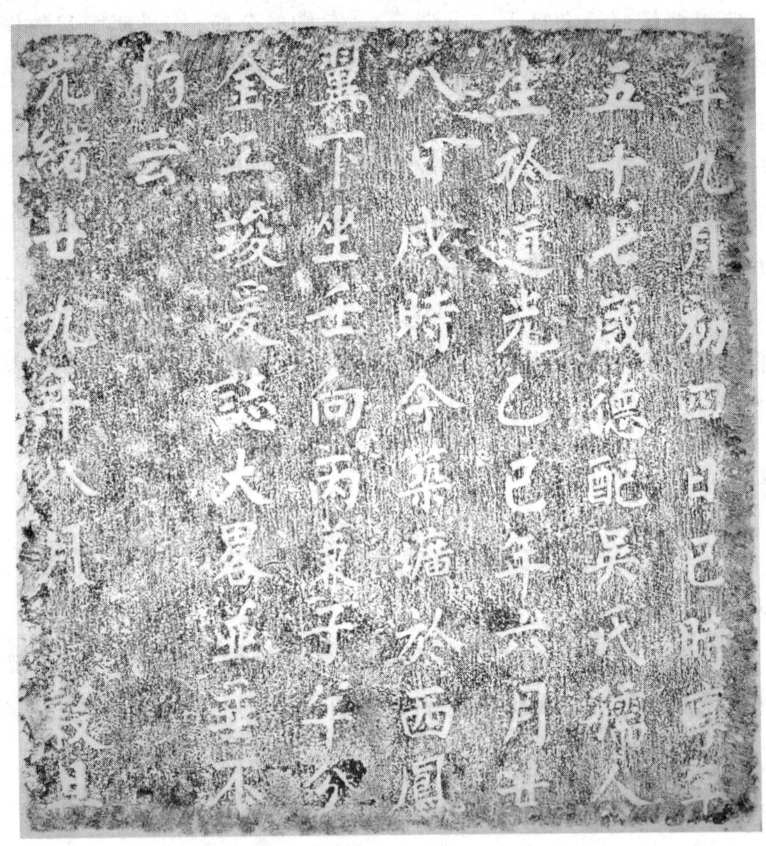

年九月初四日巳時享年
五十七歲德配吳氏孺人
生於道光乙巳年六月廿
八日戌時今葬瘞於西鳳
冀下坐壬向丙兼子午分
金工竣爰誌大畧並垂不
朽云
光緒廿九年八月穀旦

碑文：

年九月初四日巳時，享年」五十七歲。德配吴氏孺人，」生於道光乙巳年六月廿」八日戌時。今築壙於西鳳」翼下，坐壬向丙，兼子午分」金。工竣，爰誌大畧，並垂不」朽云。」

光緒廿九年八月穀旦」

考釋：

舟山市普陀區東港街道南岙村趙家岙里山路古接待寺旁，立有一方墓志銘，勒於光緒二十九年（1903 年）八月。長 66 厘米、闊 61 厘米、厚 13 厘米，共 8 行，行滿 10 字。從内容上看，缺前半塊墓志，這一塊墓志衹記載墓主逝世日期（但缺年份），以及配偶吴氏生辰、墓址方位等信息。因爲發現墓志處是張氏聚居地，疑墓主也姓張。

59.鄭家山龍王故事碑

清光緒三十年(1904 年)

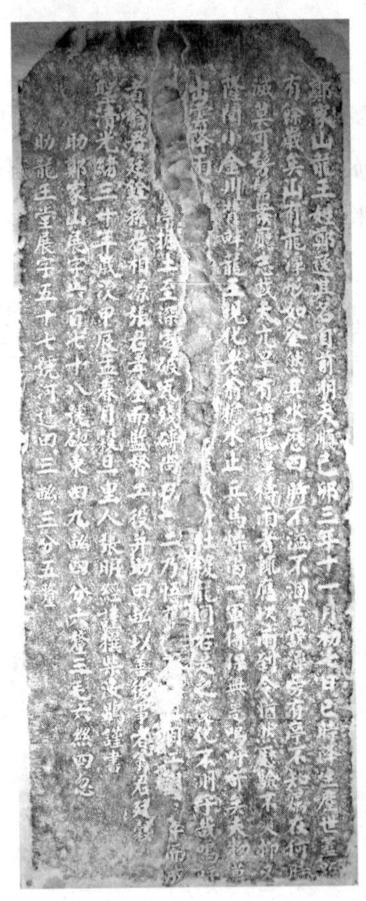

碑文：

鄭家山龍王姓鄭，逸其名，自前明天順己卯三年十一月初七日巳時降生塵世，蓋距今四百」有餘歲矣。山有龍潭，形如釜，然其水歷四時不溢不涸。舊説潭旁有亭，不知屬在何時。基址泯」滅，莫可髣髴。案廳志載，天亢旱，有詣龍潭禱雨者，輒應以雨。到今猶然，歷驗不爽。抑又聞之乾」隆間，小金川背畔，龍王現化老翁擔水止兵馬燥渴，一軍得保無恙。嗚呼！奇矣！夫物莫靈於龍，」出雲降雨，一年四季龍亭圍遶雲霧蒸氣以衛社稷，龍固若是之變化不測乎哉？嗚呼！奇矣！庚」子年清明龍亭掘土至深處，破瓦殘磚尚存一二，乃悟舊址所在地，同工役同干而成。時主募」者翁君廷銓、孫君相源、張君孝全，而監督工役并助田畝以善後事者，翁君廷穀等力而成也。」

聖清光緒三十年歲次甲辰孟春月穀旦，里人張明經謹撰，柴汝鷴謹書。」

助鄭家山展字六百七十八號碶東田九畝四分六釐三毛六絲四忽。」助龍王堂展字五十七號河邊田三畝三分五釐。」

考釋：

舟山市普陀區展茅街道翁家岙村鄭家山山脚下有一龍潭，潭邊建有一座龍王禪寺，《龍王故事碑》樹於寺前。碑底部埋於土中，高 220 厘米不止、闊 82 厘米、厚 10 厘米，清光緒三十年(1904 年)正月立。全碑内容可分爲四部分，一是關於龍王與龍潭、龍亭的簡介，二是龍王靈異故事，三是庚子年重修龍王堂的經過及主事者名單，四是助田田址和畝數。

碑文開篇講述龍王姓鄭,不知其名,生於明天順己卯三年十一月初七日巳時,即 1459 年的明英宗時代。距立碑的 1904 年,隔 445 年,中間經歷明清海禁,而人們猶能牢記龍王生日,表明或有文獻流傳,或在龍王誕辰日有祭祀民俗,可惜今日皆無存。鄭家山顧名思義是鄭姓聚居之地,現以明萬曆年間從慈溪翁家嘴遷來的翁姓爲大族,而無鄭姓,因此村名翁家岙。

中國與印度自古都有龍信仰,龍王的人格化源於《佛説海龍王經》,最早由西晋竺法護翻譯成漢文在我國流傳。經中雖未有對龍王形貌的具體描繪,但從他和佛陀的對話問答來看,已然擁有人形。衆所周知,中國的四海龍王都姓"敖",學者研究這一姓氏産生的原因,可能與密教中作爲龍族之王的西方水天有關。唐不空譯《金剛頂瑜伽護摩儀軌》云:"西方水天住於水中,乘龜淺緑色,右手執刀,左手持龍索,頭冠上有五龍",龜與鼇同類,敖姓蓋取意於此,這是一説。而舟山鄭家山的龍王獨姓鄭,富有地方特色。其實沿海多有龍信仰,截至 2008 年,舟山市民宗局登記注册的 377 處民間信仰場所中,以龍王或龍女作主神敬奉的祠廟有 14 座,作輔神的有 46 座。光緒《定海廳志》卷十三《仙釋傳》載,舟山歷史上還有一座謝龍王祠,所供的謝姓龍王是元代昌國的仙人,會求雨之秘術。

鄭家山的龍潭猶在,光緒《定海廳志》卷十四《疆域志》"鄭山龍潭"條曰:"縣東大展山,危峭不可躋。巔有大石罅,草木蓊翳。歲旱,禱之,有金絲蜥蜴出,年告稔矣。"此説本於《元大德昌國州圖志》卷四《叙水》:"鄭山龍潭,在州東大蒴村,有山危峭,不可躋攀。山之巔舊有石罅,一村民因采樵浣垢衣其間,視之則紺碧色。及其歸,若有所憑依譫言,觸龍之怒,故然後遇旱,禱之有金絲蜥蜴者出。"講的是有村民在鄭家山龍潭中洗衣,發現潭水如大海的深藍色，回去後亂講，觸怒了潭中之龍，結果造成大旱。後來經過祈禱，有金絲蜥蜴出現，纔化解了旱災。

碑文中關於廳志"龍潭禱雨應驗"的記載，蓋指以上内容。在中國，龍可降雨的觀念在久遠以前就産生了，《左傳》《山海經》等先秦古籍中都有對於"祭龍祈雨"的描寫，在佛道文獻中也能發現許多龍王降雨、龍神汲水行雨的場面。有學者通過對唐代白居易祈雨祝文的分析，認爲龍王的雨神身份之由來或與中國古代陰陽五行思想相關，可備一説。總之，在農耕文明社會裏，百姓崇敬龍王，是爲了祈求風調雨順，期盼農産豐收。

碑文中"老龍化翁勞軍"的靈異事件，并不見於光緒《定海廳志》，從"抑又聞之乾隆間"的表述來看，應是撰碑者聽聞的故事。"小金川背畔，龍王現化老翁擔水止兵馬燥渴，一軍得保無恙"之句，將舟山的鄭龍王和乾隆皇帝所發動的大小金川戰役聯繫了起來。乾隆十二年（1747 年），川西大、小金川（今四川省阿壩藏族羌族自治州金川縣、小金縣）嘉絨藏族土司之間發生内亂，傷及官軍。清政府遂出兵攻打大小金川，至乾隆十四年（1749 年）宣告軍事行動停止，但并未終止土司間的争鬥，相反却愈演愈烈。此情況致使清廷於乾隆三十六年（1771 年）至四十年（1775 年）第二次發起對該地的戰争，終於大獲全勝。清廷隨後進行了一系列改革，維護了民族間的團結，加强了對西南地區的控制。其後的碑文雖有磨泐，也可推測是撰者在感嘆龍的變幻莫測之能，與不可思議的護衛社稷之功。

龍化作普通老者的形象常見於中國古代志怪小説，而故事中舟山與幾千里之外大、小金川地區的聯繫更值得探究。鴉片戰争打響後，清廷於道光二十一年（1841 年）下令讓四川總督寶興於四川建昌、松潘兩鎮屬内挑選精兵,前赴浙江軍營聽候調遣。在這次徵調的部隊中,有金川地區的嘉絨藏族士兵兩千人。金川士兵在寧波大寶山戰役和寧鎮戰役中作戰勇敢,數次予英軍以沉重打擊。由此産生了嘉絨人所信奉的墨爾多山神顯靈來到東海上空,施大風助官兵收復了寧波、舟山等地的傳説。此傳説在嘉絨藏區流傳,這是目前能找到的舟山與大、小金川的唯一聯繫。

碑文接下去表明了碑石是爲紀念龍亭(龍王堂)重修竣工而建。光緒庚子年(1900 年)開工掘土時,發現前代的破瓦殘磚尚存一二,可證龍亭歷史悠久。從立碑時間是光緒三十年(1904 年)來看,工程持續了四年。碑中人物,如參與工役、助田的翁廷銓、孫相源、張孝全、翁廷穀,以及碑文撰者張明經、書丹者柴汝鵾等之生平皆無考。

參考文獻:

沈梅麗:《古代小説與龍王信仰研究》,上海師範大學中國古代文學專業碩士學位論文,2005 年。

凌金祚點校注釋:《宋元明舟山古志》,舟山市檔案館,2007 年。

齊德舜:《清乾隆攻打川西北大小金川戰役研究》,蘭州大學民族學民族史專業碩士學位論文,2007 年。

孫遜:《四海龍王考論》,上海師範大學中國古代文學專業碩士學位論文,2008 年。

張原:《"大自在天的傳奇"——墨爾多神山與嘉絨人的政治文化》,王銘銘主編《中國人類學評論(第 17 輯)》,世界圖書出版公司,2010 年。

史致馴、黄以周等編纂,柳和勇、詹亞園校點:《定海廳志》,上海古籍出版社,2011 年。

舟山市文化廣電新聞出版局編:《海山風物:舟山市第三次全國文物普查成果彙編》,2012 年。

樓正豪:《舟山民間信仰場所的歷史記憶》,黄家庭、王穎主編《東海發展研究》,中國紡織出版社,2021 年。

60.崇聖宫碑

清光緒三十一年(1905 年)

‖碑文：

特用道在任即補府、兼辦定防營務處、定海直隸理民府楊爲」出示曉諭事。本年四月初五日，奉」道憲高批本府詳紳耆袁昌喬等上控莊書勒索規費一案，遵批查議詳覆（中略）等因。奉查，光緒二十九年五月，本府到任之」初，據皋洩莊貢生張顯哉等，呈以莊書紙劄工食諸費。嘉慶初年，宋前縣定規每畝田取大錢拾文，地山蕩減半。乃歷久弊生，至五」六倍（中畧）等情，據經批照舊章，給示曉諭。嗣因今昔情形不同（中畧），又照會在城公正紳士與各莊紳耆、殷户公同會議，旋即」飭據紳士陳澧荃等，以會同各莊紳耆再三斟酌，因時制宜，公議援照已故舉人胡祖芳等所議章程（中畧）。聯名呈請示諭等情，」當核所擬數目，雖與嘉慶初年相懸，較之現在莊書多索之數，固已大減（中畧）。旋據袁昌喬等控奉前因，又經本府開誠布公，通」諭各鄉紳耆來城會議，除東南各莊本無異言，均願聽候官定，並原呈廩生袁昌喬業已病故外，當據紫微莊廩貢黄家橋等議定」給付。章程内開民間賣買，不論田地山蕩，每畝給開除英洋貳角，屋地、坟地同。新立户管每本給英洋肆角。兄弟分拍產業每畝給」方錢伍拾文。每年秋收後每畝給工食穀壹觔，或給錢拾文，聽從民便（中畧）。公叩轉詳，出示曉諭等情前來，除批示並詳覆外，合」行開列曉諭。爲此示仰城鄉各粮户及莊書人等一體遵照，詳定後開試辦章程數目，分别付給收取，不准多索，致干查究（中畧）。」各宜凜遵，毋違。切切，特示。」

計開：」

一、賣買田地山蕩，每畝給英洋貳角，以作開除。屋地、坟地同，毋得增減。惟蕩田與民田有别，每畝酌減壹角。」

一、議新立户管，每本給英洋肆角，毋得增減。」

一、議兄弟拍產，不分田地山蕩，每畝給錢伍拾文。」

一、議每年秋收，每畝給穀一觔，或給錢拾文，以作工食，毋得增減。不願給穀者，給錢拾文。」

光緒三十一年六月十六日給，發白泉庄」

考釋:

《崇聖宫碑》位於舟山市定海區白泉鎮電廠路崇聖宫内，1994年出土於崇聖宫遺址廢墟，高189厘米、闊73厘米、厚12厘米。爲定海直隸廳同知楊小荔於光緒三十一年（1905年）六月十六日所發布的、關於革除定海西鄉莊書弊端之示諭。崇聖宫於宋初本祀關帝，北宋仁宗寶元元年（1038年）僧神照駐錫於此，更名崇聖庵。清康熙展復後，百姓將紫微老東岳殿移入，今重建後的崇聖宫仍以東岳大帝爲主神，不過《崇聖宫碑》内容却與宫廟沿革變遷史無關。

碑文開頭道，本年四月初五日得到寧紹台道高英對定海直隸廳所呈、關於紳耆袁昌喬等上控莊書勒索規費一案的批復。“莊書”是清朝官府繕造徵糧清册的書手，“規費”指按陳規賄賂“莊書”的費用。清廷捐目繁多，各地莊書乘機盤剥，造册起底、查户過糧，皆收小費。碑文稱，光緒二十九年（1903年）五月，同知楊小荔上任之初，便接到皋泄莊貢生張顯哉等人的報案，清查莊書勒索規費之事。原先於嘉慶初年，定海知縣宋如林所定規費爲每畝民田取大錢十文，蕩田減半，即取五文。然而，後來各項規費五六倍地增長，使廣大農户無法接受。於是楊同知根據當下情形，照會定海城内公正紳士與各莊紳耆、殷户共同商議，又命紳士陳澧荃等會同各莊紳耆再三斟酌，以已故舉人胡祖芳等所議章程的規費爲參考。

此金額雖與嘉慶初年相比懸殊,但較現在莊書勒索數目已是大減。

由於控诉方廩生袁昌喬已病故,最終根據紫微莊廩貢黄家橋等議定的金額給付,訂立如下四條章程。第一條,無論賣買田地、山蕩,每畝付給莊書英洋貳角,屋地、坟地相同,不得增減。衹有蕩田與民田有别,每畝酌减壹角。第二條,新造户管田册,每繕造一本,支付莊書英洋肆角,不得增減。“户管”指缴纳田赋之民户可自由經營相應土地的執據。第三條,兄弟分産,不分田地、山蕩,每畝付給莊書錢五十文。第四條,每年秋收,作爲工錢,每畝支付莊書穀一斤,或給錢十文,給穀或給錢可自願選擇。

此碑勒成樹立之後,白泉、皋泄、北蟬諸莊鄉民皆大歡喜,西鄉岑椗諸莊紳耆紛紛呈請勒碑,楊同知亦一概准行,但遭到城鄉四百多名莊書的强烈反對,此規直接損害莊書利益,要求更改。楊同知生怕莊書因此不爲衙門效命,反悔前批。此舉引起定海西鄉八莊鄉民鳴鑼聚衆上萬,進城搗毁廳衙。浙江提督軍門派防軍馳往定海,暴動終被彈壓,莊書弊端亦未革除。此事端末,詳見方長生《崇聖宫碑與定海八莊農民暴動》一文。

參考文獻:

《白泉鎮志》編纂委員會編:《白泉鎮志》,中國書籍出版社,1996年。

方長生:《崇聖宫碑與定海八莊農民暴動》,《海中洲》,2000年第2期。

史致馴、黄以周等編纂,柳和勇、詹亞園校點:《定海廳志》,上海古籍出版社,2011年。

徐偉:《清代歸户文書研究——以徽浙地區爲中心》,浙江師範大學中國史專業碩士學位論文,2020年。

61.衢山东岳宫勒石永禁碑

清光绪三十二年(1906年)

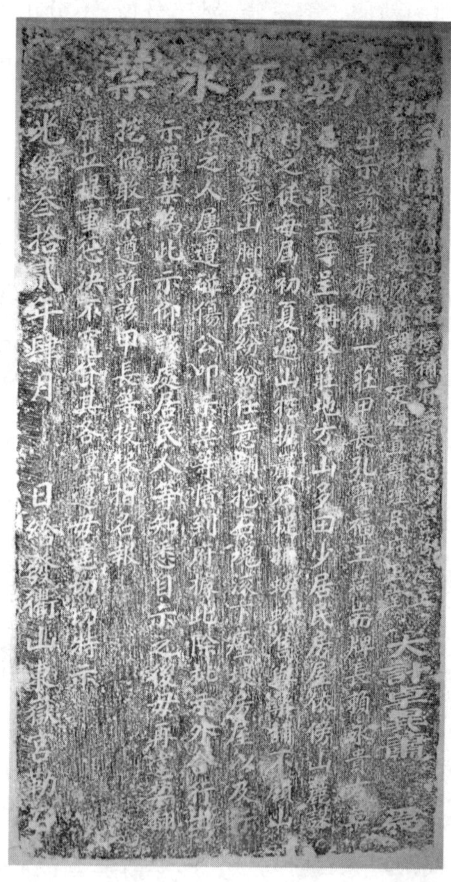

碑文：

勒石永禁」

欽加三品銜、補用道在任候補府、兼辦定防營務處、正任杭州中塘海防府、調署定海直隸理民府正堂、大計卓異蕭　為」出示諭禁事。據衢一莊甲長孔寶福、王燕岀，牌長賴永貴、方苹」□、徐良玉等呈稱：本莊地方山多田少，居民房屋依傍山麓，謀」利之徒每屆初夏，遍山挖掘巖石，捉捕蜈蚣，售與藥舖。不顧山」中墳墓、山脚房屋，紛紛任意翻挖，石塊滾下壓壞房屋，以及行」路之人屢遭碰傷。公叩示禁等情到府，據此，除批示外，合行出」示嚴禁。為此示仰該處居民人等知悉：自示之後，毋再違禁翻」挖。倘敢不遵，許該甲長等，投保指名報」府，立提重懲，決不寬貸。其各凛遵，毋違。切切，特示。」

光緒叁拾貳年肆月　日給，發衢山東嶽宫勒石」

考釋：

《衢山東岳宫勒石永禁碑》嵌於舟山市岱山縣衢山鎮桂花園村東岳宫墻内，高 92 厘米、闊 47.5 厘米，内容爲定海直隸廳同知蕭治輝於光緒三十二年（1906 年）四月發布的、關於規範衢山蜈蚣産業的示諭。碑文道，據衢一莊甲長孔寶福、牌長賴永貴等呈稱，本莊山多田少，民房依傍山麓，因此有謀利之徒，每到初夏便遍山挖掘岩石，捉捕蜈蚣，售與藥鋪。蜈蚣一般生活於岩底、磚縫，他們任意翻挖他人墳墓、屋墻，造成石塊下滾壓壞房屋、碰傷行人之後果，所以請求官府發布公告，嚴禁隨意翻挖的行爲。官府因而勒碑示禁，倘若有不遵守者，經該甲長舉報，定當重懲。保、甲、牌，均是清代的基層管理組織，清順治初年於州縣城鄉十户立一牌，設牌長；十牌立一甲，設甲長；十甲立一保，設保長，亦稱保正。從碑文可知，當時衢山島分衢一莊、衢二莊兩個行政單位，隸屬蓬萊鄉。其地從古至今蜈蚣産業發達，湯濬 1918 年所纂《岱山鎮志》卷十九《物産志》載："蜈蚣，春夏之交，鄉村兒童上山采捕，以竹箭撑之，賣與收客，用焙乾，裝往甬江，轉賣與藥行内，每年所出不下數十萬條。案《昌國典詠》云磨心嶺土人種蜈蚣以爲田，供藥肆之采用，則此物由來已久，但今未聞有種者耳。"2013 年版《衢山鎮志》稱："金頭蜈蚣爲衢山特色，年捕捉量百萬條以上，居全國首位。"如今每年五月休漁期，衢山島漁民便"改行"采捕金頭蜈蚣，既增加收入，又填補了休漁期空白。

蕭治輝，字藴齋，廣西臨桂人，舉人出身，長期在浙江各地任職。光緒三十二年（1906 年）爲定海廳同知，當年便因病假離職。清廷考核其政績爲"卓異"，故碑文中有"大計卓異"之詞。

參考文獻：

《衢山鎮志》編纂委員會編：《衢山鎮志》，浙江人民出版社，2013 年。

湯濬撰，陶沙、陶和平、毛久燕點注：《岱山鎮志（點注本）》，岱山縣檔案局（史志辦），2019 年。

孫峰：《衢山東岳宫有一通〈勒石永禁〉碑刻》，《舟山晚報》，2022 年 6 月 12 日。

62.公禁水井碑

清光緒三十三年(1907 年)

‖碑文：

公禁水井」

古者國制，首重里井，所以濟飲食也。入我肚兜隩一帶居仙峰之」麓，泉源清洌。有古井三，□方□焉，歲久頹圮穢濁。茲因同人彙議」出資修甃，事竣，僉云：“非立禁碣，無以端本清源。”議定上井爲飲泉，」不能□濁；中井爲淨泉，衹許用水洗衣物等用；下井為濁泉，任憑」盪滌穢器等用。自禁之後，各宜遵照，永守公規，如有執拗犯禁者，」罸大錢四百文，決不徇情。茲誠同人各宜洗心毋違，特」告。」

光緒丁未年夏五月　日，公禁立」

‖考釋：

《公禁水井碑》位於舟山市定海區金塘鎮仙居村肚斗岙中弄路吴家井，高 105 厘米、闊 61 厘米、厚 10 厘米，爲光緒三十三年(1907年)五月修繕吴家井潭後所立公禁條例。吴家井潭全長 18 米、寬 6 米，分出三泉，即一井两潭，有不同功用。其中，井水爲飲泉，位於潭東北側，呈正方形，邊長 1.6 米、井深 3 米。碑文稱，古代國家制度中，最重視鄉里造井，因爲井是百姓飲食之源。肚兜岙位於金塘第一峰仙人峰之麓，泉源清洌，有村人積石修成的三口古井。據研究，吴氏自清雍正年間(1723—1735)由寧波小港青峙遷入金塘，吴家井即是遷來肚兜岙時首鑿，距今近三百年。至清末光緒年已是井欄頹圮、井水穢濁，於是村民合議出資修復井壁，事竣立碑，訂公禁條例如下：上井爲飲泉，不許洗滌；中井爲净泉，衹許洗衣；下井爲濁泉，任憑蕩滌穢器等用。如有犯禁，罰大錢四百文，決不徇情。

參考文獻:

舟山市文化廣電新聞出版局編:《海山風物:舟山市第三次全國文物普查成果彙編》,2012 年。

孫和軍編著:《水孕定海山》,中國文史出版社,2021 年。

63.趙家祠堂碑

清光緒三十三年(1907年)

碑文:

竊思富貴榮華乃天主張,由不得我;勤勞儉約乃我主張,由不得天。夫勤與儉斯熾且昌,故諺有之曰“大富靠天,小富由勤儉”,豈虛語哉?予生於寒素之家,幼失怙恃,既無恆產,鮮之提攜,」致髫齡□□□□□痛苦已甚,何堪言?承費□□□□□□□□□□□□成活。祖宗德蔭,頻年以儉稍可積聚,置買住房幾間,又買山田幾畝、平田幾畝,為□族□祖祀無多,願將」自置田畝助入敬脩堂,永遠為業。分作兩股,一股□□入祖祀,俾各房子孫隨祀,輪流春秋上祭之需。又一股助恤嫠會,凡吾族中或遇不幸子孫輕年身故,上有高堂,下有弱媳,其妻松筠」節操□□,他所缺者,無可贍養。准其宗長處報名入冊,每月每人給洋五角,計人口之多寡,定數目之高下。俾年輕孀婦仰侍俯育,衣食有賴,不致凍餒矣。所慮田產無多,心力難」支,惟冀後人慷慨樂助,多多益善,則予所願望焉。今將條約勒石列後:一議所助田畝,永遠歸敬脩堂,輸糧管業,出息收花,隨時輪祀。每年添設羹飯兩席,在李趙氏祖宗前各分一」席,以垂永遠香火不替。一議所助田畝,不准子孫恃强租出,並不得私自抵押得價變賣。已將一切章程,稟縣立案。倘有不法子孫但敢强橫阻輪,私抵押賣諸般等事,請縣追究,」治以不肖之罪,後悔不及。一議族中或遇不幸有孀婦輕年守志者,可向敬脩堂宗長處報名入冊,每月每人領洋壹元,以作贍養之資,以本年為限,逾期停給,併外姓不在此列,決不徇情,如後有」盈餘,可再定章程。一議孀婦其子既已成立,理宜歸償,多寡不計,任從自便。得有子孫置產慨助,彼此幸甚。一議所予乃趙氏公產,向來收花亦歸敬脩堂管理。倘有損壞等情,亦歸敬脩堂」修理,不涉各房下之事。一議所置辦器皿，併碗碟一切等件不得失去，倘有遺失損傷，均向值祀照數賠償，不得私徇。一議各房下子姓，宜恪守章程，不得紊亂規模。倘有不法之徒，不服訓」誨，任宗長理論，如不處置，再核。一議每年銀歸宗長，洋銀□□□酬謝其勞。一議設立敬脩堂祀簿一本，併條約章程，一切載明簿上，不得遺失。每年交值祀子姓，挨次輪傳，永遠照行。」一議恤嫠會設立簿據一本，將一切章程修約錄入，亦不得遺失，倘有失去等情，照敬脩堂石碑抄錄補償。一議將所助田畝、器皿□數□開列於後。一議後代子孫如有□族」規程□□□□□等情，□罰□□兩□□□四□，併照……」祀田田則開列於後……皋字叁千另八十七，土名千□□□，計田一畝七分八厘九毛九絲二忽□□□。」皋字三百八十一，土名王家□，田五分三厘七毛六絲七忽。字仝，三千三百八十三，土名仝，田三分五厘五絲七忽。□丈一户民田□□□□字三千□百九十一，土名□千□，田一畝九分九」厘九絲五忽。仝三千七百九十五，土名仝，田一畝一分二厘九毛一絲七忽。仝三千七百九十六，土名□□□，田一畝四分□□□丈一户民田□□□□。皋字一千七百九十，土名□千，田四畝三分三」厘一毛六絲七忽。又民地細則列後。皋字三千三百九十三，土名王□□□□伍分八厘。□八十四，土名□地□□□分四厘……皋字三百九十四，土名□，田八十」壹分四厘……七十五，土名仝，田一畝三分……皋字三千七百八十五，土名□□，田四畝四分八厘□毛八十四忽……二厘七毛□絲。皋字三千七百七十七，土名□□□，田一畝五分五厘。」又民地細則列後。皋字六千二百三十七，土名王□□□……屋後……方……一切莊內祖坟面前民地……」

光緒三十三年十二月二十日，敬脩堂趙氏世裔孫德潤謹志」

‖ 考釋：

《趙家祠堂碑》立於舟山市定海區白泉鎮潮面村趙家祠堂内，高 165 厘米、闊 67 厘米、厚 10 厘米，磨泐嚴重。碑文爲趙家富商趙德潤出資修葺趙家祠堂、設"恤嫠會"所訂祠堂管理細則及捐助田産清單，由趙德潤本人於光緒三十三年（1907 年）十二月二十日撰文并立碑。康熙展復後，趙姓由慈溪移居舟山潮面，迄今三百餘年。至清末，出了被趙家後人稱作"發財公公"的趙德潤，他年輕時去上海灘闖蕩，最初向外國輪船推銷船上生活用品，爲外國船員供應各種物資，後來在上海十六鋪碼頭經營船舶服務商行，凡船上所需糧食、蔬菜及各類船上用品一應俱全，於滬上頗有名氣。因此發了大財，并帶諸多趙家子弟去上海灘發展。

碑文開篇，趙德潤認爲雖然富貴榮華乃是天定，但勤勞儉約確是個人主動養成的習慣，勤儉帶來家族熾昌，所以諺語説"大富靠天，小富由勤儉"，即機遇與勤儉是創業成功的條件。趙德潤回顧自己生於寒素之家，幼年父母早逝，没有家産，又無人提攜。後面文字漫漶不清，根據采訪，大意推斷他的童年生活艱辛，被李家抱養纔能成活於世。後蒙祖宗德蔭，靠勤儉積聚錢財，遂决定將自置山田、平田永久捐助入趙家祠堂——敬修堂，所得田産租息分作兩股，一股用於各房子孫輪流春秋上祭之需；另一股用於"恤嫠會"，凡族中或遇不幸子孫輕年身故，上有高堂、下有弱媳，無可贍養者，均可在宗長處報名入册，每月每人給洋五角，按人口多寡定金額數目。

接着，趙德潤列出祠堂管理章程，共十一項條例。第一條，所助田畝永歸敬修堂，由各房輪流經營納税，租息用於祖祀。祭祖時設羹飯兩席,在李趙氏祖宗前各分一席,以垂香火不替。祭祀李家先祖的理由是,趙德潤從小被抱養至定海干覽李家,成爲李家人,趙家人後來也稱他“李家老大人”。第二條,子孫不得恃强租出助田,亦不得私自抵押變賣,違者嚴懲。第三條,族中若有年輕守志孀婦,可向敬修堂宗長處報名入册,每月每人領洋壹元,以作贍養之資,以本年爲限,逾期停給。外姓不在此列,如以後有盈餘,可再定章程。第四條,孀婦之子成人自立後,理應償還贍養資,多寡不計,任從自便。第五條,倘有孀婦之子孫捐助,均屬趙氏公産,收租亦歸敬修堂管理。公産損壞,由敬修堂負責修理,與各房無關。第六條,祠堂所置辦器皿,包括碗碟一切物品不得弄丢,倘有遺失損傷,向值祀照數賠償。第七條,各房下子孫都應恪守章程,對不服訓誨之徒,再次審查,加以處置。第八條,設立敬修堂祀簿一本,將條約章程載明簿上,每年交值祀子姓輪流保管,不得遺失,永遠照行。第九條,設立恤嫠會簿據一本,將一切章程修約録入,亦不得遺失,若丢失,照敬修堂石碑抄録作爲補償。第十條,將所助田畝、器皿數量開列於碑後。第十一條,後代子孫如有違反規程者,處以罰款。後面磨泐不清,爲祀田田址字號、土名、畝數等細則。

參考文獻:

孫峰:《百年前白泉潮面村的“發財公公”》,《舟山晚報》,2021年8月1日。

64.佛渡島奉憲殘碑

清光緒年間

碑文：

奉憲（勒）石永（禁）」

……叩，給（示）勒石等情到府。據此，除（批）（示）外，合行出示，勒石永禁。為此示仰該船戶舵工、水手及農戶、僱」工人等知悉：爾等須知，受僱出洋，災生莫測，理宜各安天命，與僱主無尤。自示之後，遇有舵工、水手失足」落水傷斃者，仍照議定章程，每名由僱主給恤錢弍拾四千文。在船因病身故者，每名給錢拾弍千文。若」觸石，船貨俱亡者，給錢捌千文，以作招魂埋葬之資。若農戶、僱工人等有病疾災生斃命，仍照章程同式。」倘有藉命勒索情事，許即指名稟府，以憑提究。各宜懍遵。毋違，特示。」再有船工及農工等，僱傭年月不足，工錢按日照除，并（示）……」

考釋：

《奉憲殘碑》位於舟山市普陀區六橫鎮佛渡島關聖殿内，爲一條殘石，高 187 厘米、闊 25 厘米、厚 17 厘米。碑額應是"奉憲""勒石永禁"等字，從碑文所載船員身故撫恤章程内容推斷，石碑大概立於清光緒年間。殘碑僅剩結尾部分，由定海直隸廳出示曉諭，規定遇有舵工、水手失足落水傷斃情况，按照議定章程，由雇主發給撫恤金二十四千文；若是在船因病身故情形，給錢十二千文；若觸礁石，船貨俱失，給錢八千文，作招魂埋葬費用。如果農户、雇工等有疾病、灾生斃命，亦依此章程賠償。對於家屬藉尸勒索行爲，嚴懲不貸。最後一句"再有船工及農工等，雇傭年月不足，工錢按日照除"，因無下文，語意不詳。

佛渡島位於寧波梅山島與舟山六橫島之間，佛渡水道爲南北航運交通要衝,也是魚類洄游、栖居之場所,佛渡居民向以捕魚爲業,多從事近海沿岸張網作業。據民國《定海縣志》卷五《魚鹽志》載,定海六横佛肚(佛渡)幫於清光緒二十四年(1898 年)在朐山(衢山)組建仁和公所,擁有大箭船約一百四十隻。關於漁業傷亡的撫恤章程,亦見於道光三十年(1850 年)《司基東岳宫奉憲勒碑》、光緒元年(1875 年)《海不揚波碑》、光緒二年(1876 年)《漁商農莆碑》、光緒十二年(1886 年)《衢山勒石永禁碑》、光緒二十三年(1897 年)《嵊泗黄龍勒石永遵碑》等,其中除光緒元年(1875 年)《海不揚波碑》、光緒二年(1876 年)《漁商農莆碑》章程規定所發喪葬費爲二十千文之外,其他碑均與《佛渡島奉憲殘碑》二十四千文的金額相同。因道光三十年(1850 年)爲道光帝在位最後一年,故推斷《佛渡島奉憲殘碑》的樹立時間在光緒朝的可能性更大。

參考文獻:

陳訓正、馬瀛等纂:《定海縣志》,民國十三年(1924 年)鉛印本。

孫峰:《佛渡島上的一通涉漁碑刻〈奉憲勒石永禁〉》,《今日普陀》,2021 年 3 月 4 日。

65.上井潭公禁碑

清

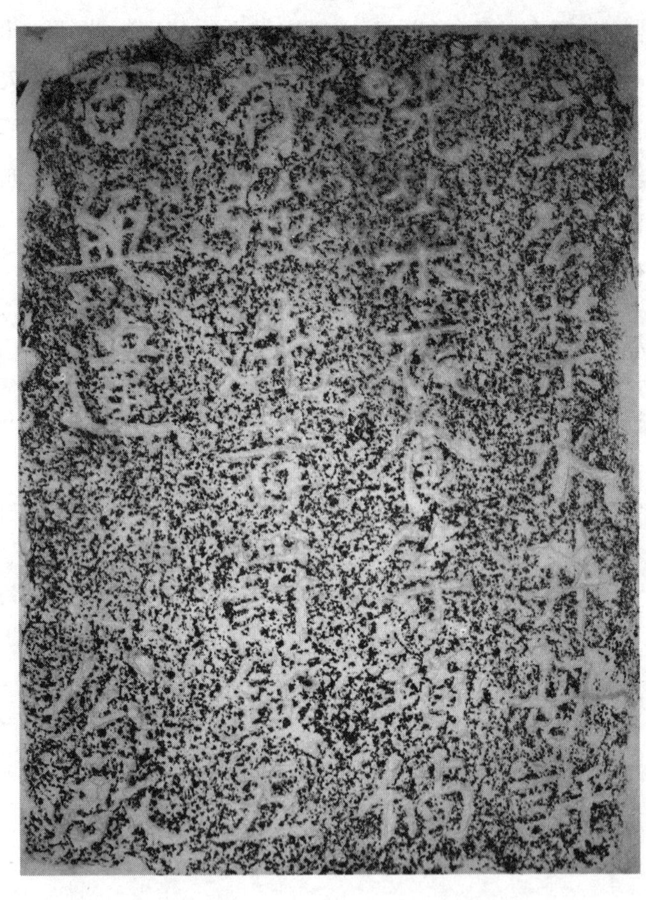

碑文:

立公禁。水井毋許」洗菜、衣、食等項,倘」有強洗者,罰錢五」百。無違。公啟。」

考釋:

《公禁碑》位於舟山市普陀區展茅街道上潘孫上井潭邊,高35.5厘米、闊26厘米、厚10厘米。上井潭井口寬65厘米,爲上潘孫村現存最古老的水井。孫家祖堂堂號"燕翼堂",爲慈溪横河孫家境宗祠一脈,清順治年間遷來舟山。碑文公禁規定,水井不准洗菜、洗衣、洗食物,若有强行洗滌者,罰錢五百。從貨幣爲銅錢來看,此碑立於清代的可能性較大。

66.汪祖賢墓志殘石

清

希聖公名祖賢生於
嘉慶十六秊三月配
任氏早卒續配翁氏
子一名日榮孫長名
槐堂次名桂堂三名

‖碑文：

希聖公名祖賢，生於」嘉慶十六季三月。配」任氏，早卒；續配翁氏。」子一名日榮。孫長名」槐堂，次名桂堂，三名」……

‖考釋：

汪祖賢墓志殘石被發現於舟山市普陀區徐荷綫西新塘村的一片竹林中，汪氏墳塋在山上，并不在同一位置。墓志高 70 厘米、闊 43 厘米、厚 13 厘米，志文正書，滿行 8 字，筆法工整，惜内容不全，簡單記述了墓主汪祖賢生於嘉慶十六年（1811 年）三月，以及配偶和子孫的姓名，餘下的墓志殘石無處找尋。勾山新塘村汪家，始遷祖文如公，於清朝海禁後由慈溪陸家埠遷居定海歸家嶺，又遷居大岙溪頭新塘，生二子餘順公、餘清公。祖字輩爲第三世，祖賢爲餘清公長子。新塘汪氏遷居舟山以來，開枝散葉，已歷十代，現族人主要定居於普陀勾山、沈家門等地。

‖參考文獻：

《舟山家譜書目提要》編輯委員會編：《舟山家譜書目提要》，2017 年。

67.湯岙殘碑

清

碑文:

……産,必是裝載。沙卵、沙片一少,則潮水汎没山」墩,漸頹為沙塗。傷損山地猶可,而壞郵古墓,」陰過何如?蓋我也,純良民族,由是一知,非動」此處一丸一石,特立禁□□襲萬年,為此禁。」

考釋:

《湯岙殘碑》發現於舟山市定海區白泉鎮北蟬湯岙,殘碑高163厘米、闊32厘米、厚8.5厘米,年代推測爲晚清,内容大意爲禁止采挖海岸沙石。碑文結尾稱,沙卵、沙片一少,漲潮時,潮水將泛濫淹没山墩,逐漸使山包變成沙泥沉積的灘塗。這樣下去,傷損山地猶可原諒,破壞古墓,虧了陰德則如何是好?作爲純正善良之人,應知不能動此處的一丸一石,特此樹立禁碑,以垂永久。

68.公禁方漕碑

清—民國

碑文:

公禁方漕」

茲因導浚,此漕以後毋許……」亦毋許洗足,如遇天旱,切……」乾。是有水則留樣,以備各……」用。倘有拗執不遵此議,罰……」恭寬……」

考釋:

《公禁方漕碑》位於定海區金塘鎮大浦社區大象鍾家方槽邊,高 68 厘米、闊 45 厘米、厚 8 厘米,下部文字殘缺,蓋埋於地下。鍾家方槽相傳建於兩百多年前,長 17.55 米、寬 14.36 米、深 4 米,四周有矮墻圍護。原有三個水漕,一是方漕,二是洗漕,三是漚漕,方漕爲飲用水源,今漚漕不存。碑文大意爲水道疏浚之後,方漕之水不准洗衣、洗足,如遇天旱切勿讓方漕乾涸。有"水則"留樣,以保持一定水位。倘有執拗不遵此議之人,則罰款。因有關金額部分的文字缺失,不知貨幣單位,無法斷定準確立碑年代,蓋爲清至民國間。

參考文獻:

舟山市文化廣電新聞出版局編:《海山風物:舟山市第三次全國文物普查成果彙編》,2012 年。

舟山市水利局、浙江國際海運技術職業學院、嵊泗縣海洋文化研究會編著:《井裏乾坤:舟山的井與井文化》,寧波出版社,2020 年。

69.徐氏宗祠禁碑

民國二年(1913 年)

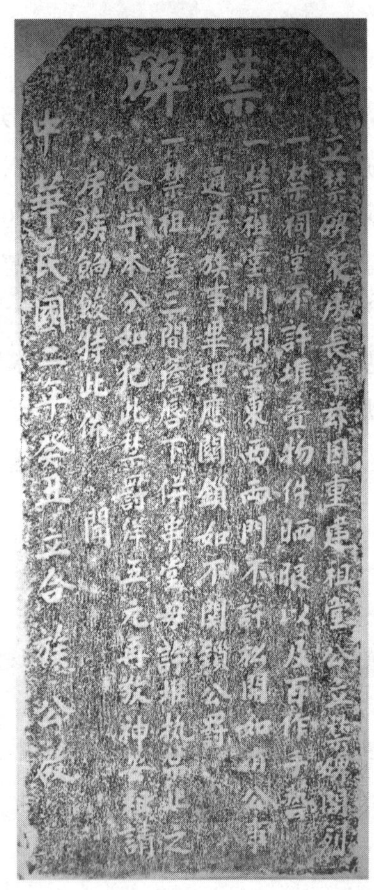

碑文：

禁碑」

立禁碑。衆房長等，兹因重建祖堂，公立禁碑開列：」

一、禁祠堂不許叠物件、晒晾以及百作手藝。」

一、禁祖堂門、祠堂東西两門不許私開，如有公事，」通房族事畢，理應關鎖，如不関鎖，公罚。」

一、禁祖堂三間簷唇下併串堂，毋許堆。执禁止之，」各守本分，如犯此禁，罚洋五元，再敬神安祖，請」房族餉餕。特此佈聞。」

中華民國二年癸丑立，合族公啟」

考釋：

《禁碑》位於舟山市普陀區展茅街道路下徐村徐氏宗祠内，高157厘米、闊63厘米、厚6厘米，立於民國二年（1913年）。據2013年編印的《展茅路下徐：徐氏宗譜》稱，明崇禎十六年（1643年），鎮海徐姓兩户分遷蘆花舵岙、展茅路下，路下徐始遷祖爲子雲公，當時定海尚屬海禁之地，始祖冒險攜家而遷。徐氏宗祠初建於清中葉，有祖堂一間一舍，後增建穿堂一間。碑文開頭講，因重建祖堂而公立禁碑，指的是清宣統元年（1909年）徐氏續修祖堂，歷時半年修葺一新，并懸掛"積善堂"匾額。故新定宗祠禁約有如下三條：第一條是禁止在祠堂内堆叠、晾曬物件及作百工手藝；第二條是禁止私開祖堂大門、祠堂東西两門，如有公事，各房族議事結束，必須鎖門，否則公罰；第三條是禁止在祖堂三間屋檐下、穿堂内堆放物品。這三條如有違禁，不僅要罰五元大洋，最後還要請各房族祭祖之後會宴。

參考文獻:

徐氏宗譜續修小組:《展茅路下徐:徐氏宗譜》,2013 年。

70.沈家門永遠勒石碑

民國四年(1915年)

▍碑文：

永遠勒石」

定海縣知事魏　為」出示曉諭事。案奉」會稽道第五〇四號飭開：據鄞縣漁業總董王世釗、戴廷祐等稟稱：竊敝帮漁業，歷世已久，迨前清光緒初年，始舉柱首。奉省稟辦理書篷烙號事件，嗣復設立永安會為公」所之基礎，至光緒二十六年，始立永安公所。踰年，始建羊府殿于定海之沈家門。永安公所即坿設殿內廂房，訂定章程，以資遵守。光緒三十三年，公所改組，經第二次改訂」章程，由前甯紹台道喻批定，並飭前定海廳錢出示曉諭，各在案。今因時事更移，公所章程亦須畧度，業經上月召集柱首開會，公議議定第三次改訂章程，沿用舊章者居」什之七八，為此具稟，叩請批准立案，一面行文定海縣出示曉諭，俾各漁户遵守章程，維持實業，曷勝盼禱之至等情，並粘抄章程前來。查該商等稟稱，由前甯紹台道喻批」定，並飭定海廳錢出示曉諭，各在案。是否屬實，本公署無案可稽。為此飭，仰該知事查抄舊案，並將該商等現在所辦實在情形，併案查明，詳候核奪。計粘抄章程等因，當以」該公所設立於縣屬沈家門，曾經金前知事批准立案，現在循舊辦理。惟光復以前，案卷散佚，無可稽考，即經抄錄原案，備文詳覆在案。兹奉」會稽道第一一八九號批開：詳暨抄案均悉，該公所既係循舊辦理，應查明前案，出示曉諭可也等因。奉此，合行抄錄章程，出示曉諭。為此示仰各漁户人等一體遵照毋違。該」公所附設巡緝局，專司巡查竊賊，係為保護漁業，補助軍警不及起見，務須認真巡緝。如有緝獲竊賊及其他違法人犯，仍應循舊報送警察分所，解縣究辦，毋得擅訊及徇」情庇匿，致干咎戾，其各凜遵，毋違。切切，此示。計抄發章程附後。」

甯屬漁商永安公所第三次改訂章程:」

一議公所董事由衆柱首公舉,司事經理由董事及柱首延請。一議公所每年收付賬目,限定七月中旬會同揭算,標紅聲明。另立簿據二本,一存司年柱首,一存董事。」舊有永安會賬目,亦扵是日揭算。一議公所餘銀,每年由董事及柱首公存公放,扵七月中旬算賬日交出清單公開。一議嵊山洋面為江浙交界處,實盜賊之淵藪,歷年」來由本帮漁户出貲自辦護船,已歷數十年。迨辛亥冬,海氛益熾,定鎮兩帮亦願聯合,命名為鄞定鎮漁業民團,其不願合者聽之。一議民辦護船,每年呈由外海水警廳」長批准,所舉管駕亦由廳長給發委任狀,以符水警章程。一議沈家門為外海巨鎮,五方襍處,良莠不齊,向由巡緝局已歷多年,歸本公所承辦案,由定海縣批准。一議」船夥如有失脚落水,其家属不得向船户滋擾,向例由船户給喪葬洋念肆元,或由船户酌量從厚者,聽之;其妻艾子小者,由公所每年給洋陸元。一議漁夥如有預支未」清,別漁户收用,須將預支照數承認歸結,或有托病另跳別船者,除預支由後漁户聽償外,另行議罰。一議各船行駛,如有碰撞或犯網等情,必須告知公所,和平理處,不」得私自鬭毆,致生事端。一議漁夥在岸上,或被拴勒贖,以致耽誤潮花,妨礙實業,曾經前定海廳出示禁止,勒石在案,今仍遵照奉行。一議穀雨後小水時節,沈家門遊」手往往抖攬漁船之貨,壟斷專利,曾經具稟前定海廳禁止,今亦照行。一議公所經費,向章每對洋肆元,恤嫠費每對洋肆角,醮費每對洋叁角,其餘護船經費,臨時公議」酌定。一議公所各友薪水按月初二日給發,預支一概不准。一議公所各友如有賭博及舞弊等情,察出即行歇業。至扵抖收影戲之數,由担保人賠償。一議」本帮所捕之魚,冬季以帶魚為大宗，春季以小黄魚為大宗，夏季以大黄魚、目魚為大宗，至其他種類，如青箭、白鯧、馬膠、比目、鯊魚、虎魚、米魚、毛鱠、鰻、蝌之類，不勝枚舉。」捕魚用兩船相對，一名網船，一名煨船，故曰對魚船，船身長五丈，濶一丈，船夥十四人，船主稱曰長年。」其船多以九月初出洋，五月初回家，亦有三月中回家，再行出洋者，均以陰歷計算。小對及拖船，以四月初出洋，六月中回家。本帮大對船約三百對，小對船約三百對，墨魚」拖船合姜山帮約二千餘隻。」

中華民國四年二月五日」

考釋：

《沈家門永遠勒石碑》原位於舟山市普陀區沈家門漁港的羊府殿内，此殿舊係鄞縣漁幫永安公所駐地，1981 年拆除改建“海港飯店”，此碑移至沈家門繆家塘路的普陀博物館。碑高 180 厘米、闊 87.5 厘米、厚 9.5 厘米，内容爲定海縣知事魏大名於民國四年（1915 年）二月五日發布的寧屬漁商永安公所第三次改訂章程。

碑文開頭的“會稽道”，爲民國三年（1914 年）六月所置，轄原清朝寧紹台道各縣，1927 年廢，各縣直隸浙江省。定海縣得到會稽道第五〇四號飭令，稱鄞縣漁業總董王世釗、戴廷祐等禀告，鄞縣漁户很久以前就有漁幫組織“永安會”，自清光緒初年，開始選舉負責人——柱首。會稽道曾奉省命，將幫名書於篷帆、烙於船舷，成爲“永安會”改作公所的基礎。光緒二十六年（1900 年）永安公所成立，翌年沈家門建羊府殿，永安公所辦公地點即附設於殿内厢房，并訂定了章程。光緒三十三年（1907 年），第二次改訂章程，由前寧紹台道喻兆藩批准、前定海直隸廳同知錢增勳發布。如今根據實際情况，需要進行第三次改訂，十之七八沿用舊章，由公所負責人抄録最新章程禀呈官府。永安公所由前定海縣知事金國書批准設立,舊章程因民國之前案卷散佚,無可稽考,由公所提供。最後奉會稽道第一一八九號批飭,同意永安公所第三次改訂章程,由定海縣出示,命各漁户等相關人員一律遵守,并要求公所内附設的巡緝局,爲保護漁業,專司巡查竊賊,務須認真巡緝。如有緝獲違法人犯,需報送警察分所,押解縣廳究辦,不得擅自提訊或徇私舞弊。

具體發布第三次改訂章程共十五條,如下:第一條,公所董事由衆柱首公開選舉,司事經理由董事及柱首延請擔任。第二條,公所每年收付的賬目,限定於七月中旬會合有關方面共同揭算,内容標紅聲明。另外設簿據兩本,一存司年柱首,一存董事。舊的永安會賬目,也於當日揭算。第三條,關於公所餘銀,每年由董事及柱首公存公放,也於七月中旬算賬日交出清單公開。第四條,江浙交界處的嵊山洋面,爲盗賊頻頻出没之地,歷年來由本帮漁户出資自辦護船,已經有數十年。到了 1911 年冬天,海盗更爲猖獗,定海、鎮海兩地船幫也願加入,聯合組建“鄞定鎮漁業民團”,不願加入者聽隨其便。第五條,每年民辦護船需由外海水警廳長批准,推舉的管駕,也需由廳長發給委任狀,以符合水警章程。第六條,因沈家門爲外海巨鎮,魚龍混雜,由定海縣批准,以補助軍警不及起見,將巡緝局設於永安公所。第七條,有船工失足落水身亡情形,其家屬不得滋擾船户,由船户發喪葬費洋廿四元,船户也可酌情多給。若其妻年長而子幼,由公所每年給洋六元。第八條,如有船員跳槽至其他漁户,需由後漁户照數償還此船員之前的預支薪水,如有托病跳槽者,除後漁户結算之前的預支薪水外,還需向前漁户交納罰金。第九條,各船行駛中如出現碰撞或犯網情形,必須告知公所,和平理處,不准私自鬥毆,滋生事端。第十條,若船員在岸上被人誘嫖誘賭,耽誤漁汛,由公所贖回後,遵照 1903 年所立《沈家門奉憲勒石碑》章程處理。第十一條,每年穀雨後雨多,漁船魚獲較少,沈家門便有非法之徒大量買進漁貨,靠壟斷謀利,之前已稟明定海官府禁止,今亦照行。第十二條,因是對網捕魚作業,公所經費以"對船"爲單位,按舊章每對漁船收取會費四元、恤嫠費四角、設壇祭神的醮費三角,其餘護船經費,臨時共同商議酌定。第十三條,公所各友薪水按每月初二發給,一概不准預支。第十四條,公所各友如有賭博及舞弊等情形,查出即令歇業。若假冒别家牌號、商標,以僞亂真,從中謀利之事被查出,由擔保人賠償。第十五條,本鄞縣漁幫所捕之魚,冬季以帶魚爲大宗,春季以小黄魚爲大宗,夏季以大黄魚、目魚爲大宗,至於其他種類,如青箭、白鯧、馬膠、比目、鯊魚、虎魚、米魚、毛鱭、鰻、蟹之類,則不勝枚舉。捕魚用兩船相對,一名網船,一名煨船,又稱"偎船",此爲"大對漁船",船身長五丈,闊一丈,船員十四人,船主稱曰"長年"。網船與煨船船型結構略有差異。網船需裝載網具,艙面甲板較寬闊,後艙較短;煨船爲生産指揮船,船型比網船略小,後艙較長。大對漁船多以九月初出洋,五月初回家,亦有三月中回家,再行出洋者,均以陰曆計算。小對漁船及拖船,則以四月初出洋,六月中回家。本鄞縣漁幫有大對漁船約三百對,小對漁船約三百對,墨魚拖船與寧波姜山幫合計有二千餘隻。

參考文獻:

《普陀漁業志》編纂委員會編:《普陀漁業志》,方志出版社,2015 年。

俞保根、丁峰峰:《從漁港石碑,看人間真情》,張捷主編《話説沈家門漁港》,浙江大學出版社,2009 年。

71.元單奇生修道處殘碑

民國六年(1917 年)

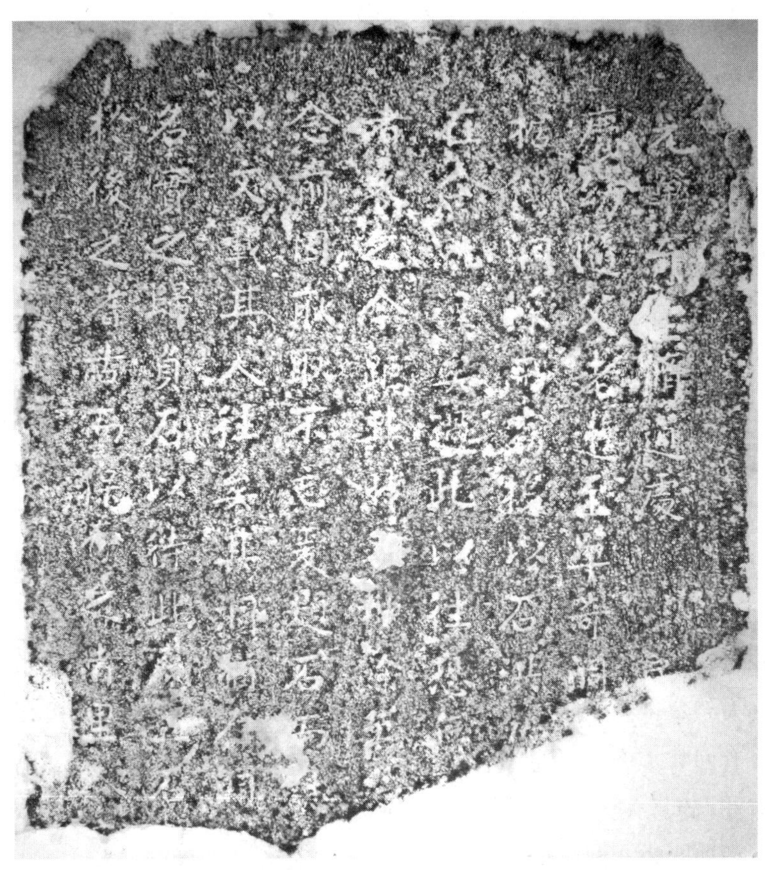

碑文:

元單奇生修道處」

慶,幼隨父老遊至單奇洞,(指而視之曰:“此古跡也。”」)据傳洞深而窈,投以石,洪然(有聲。卅年前,洞口猶」)在,今就湮矣。過此以往,恐無(人能辯之者,為欷嘘」)者久之。今距其時,又卅餘年矣。(慶為卜兆其地,追」)念前因,耿耿不忘,爰題石而誌(之曰:地以人名,道」)以文載,其人往矣,其洞猶在,洞(就湮兮,名不之改,」)名實之歸,貞石以待,此慶立石(之微意也,是所望」)於後之嗜古而保存之者。里人(唐之慶謹志。」民國六年太歲丁巳」)

考釋:

《元單奇生修道處残碑》位於舟山市定海區馬岙街道團結村一户人家院落内,底部已缺。殘碑高 72 厘米、闊 62.6 厘米、厚 9.5 厘米,由馬岙望族子弟唐之慶撰文,立於民國六年(1917 年)。碑文括號中的文字是根據舟山著名醫師阮子羽先生(1921—1998)《定海〈單奇洞碑志〉及其跋》一文補全,阮氏曾收藏有此碑石印殘本,後有吴修堂、王亨彦二先生跋文。馬岙原有單奇洞,光緒《定海廳志》卷十三《仙釋傳》載:“單奇,元季時,修道於馬岙中峰山之椒。一二知者訪之,操炬入洞,不知所止。”碑文作者唐之慶還是幼童時,隨老人至單奇洞,得知這是一處古迹。據傳説,洞深而幽,向内投石,後有回聲。老人回憶三十年前洞口猶在,今已湮没,往後無人再能辨認,於是久久嘆息。唐之慶撰碑文時,又過去三十餘年,已是老人的他决定在洞址旁買一方墓地,并在洞旁立石題句,以存古迹,便有了此碑。吴修堂在跋文裏稱,唐之慶自題墓聯云“眼前維古迹,身後得芳鄰”,并請他書丹鐫刻於墓上。指示古迹的《元單奇生修道處碑》在“破四舊”運動中斷爲兩半,散失於田野中。單奇洞舊址位於今馬岙團結水庫所在山麓之上,已無迹可尋。

參考文獻:

阮子羽:《定海〈單奇洞碑志〉及其跋》,政協舟山市委員會文史資料委員會編《舟山文史資料(第 1 輯)》,浙江人民出版社,1990 年。

史致馴、黄以周等編纂,柳和勇、詹亞園校點:《定海廳志》,上海古籍出版社,2011 年。

孫和軍編著:《水孕定海山》,中國文史出版社,2021 年。

72.孟嘉廟碑

民國六年(1917年)

碑文:

衆志可以成城,一木難支大厦,自古云然。吾鄉諸同人協仝心力,門廡煥然一」新,而正殿未曾巍立,不免闕典。爰有里人吴晋梓、陸本智、陸本世、張文傑、張小」國、張元豐諸君,勇于急公、克倡義舉,募集張志瑞、張守順、張尚澤、張文德、張文」就、張文恆、張文仁、張明杏、張明鶴、張明良、吴晉位、陸學成、陸本静、陸兆鈺、王才」東、王德炳、沈大瑞、沈大成、繆維芳、繆其美、李植貴、樂嗣隆、何京位、朱全壽、李生」法等三十一人,每人愿助英洋五十元,共一千五百五十元,合成一會,名曰流芳。剏」建大殿五全間,輸洋八百餘元。又置民田三畝,輸洋三百餘元。餘丈之洋,仍備」置産。諸仝人既具樂施之舉,殊屬盡善盡美。于是公仝衆議,擬定每年演戲旹,」特設祭祀三桌、享餕五桌,庶幾陰超陽泰,襄賛厥成。為勒諸石,以誌不朽云爾。」蘆字二百八十五號,土名幷爿,計田二畝二分一厘二毛五絲正;」三千四百卅一號,土名三角,計田七分五厘九毛三絲三忽。」

民國六年七月　日敬立」

考釋:

《孟嘉廟碑》立於舟山市普陀區東港街道塔嶺下孟嘉廟外,高166厘米、闊66.5厘米、厚11厘米,爲民國六年(1917年)七月所刻孟嘉廟重修捐助功德碑。《定海廳志》卷二十七《祠廟志》載:"孟嘉廟,在萬安橋西,康熙三年(1664年)建。嘉慶十三年(1808年)里人吴錫鶴修葺之。按:《康熙志》作孟家廟。雍正間改'家'爲'嘉'。"據孟嘉廟2013年所立《歷史碑記》稱,廟址所在萬安橋頭,於明至清初直通大海,有一來自大陸的賣缸客在海上遇險,求菩薩保佑,缸船果然順利駛達萬安橋頭。爲感恩菩薩救度,賣缸客在第二次來此賣缸時,帶來瓷製菩薩聖像,并建簡單廟堂,與當地信衆一起供奉菩薩。"孟家廟"即爲"賣缸廟"諧音。

碑文道,衆志可以成城,一木難支大厦,經鄉民同心協力,孟嘉廟門廡焕然一新,獨缺正殿未修,不無遺憾。由鄉人吴晋梓等發起,募集張志瑞等三十一人組成"流芳會",每人助英洋五十元,共一千五百五十元。創建大殿五間,用去八百餘元;置民田三畝,用去三百餘元。剩下款額用於每年演戲之時,設祭祀飯菜三桌、享餕五桌。碑上最後刻助田字號、土名及畝數等細則。

參考文獻:

史致馴、黄以周等編纂,柳和勇、詹亞園校點:《定海廳志》,上海古籍出版社,2011 年。

73.毛蔚文墓志

民國九年(1920年)

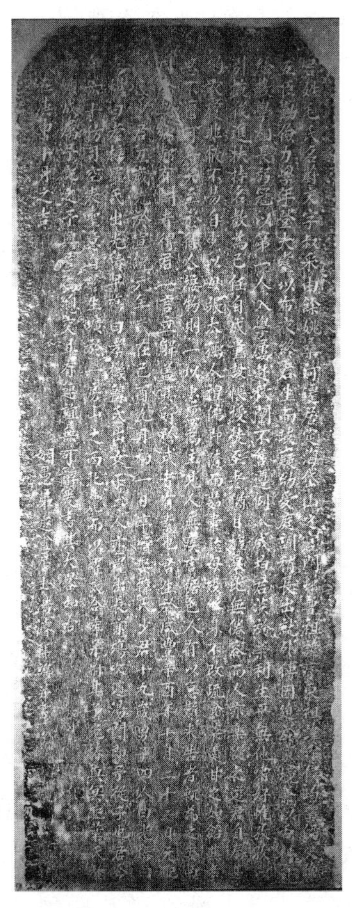

碑文：

君姓毛氏，名蔚文，字叔采，由餘姚桑河遷居定海岱山之宫門邨。曾祖諱序東，祖諱作侯，均業儒。父諱」五臣，勤儉力學，年登大耋以布衣終。君生而岐嶷，幼受庭訓，稍長出就外傅。因迫於家境，兼以舌耕自」給，教學相長。弱冠以第一人入學，屢赴秋闈不售，遵例入成均。君淡於榮利，生平無他嗜好，惟孜孜以」引掖後進、扶持名教為己任。自成童設帳，授徒至老，猶日擁皋比無倦容，而人亦樂從之遊。君自奉甚」約，衣履非敝不易。自少以母張太孺人禮佛，即隨而茹素。迨母歿，終身不改疏食菜羹，甘之如飴，其孝」思不匱，可知矣。至於待人接物，則一以忠厚為主。見人無疾言倨色，人有以急難来告者，輒為之委曲」周全之。鄉鄰有鬬者，得君一言立解，盖其所矜式者，有素也。君生於咸豐辛酉年十月二十二日，元配」羅氏，少君五歲，先於宣統元年歲在己酉九月初一日卒；續娶韓氏，少君十九歲。男子四人曰光椿、曰」孝模、曰孝梓，羅氏出，光椿早殤；曰孝機，韓氏出。女子二人亦羅出，長亦殤，次適湯閶，即予從子也。君今」年六十，仿司空表聖意，身營生壙於一房山之西北麓，而以羅氏合葬，并拊其子光椿與冥配葉氏於」旁。壙成屬予記之，予與君為總交，且有連誼，無可辭，爰書其大畧如右。」

歲在庚申十月之吉，姻愚弟遯盦居士湯濬拜譔并書」

考釋：

《毛蔚文墓志》立於舟山市岱山縣東沙鎮橋頭村文昌路宫門毛氏祠堂内，高 194 厘米、闊 70 厘米、厚 13 厘米。是民國九年（1920年）十月，毛蔚文六十歲時，湯濬爲其所作的生壙墓志。湯濬

(1864—1936),字爾規,宣統元年(1909 年)赴京朝考,以拔貢第一奪魁,試用江西寧都直隸州州判。袁世凱當國後,湯濬便辭官回鄉,自號遯盦居士,寄寓於岱山東沙鎮蓬山書院,研讀經典、切磋學問,1919 年纂成《岱山鎮志》二十卷。岱山縣東沙鎮橋頭社區橋頭村有湯濬故居。毛蔚文(1861—1938)於光緒七年(1881 年)縣試考中附貢,後三次參加鄉試未曾中舉,從此斷絶仕途。光緒十一年(1885 年)創建同文塾,培育人才,又熱心鄉里公益,如 1918 年主持修復在颱風中傾圮的岱山東岳宫。湯濬纂成《岱山鎮志》,毛蔚文是參訂人之一。毛蔚文女兒嫁給湯濬的侄兒湯闓,兩人既是知交,又爲姻親。

志文開頭叙述毛氏世系,其祖上由餘姚桑河遷居定海岱山之宫門村,根據宫門毛氏 2008 年所編《毛氏蔚文公一支宗譜》稱,遷居宫門時間是清乾隆中期,距今三百年左右。毛蔚文曾祖毛序東、祖父毛作侯,均以儒學爲業。父親毛五臣一生勤儉奮勉,未有功名。毛蔚文天生聰慧,幼年接受家教,稍長出外就學。因迫於家境,其少年時期就以教書維持生計,教學相長。曾以童生第一名考取秀才,又考中附貢,但之後鄉試屢考不中。毛蔚文淡泊名利,生平無其他嗜好,勤勤懇懇以引掖後進、弘揚儒教爲己任。光緒四年(1878 年),他十八歲時便在泥峙創辦宫門學館,授徒至老。他十分節儉,衣履不到穿破之時不换。從小隨母親張氏禮佛茹素,母親去世後仍不改疏食菜羹之習慣。至於待人接物,以忠厚爲本,從來没有急躁、發怒的神情。人有急事相求,毛蔚文總會幫其擺脱困境,鄉鄰之間有糾紛,他説句話便能化解,他的爲人行事之風,素來是鄉民學習的榜樣。

毛蔚文生於咸豐辛酉年(1861 年)十月二十二日,元配羅氏比他小五歲,先其於宣統元年(1909 年)九月初一日去世。又續娶韓氏,小其十九歲。毛蔚文四個兒子中,毛光椿、毛孝模、毛孝梓皆是羅氏所生,光椿早殤,毛孝機爲韓氏所生。兩個女兒皆是羅氏所生,長女早殤,次女嫁湯濬之侄湯闓。毛蔚文六十歲時,模仿唐代司空圖生前爲自己造墓,其生壙位於房山西北麓,與羅氏合葬,其旁是大兒子光椿與冥婚葉氏之墓。

參考文獻:

舟山市文化廣電新聞出版局編:《海山風物:舟山市第三次全國文物普查成果彙編》,2012 年。

毛貴卿等編纂:《毛氏蔚文公一支宗譜》,2008 年。

74.青岙勒石永禁碑

民國十年(1921年)

‖碑文:

勒石永禁」

為勒石永禁偷撮棉花、黄豆、葮秄,並放牛取魚等項。竊此地大小方」塘兩處,反種棉花雜作,本為出產之大宗。近因人心不古,世風澆漓,」往往有貪婪之徒,將該地曾自擅入,撮花、偷豆、刈葮、取魚、私放牛羊,」踐殘地作,不顧廉恥,均属恶習,不勝痛恨。本業户為保護權利起見,」不得不先行禁止,免致再蹈故轍。爰是公同彙議,重整罰則,預為佈」知。自勒禁文後,不論該棉收期早遲,并另星出產,一概不許私自入」地撮取。如有被獲著贓證者,不論遠近親疎,大小男女,一例撮花偷」豆草秄,議定報現洋貳元,向各業户給發,加罰金拾元,以充大小方」塘公用。其餘另行隨事大小議罰,為普通関係之要事,為此公禁勒」石,以垂永遠為鑑云。」

民國十年歲次辛酉七月　日,青岙花業、豆……」

‖考釋:

《青岙勒石永禁碑》2015 年被發現於舟山市定海區小沙街道大沙青岙村,“文革”期間曾用作猪圈圍欄及鋪路石,現收藏於定海圖書館。碑高 160 厘米、闊 65 厘米、厚 8 厘米,是民國十年(1921 年)七月由“青岙花業”所立、關於禁止踐踏棉地與偷摘棉花的民間規定。碑文開頭明確禁止的行爲包括偷撮棉花、黄豆、葮秄及放牛、捕魚等,“葮秄”爲蘆葦種子,有消炎止血功效,民間將摘棉花叫做“撮花”。碑稱,青岙有大小方塘兩處,周邊有大片棉花地,種植棉花及其他經濟作物,是本地特産。近因世風日下、人心不古,往往有貪婪之徒擅入農地、池塘,撮花、偷豆、刈葮、取魚、私放牛羊,并踐殘地作。"地作"指農家田地的蔬菜。他們的行爲令人痛恨,當地棉花業主所組成的、類似行會組織——"青岙花業"爲了維護共同利益,訂立禁約如下:無論該地棉花收期早遲,包括其他農作物,一律不得私自入地撮取。若人贜俱獲,向各業户賠償現洋二元,并處罰金十元以充大小方塘公用。其餘違禁,根據事情大小,商議處罰。由落款"青岙花業"之後,還有一個"豆"字來看,似乎種植黄豆也有相應的行會組織。

參考文獻:

孫峰:《〈勒石永禁〉碑與定海舊時棉花種植業》,《舟山晚報》,2021年1月31日。

75.唐華九墓志殘石

民國十一年(1922 年)

碑文:

……失怙,均以離鄉遠,而甘旨之」奉缺,如風木之悲,無時或已。」室林氏生子二,長渭昭,學成」而早卒,未能為子助,雖寡媳」鄭氏矢志柏舟,徒增西河之」慟而已。次銓昭,為之授室陳」氏,尚在求學時代。簉室李氏」生子一,名鑑昭。甫離繈褓之」二子者,他日能否繼承先緒,」尚不可知。惟此區區樂善之」意,罔敢以倦?蓋不欲積資與」兒孫,徒長其驕奢淫佚之習,」以玷家聲。故薄儲半盡,於公」益鄉,有以濬河為請者,予以」水利攸關,不辭而為之肩任,」其他之有益鄉里者,亦必量」力之所及而為,非望報也。今」所差堪自慰者，次兒新舉一」男，此後含飴弄孫，順敉以待」天年，夫復奚求？昔韓文公之」子昶，曾自撰墓志，予不才，何」敢希古？竊希首邱之有所聊。」跋於孫君詩後，以告後嗣耳。」

壬戌七月之吉」

華九自跋」

考釋：

《唐華九墓志殘石》立於舟山市定海區馬岙街道安家公園内，原位置不詳，高55.5厘米、闊110厘米、厚11.5厘米，刻於民國十一年(1922年)七月，共25行，行滿11字。碑文不全，缺另一塊，爲唐華九自撰墓志銘，所缺志文載於2010年版《馬岙鎮志》，可知十幾年前兩碑尚全。馬岙的唐家聚落形成於清康熙朝之後。居民最早由寧波江北甬江街道畈里塘一帶遷來，在馬岙定居，艱苦創業、繁衍生息。此地逐漸興旺起來，於道光年間形成唐家街街市，成爲當時馬岙莊的經濟、文化中心。

唐華九是唐家近代商業的代表性人物，生於清咸豐四年(1854年)，自撰墓志志文前半段抄録《馬岙鎮志》所載如下："壬戌夏，予西山之麓營生壙成，予友孫君彌卿爲之志。孫君曰：'生壙有志非古也。夫士君子俯仰古今、洞達物理，齊彭殤爲一致，苛苒身世於浮雲，乃仿司空表聖古事，築府廬以老其身，亦高人韻事也。不可以無詩而志，則來日方長、修德未艾，纂述其美，有待後賢焉。'詩成寄予，予感孫君之善頌，而益慚予之蹉跎歲月，堪足稱焉？予年已周甲，夕陽雖好近黃昏，所希望者幾何？回憶去日，予以舞象之年出申，棄儒服賈，頗潛心於機械事業，馳騁商場，匆匆四十餘載。年十八失恃、五十一……"

墓志殘石承接上文,稱其十八歲喪母、五十一歲喪父之時,均因在上海商界打拼,離鄉路遠,無法親自奉養,悲傷不能自已。華九的正妻生有二子,長子唐渭昭學業有成却英年早逝,寡媳鄭氏雖誓不再嫁,但也是徒然增添華九的喪子之痛。次子唐銓昭娶妻陳氏,目前尚在求學中。華九之妾李氏,生一子唐鑑昭。華九感嘆,剛長大成人的兩子銓昭、鑑昭,他日是否能夠繼承祖業,尚不得而知。華九對於慈善事業,不敢懈怠,他認爲將財産留給兒孫,衹會助長他們驕奢淫逸的習慣,最終玷污家聲。於是,華九捐出一半積蓄,用於鄉里公益。有人請其疏浚河道,他以爲水利是攸關民生之大事,在所不辭而肩負大任,尤其是開鑿了原中峰廟東側大河頭至三江碼頭的河道,俗稱新大河,爲人稱道。華九説,其他有益鄉里之事,必量力所及而爲之,絶不是爲了回報。1925 年的定海中學(現舟山中學)名册顯示,唐華九正是該校校董,可知他對教育的投資。

墓志最後,他説今日略可聊以自慰的事情,是次子銓昭新生一男,自此含飴弄孫、順性怡養以待天年,夫復何求?1922 年華九虚歲七十,效仿韓愈長子韓昶自撰墓志,并自嘲才能不足,何敢拿古人自比,衹是爲了放入在故鄉已造好的壽墳。據《馬岙鎮志》載,民國五年(1916 年)華九六十周甲時修造壽墳,址選馬岙西山之麓的周家地,其氣勢、規模、質地均居境内之首,惜 1958 年“大躍進”時被拆除。墓志結尾云:“跋於孫君詩後,以告後嗣耳”,前一塊中亦未載孫彌卿詩的内容。

唐華九最終的逝世日期不詳。《馬岙鎮志》載,他在光緒中葉於唐家街西側建三合院一進,上世紀 50 年代改爲馬岙衛生院,2002 年列爲舟山市文化古迹。民國二十一年(1932 年)他於三合院北側所造兩棟洋房,在 1940 年 9 月被日軍放火焚毁。

參考文獻:

《馬岙鎮志》編委會編:《馬岙鎮志》,中國文史出版社,2010 年。

袁甲、周建偉、陳瑶:《马岙唐家三百年兴盛与繁荣》,《舟山晚報》,2013 年 1 月 18 日。

陳瑶、袁甲、王建富:《"千島第一村"中漸行漸遠的唐家老街》,王建富主編《群島老街巷記憶》,浙江古籍出版社,2016 年。

孫和軍編著:《水孕定海山》,中國文史出版社,2021 年。

76.黄鶴庵碑

民國十一年(1922 年)

碑文：

林君世運助洋捌拾元，以存其夫妻二人與其」伯魁先祭祀。本菴應年於四大節備羹飯一」桌，準其近裔二人享餕，因勒石以垂不朽云。」原人又助鋪明堂洋伍拾元，並存其先父母祭祀併及」林公諱氣浩。由其妻葉氏助入蕩田叁畝捌分、民田壹」畝六分，其田字號、土名詳載助契。本菴應年於七月間放」燄壹堂，即備素齋壹桌，邀其後裔親屬，共四人享餕。又」於四大節，與世運君所助羹飯，合祭壹桌，邀彼後裔親」屬共兩人，與世運君後裔同桌享餕。合併勒石以示勿」替云。中華民國拾壹年八月　日，本菴幹首立」

考釋：

《黄鶴庵碑》位於定海區馬岙街道三江村黄鶴禪寺内，高 114 厘米、闊 60 厘米、厚 6 厘米，由庵主立於民國十一年（1922 年）八月。黄鶴庵處於黄鶴山脚，始建年月無考，1933 年，庵曾被用作私塾，六年後停辦，"文革"時，庵中房屋全被拆除。碑文稱，過去有大富長者林世運助洋八十元，以求百年之後，庵中能維持對其夫妻及伯父林魁先的祭祀。黄鶴庵定例每年於清明、中元、重陽、除夕四大節之際，備置羹飯一桌，請林世運近裔二人享餕。享餕即是將奉祖之飯食，回竈加熱，由子孫享用。又有善人捐洋五十元，爲鋪設明堂之用，并在庵中保存對其父母及林氣浩此人的祭祀，後來其妻葉氏又助入蕩田三畝八分、民田一畝六分。黄鶴庵於是在本年中元節放焰口一臺，置素齋一桌，邀善人後裔親屬共四人享餕。規定以後四大節日時，合祭一桌，邀善人後裔兩人與林世運後裔同桌享餕，勒石以爲憑證。

參考文獻：

《馬岙鎮志》編委會編:《馬岙鎮志》,中國文史出版社,2010年。

77.阿彌陀佛接引像刻石

民國十三年(1924年)之後

碑文：

南無阿彌陀佛」

甲子孟夏弟子王震敬寫」

心即佛，誦有聲，如如」口，無無明。一塵不染根性」情，佛說如是吾其靈。」

甲子初夏」

吳昌碩時年八十又一」

考釋：

2019年，舟山普陀山當地村民在自家屋後挖地基時掘出一正方形石塊，邊長37厘米、厚10.5厘米，民國十三年（1924年），商務印書館出版《新印印光法師文鈔》，社會諸名流繪畫題詞祝賀，王一亭繪、吳昌碩題款的阿彌陀佛接引像便印於文鈔卷首。由此，在普陀山發現的這方刻石，一定產生於落款的甲子初夏以後。王一亭（1867—1938），名震，浙江吳興人，自幼旅居上海，是民國著名實業家、社會活動家、書畫家、慈善家。有説法稱他1916年上普陀山訪問印光、太虛等高僧後開始信佛。王一亭與海派傑出的藝術大師吳昌碩（1844—1927）的相識始於1911年秋，兩人繪畫風格相近，源於對任伯年畫風的傳承。吳昌碩晚年常與王一亭合作，多由王一亭繪畫、吳昌碩題款，兩人在1915至1924年合作創作了大量《無量壽佛》作品，爲《新印印光法師文鈔》而作的這幅流傳甚廣，如民國間石印本佛教劇本《歸元鏡》卷首也附有此圖。吳昌碩題詞“心即佛，誦有聲”，意爲心有佛性，念誦阿彌陀佛佛號，“如如口”講口中念出的佛號就是不變的佛理，“無無明”出自《心經》，指念誦佛號可以消滅無明。“一塵不染根性情,佛説如是吾其靈”是説人的根性本來就是一塵不染的,我覺得佛陀所説都是靈驗的。王一亭的題款“甲子孟夏弟子王震敬寫”,書法與吴昌碩十分相近。雖然這幅作品不是專爲普陀山而作,但王一亭一生多次朝禮普陀山,千步沙净土堂内立有 1934 年勒石的王一亭所繪五祖碑,即純陽祖師、達摩祖師、無量壽佛、觀音菩薩、南屏祖師(濟公)的畫像。此石也許爲王一亭贈普陀山之物。

參考文獻:

沈文泉:《吴昌碩王一亭關係考》,《新美術》,2010 年第 3 期。

邢星:《海派畫家王一亭佛教繪畫藝術研究》,河南大學美術學專業碩士學位論文,2018 年。

王萌筱:《游藝與修行:净土劇〈歸元鏡〉的刊印、閲讀與搬演》,《清華大學學報(哲學社會科學版)》,2020 年第 1 期。

王曉東:《普陀山發現民國石刻殘碑》,《舟山晚報》,2020 年 7 月 2 日。

張佳:《從參禪悟畫到筆墨教化:王一亭的佛教藝術之路》,《世界宗教文化》,2022 年第 1 期。

78.障和廟碑一

民國十三年(1924年)

‖碑文:

竊因我本廟殿宇狹隘,而神像脱落,香火熾盛,爰於本年彙集」鄉人議行新建,今夏後殿甫竣。首起熱心樂助者,惟袋浦繆紳」民繆君維芳,慨助民田五畝,永歸本廟經管。當行過户驗契,土」名、畝分、字號列後。柱首等念應報復,訂明歷年春秋兩季各備」酒饌壹席,俟祭畢,歸繆姓子孫享餕,永遠不更,特為勒石以誌」不忘。計載土名笆下,田式畝壹分;又余家園,田式畝七分。」計載其田議實,年付早租穀壹千觔,歸繆姓子孫佈種。如」租穀不清,或生別種情事,任從本廟柱首另召租主,繆姓子孫」不得異議。特此附記。」

民國十三年歲次甲子八月　日,障和廟柱首張明就公訂」

‖考釋:

《障和廟碑一》2001 年被發現於舟山市普陀區東港街道南岙村村民院落中,現嵌於南和廟南邊圍墻内側。碑高 150 厘米、闊 67 厘米,由障和廟柱首張明就立於民國十三年(1924 年)八月。南和廟,原名障和廟,由明末張氏先人初建於小青灣,道光五年(1825 年)重建,民國十二至十五年(1923—1926)重修。1958 年因造南岙水庫被拆除,用於建公社用房,2004 年遷於美女山下重建。

碑文稱,因障和廟殿宇狹隘、神像脱落,與熾盛之香火不相匹配,因此本年彙集鄉人商議新建,夏天修成後大殿。對照《障和廟碑二》的記載,“本年”當爲民國十二年(1923 年)。袋浦繆紳民繆維芳慷慨捐助民田五畝。爲感恩報德,障和廟柱首議定自明年起,歷年春秋兩季各備酒饌一席,祭祀禮畢,供繆姓子孫享餕。助田歸繆姓子孫布種,每年交早租穀一千金。如租息不清,或滋生他事,由柱首另召租主，繆姓子孫不得異議。

參考文獻：

鄔永昌、秦永禄編著：《南岙村志》，中央文獻出版社，2003 年。

張焕、萬吉祥、江升：《家族傳承下的海島農耕聚落演變——以舟山群島南岙村張氏聚落爲例》，《建築與文化》，2016 年第 6 期。

79.張氏宗祠記

民國十三年(1924 年)

碑文:

張氏宗祠記」

竊吾張氏始祖自河南遷定,垂二百年餘年,統系失傳,無由查考。祇据吾先高祖志顯公傳說,吾族一支居馬岙」沙岠,一支居南岙,一支居邵岙,與吾大展一支,共分四支。嘉慶年間,先高伯祖志明公與志莪公,邀集房族長,」議就大展地方集資建立宗祠,訂定四族每年就宗祠新正拜年、清明冬至各節互相往來,以敦族誼。惟沙岠」一支,因路遠中止,南邵兩支至今遵守。維時宗祠地租、田租頗有生息,足敷常年經費。嗣後經理乏人,租金漸」漸減色,或滯欠、或圖賴、或中飽,獘端雜出,不可究詰。民國七年,族長尚寬公舉族姪澹人為總柱,文光、壽林、明」華、明永副之,一切之事,重番整頓,任勞任怨。將祠内田地逐一查檢,親自勘驗,地租輕者酌加之,田則投標出」便。茅洋祀地,係間接收租,租價較輕,擬易田以厚生息。族弟明雙,以賣買多費轉折,乃向各租户竭力開導,一」律加租。由是收入頓增一倍,數年之間,田地租金頗有儲蓄。因之鳩工庀材,將祠堂内外修葺,完竣又有餘欵,」擬興學校。特創辦費鉅,一時殊不易易,族孫友傑願助洋叁百元,因是就東廊改建校舍,延聘教員,俾闔族子」弟咸來就學。民國十一年,尚寬公逝世,乃弟尚英公繼為族長,澹人憂學校經費不敷,恐難持久。族姪孝圭輾」……

考釋:

《張氏宗祠記碑》位於普陀區展茅街道大展村村委會旁張氏宗祠門口,勒於民國十三年(1924 年)。“文革”時被切作兩塊,左半塊用作墓碑，已丢失，右半塊曾作河渠圍石，後找回。今存右半塊，碑高 233 厘米、闊 72.5 厘米、厚 8 厘米。張氏宗祠始建於清嘉慶年間，抗戰期間遭日寇焚毁，新祠堂重建於 1993 年。

2002 年 7 月，張氏後裔根據族譜録補刻左半塊碑文如下："轉籌思，以思耀公祀産頗豐，但向爲族中承種無租息，是以化私爲公也，爰選胞弟錫蕃爲思耀総柱，舉澮人」并從侄孝錫爲代表，邀集祀下六房房長公同議決，每房選舉副柱各一。日祥祀下孝壽、紹明、明双，繼瑚祀下」明善、孝型、孝琴合六人署命簽押、協力整頓。除祀山田地，一概升租，租金項下半份撥充學校經費，向縣署備」案請示。另舉散柱明健、明友、明位、明濤、明堯、孝榮、孝科、孝知、孝常、明泰等数人相互輔理。有抗租者，由孝圭、明」健委婉曉諭，乃各就範。是學校之創自宗祠者，得思耀祀有以維持之，乃能歷久而不敝。今者祠宗焕然，弦誦」之聲洋洋盈耳，舉族欣然回思創議時勞怨交集，旁觀者以爲碌碌難合，而不料有志者事竟成也。爰綴數語留作紀念，示後人以不忘爾。」中華民國十三年月日，嗣孫紹銘敬撰并書。注本碑原有二塊，解放後一塊遺失。」逕值史志族譜追源之間，由臨安市汗川鎮塔山村旅人捐資續刻以補闕陷，兹將助款人名數量書列于下：」張明水 孝金 各弍百元 張孝玉 孝洪 孝南 孝山 孝褚 張莉 孝涛 孝然 建民 孝智 慧芳 建金 以上拾弍人各壹百元。」公元弍〇〇弍年七月日敬補立續刻。經手人嗣孫張孝洲 友仙。」"

碑文開篇追溯舟山張氏始祖遷自河南，距立碑的 1924 年已過兩百餘年，表明遷入舟山的時間在 18 世紀初的康熙末年。又引用先高祖志顯公的口傳族史，講舟山張氏共分四支，一支居馬岙沙峺，一支居南岙，一支居邵岙，最後一支就是大展張氏。但 1996 年編纂的《張氏宗譜：清河百忍堂（大展）》稱，張氏始祖君利公於明隆慶六年(1572 年)因避亂由河南杏花村石苑廟側(府縣不詳)遷來,傳今 17 代,有四百餘年,又是一説。嘉慶年間,由志明公與志峨公發起,議就在大展集資建立宗祠,約定四族每年在新正、清明、冬至各節時互相往來,以敦族誼。衹有沙岥一支,因路遠而中止,南岙、邵岙兩支至民國初仍然遵守。宗祠建成後,開始地租、田租頗有利息,足以維持運轉。到後來缺乏管理人才,以至於收上來的租金越來越少,有時拖欠、有時賴賬,甚至有人中飽私囊。

面對各種弊端,民國七年(1918 年)由族長尚寬公舉族侄澮人爲總柱,文光、壽林、明華、明永等爲副柱,開始整頓宗祠事務,將祠内田地作逐一查檢,地租輕者則酌情加之,通過田則投標的方式挑選佃户。位於茅洋的祀地,因是間接收租,租價較輕,决定更换田地以增加租息。族弟明雙竭力開導各租户,所有田地一律加租,收入頓增一倍,數年之間頗有儲蓄,於是將祠堂内外修葺,用餘款興辦學校。族孫友傑助洋三百元,將祠堂東廊改建校舍,延聘教員,俾闔族子弟皆來就學。到了民國十一年(1922 年),尚寬公逝世,弟尚英公繼爲族長,總柱澮人擔憂學校經費不足。左半塊殘碑講的就是通過升租的方式,終使學校歷久而不敝,創出祠宗焕然、弦誦之聲洋洋盈耳之景象。大展張氏自古有尊師重教的家族優良傳統,至今仍人才輩出。

參考文獻:

《普陀縣志》編纂委員會編:《普陀縣志》,浙江人民出版社,1991 年。

張孝州等編纂:《展茅鎮張氏宗譜(百忍堂)》,1996 年。

《舟山家譜書目提要》編輯委員會編:《舟山家譜書目提要》,2017 年。

80.陳順興英文墓碑

民國十四年(1925年)

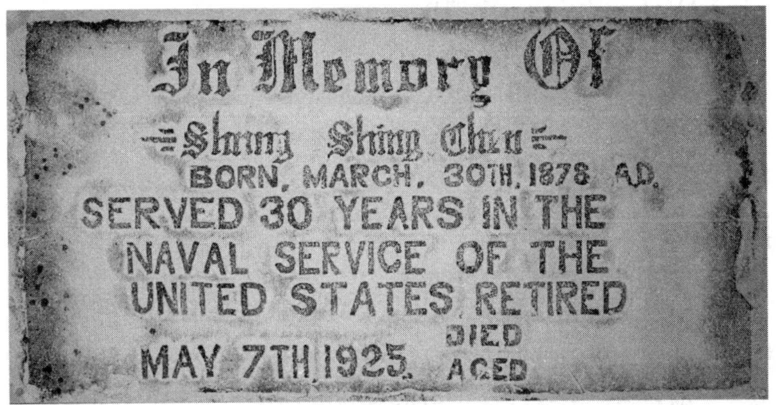

碑文:

In Memorg Of

Shnng Shing Chen

BORN. MARCH. 30TH. 1878 AD.

SERVED 30 YEARS IN THE

NAVAL SERVICE OF THE

UNITED STATES. RETIRED

DIED

MAY 7TH.1925. AGED

考釋:

陳順興英文墓碑位於舟山市定海區鹽倉街道頌河明勝自然村,原墓已毁,墓碑被鋪成地磚,高 62.7 厘米、闊 125.5 厘米,共 8 行英文。碑文譯成中文就是:“悼念陳順興,生於 1878 年 3 月 30 日,在美國海軍服務三十年後退休,逝於 1925 年 5 月 7 日。(享年)”據舟山文史學者孫和軍采訪考證,墓主可確定名爲陳順興,但由於其親屬、後代都不在中國,關於陳順興的生平及落葉歸根的過程,均成爲謎團。墓碑上英文單詞多有拼錯,標點亦多有誤,可知其製作於本地,舟山雕刻匠人不懂英文。陳順興享年四十七歲,在美國海軍服務長達三十年之久,即使退休當年去世,入職時也僅十七歲。假定陳順興十七歲,即 1895 年加入美國海軍,此時正是美國 1882 年《排華法案》通過後,排華運動的高潮期。當時禁止華人獲得美國公民資格,美國白人陸續發起針對華人的暴動,殘害華人的慘案不斷發生。在連自身安全都得不到保證之情况下,陳順興竟能成功進入美國海軍,原因可能是美國内戰結束後,海軍發展出現停滯與倒退,於是有了華人作爲"廉價勞動力"入職的機會。鴉片戰争後,寧波成爲通商口岸,外港舟山更是與西方接觸的前沿,舟山人在 19 世紀赴美工作并不稀奇。晚清舟山侏儒車瑪移民美國,在"巴納姆的美國博物館"作表演的史料已被發掘出來,對於陳順興的研究,則需進一步查找相關檔案文獻。

參考文獻:

王曉東:《定海發現英文墓碑 墓主是舟山籍美海軍》,《舟山晚報》,2003 年 5 月 30 日。

徐宗懋、李佳達:《美國排華史的前世今生:用勇氣和堅持洗刷歧視》,中國新聞網,2012 年 8 月 1 日。

孫和軍:《英文墓碑牽出一個舟山籍美國海軍》,孫和軍著《禪讀千島》,中國文史出版社,2015 年。

夏志剛:《晚清舟山侏儒移民美國的故事》,《舟山日報》,2020 年 3 月 26 日。

81.林家墻界碑

民國十四年(1925 年)

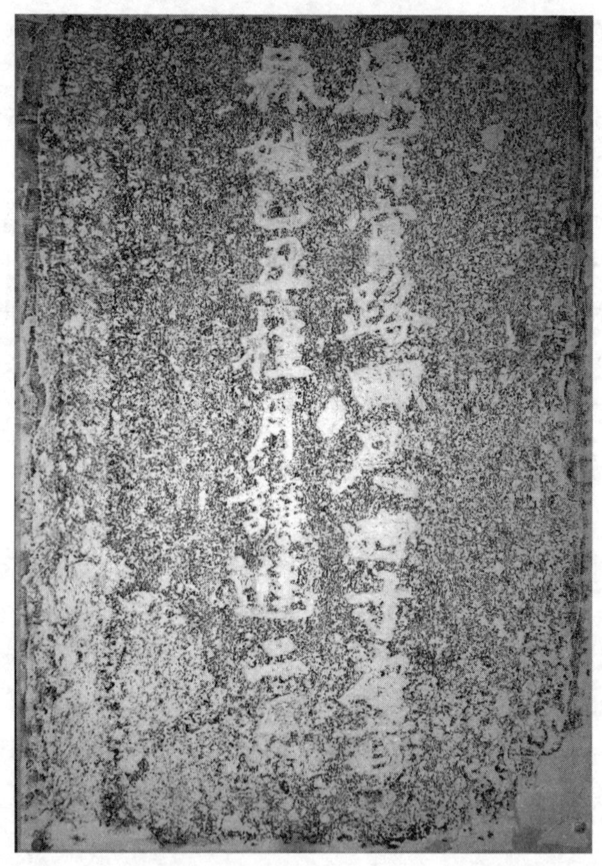

碑文:

原有官路四尺四寸,左首」林姓乙丑桂月讓進二尺。」

考釋:

舟山市定海古城柴水弄近西大街處,有一座外墻高聳、中西合璧的宅院,大門左側墻角有一塊高92厘米、闊55厘米的界碑,刻有"原有官路四尺四寸,左首林姓乙丑桂月讓進二尺"兩列文字。此院落便是林宅,乙丑柱月,即民國十四年(1925年)八月,是宅邸落成之時。當時柴水弄過於狹窄,僅四尺四寸寬,連兩米都不到,鄰里通行不便,於是林家祖父建屋時,主動讓出兩尺地基,將這段小弄拓寬至六尺四寸,與安徽桐城"六尺巷"的典故有異曲同工之妙。現存林宅由臺門、正樓、邊樓、倉房等建築構成院落,面積約310平方米。據房主林之相老伯介紹,此宅由其祖父林漁生建造。林家祖父早年曾在湖南長沙開辦碾米廠,雖在定海黄金地段造房,但實際未曾入住過。碾米廠在1938年因抗戰期間國民政府的"焦土政策"而毁於一場大火,林漁生從此在異鄉流離失所,後在長沙淒涼過世。林家十分注重對子女的教育,林之相父親林民傑是家中獨子,早年肄業於上海滬江大學,林之相退休前是一名中學物理教師,他的兄弟有在上海從事科研開發的,有在臺灣開辦企業的,個個都是社會精英。

參考文獻:

王建富:《柴水弄,充滿戲謔色彩的海島特色地名》,王建富主編《群島老街巷記憶》,浙江古籍出版社,2016年。

孫峰:《定海老弄堂裏的“六尺巷”故事》,《舟山日報》,2021 年 6 月 6 日。

82. 東港碶勒石永禁碑

民國十四年(1925 年)

‖碑文:

勒石永禁」

定海縣公署布告第七九號」

為勒石示禁,以垂久遠事。照得定邑東門城外東港碶地方,」向有公河一道,上達大小洋嶴,下通東港河海口,沿河一帶」無數農田賴以灌溉。乃時有沿河無知居民,或將沙石拋棄」河岸,積久因之填塞;或以竹籬編排碼頭堆砌,致碍河防。法」准縣議會議員李小卜、樂天等聲稱示禁。查此河於城鄉水」利關繫重要,李議員等所請不為無見,合亟出示曉諭,勒石」永禁。為此仰沿河居民一体知悉:自此次示禁之後,不准有」在河旁隨意拋棄帮築等情。倘有不遵,一經查出,或被舉發,」定即從嚴罰辦,其各凜遵,毋違。切切,特示。」

中華民國十四年十月二日」

知事喬葆元」

‖考釋:

《東港碶勒石永禁碑》位於舟山市定海區城東街道小碶村村委會旁,高 123 厘米、闊 69 厘米,嵌於墻中。民國十四年(1925 年)十月,定海縣知事喬葆元在東港碶第三次立"示禁碑"。當時碶閘一帶所遭遇的新問題是"時有沿河無知居民,或將沙石拋棄河岸,積久因之填塞;或以竹籬編排碼頭堆砌,致礙河防"。隨意拋棄沙石,日久勢必會引起河道堵塞。用竹籬打地樁,可防止河堤下塌。竹籬本是修建河堤或碼頭的材料,但用完的廢料没有清理便隨意堆砌的話,會有礙河防。

當時,向政府提議的是縣議會議員李小卜、樂天等人。1912年,中華民國成立之後,定海縣建縣公署,長官爲縣知事,主管行政,兼理司法。1925 年 4 月至 1926 年 9 月的縣知事是江蘇寶應人喬葆元。民國初實行議會制,縣議會爲一縣的咨詢、立法機關,有權制定縣内法律、法令,及選舉縣知事等。李小卜、樂天二人皆是當時的縣議會議員,李小卜還參與過民國十二年(1923 年)《定海縣志》的編纂。

定海縣公署接受了李議員等的籲請,并發布第七十九號布告,勒石永禁。以沿河所有居民爲對象,宣示禁令:"不准有在河旁隨意拋棄幫築。""幫築"即建造海塘、河堤時所使用的土木、砂石等建築材料,亦可作動詞,即建築之義。

民國時期的公文沿襲清代格式,起首"爲……事"是開頭敘述事由的語句。接下來"照得"意即不需要查閲檔案而得到的結果,表明東港碶所在的這道公河對於農田灌溉的重要性,是大家有目共睹的。"法准縣議會議員李小卜、樂天等聲稱示禁"一句中,"法准"爲依法准許議員們所聲稱的示禁事項。"合亟出示曉諭"中,"合亟"爲"應當緊迫地"之義,表示命令應當急速辦理某事的用語。"出示曉諭"指發出告示,使人民全體知悉或全體遵照辦理某事的用語。下面"爲此仰……"的句式,是針對前述事件,提出應當采取的措施、建議或處理意見。以"等情"和"切切""特示"分别作禁令和處罰條件的結尾。

參考文獻:

陳訓正、馬瀛等纂:《定海縣志》,民國十三年(1924 年)鉛印本。

舟山市文化廣電新聞出版局編:《海山風物:舟山市第三次全國文物普查成果彙編》,2012 年。

龔憶夢:《舟山東港碶碑刻考釋》,《浙江海洋大學學報(人文科學版)》,2021 年第 3 期。

83.障和廟碑二

民國十五年(1926 年)

碑文：

窃本廟自前清道光五年北首建立一間，址基狹隘，廟宇卑窨，而神灵遐迩昭著，」香烟朝夕輝煌。爰於民國十二年創議捐資，糾集五十四股，每股輸洋五十元，分為」九柱，而柱内有田者，照畝捐洋五百餘元。當置廟田八畝，買廟基一方，改易北首老位」而轉新向。是年十月建造後大殿五間，添裝神座一堂。後至民國十五年七月，又剏建」前大殿以及兩廊。廟貌巍峩，殊妥神明而肅觀瞻。迄今工程告竣，衆議演戲時祭祀」五棹，享餕九棹，此陰陽共享，誠美事也。諸在柱友姓名用勒石刊列於左，以誌不朽云爾。」張尚餘 王福光 張守登 張南衆 張尚作 沈科福 普四柱 張振義 張文駛」張文挺張文華仝 鲍利貴 張守夢 張文積 鲍富挺 張文品 張尚存張尚根仝 南一柱 南二柱」張尚冬 戴世仁余士友仝 張尚清 張文壽 余士來 張尚條 周定安 張守衛 張尚道」沈仁安 徐正炳 張文言 陳安林 張尚宏 陳文榴 陳文來 張文登 張明□張明□仝」張指南 謝德林 張文貴 張雨仁張孝善仝 張文朝 陳文梅 張尚立 張文仁 張文順」張明銓 陳紀黄 蔣昌良 張明芳 沈有寬沈有倫仝 陳文富 傅宜程 張明玉 周夢龍」

中華民國拾五年歲序丙寅八月，張明就題并書，九柱公立」

考釋：

《障和廟碑二》在2001年被發現於舟山市普陀區東港街道南岙村村民院落中，現嵌於南和廟南邊圍墻内側。碑高165厘米、闊76厘米，由張明就撰文并書丹，障和廟九位柱首合立於民國十五年（1926年）八月。碑文稱，清道光五年（1825年）修建的障和廟僅有北首一座殿宇,於是民國十二年(1923 年)鄉民創議捐資重修。張明就糾集五十四股善衆,每股輸洋五十元,立九位柱首。柱首之中有田者,又照畝數捐洋五百餘元。共集資三千兩百餘元,置廟田八畝,買廟基一方,將北首舊殿轉作新向,是年建造後大殿五間,添裝神座一堂。後至民國十五年(1926 年)七月,又創建前大殿以及兩廊。工程告竣,議定演戲時置辦祭祀飯菜五桌、享餕九桌。最後鎸刻五十四股柱友姓名於其上。

參考文獻:

鄔永昌、秦永禄編著:《南岙村志》,中央文獻出版社,2003 年。

張焕、萬吉祥、江升:《家族傳承下的海島農耕聚落演變——以舟山群島南岙村張氏聚落爲例》,《建築與文化》,2016 年第 6 期。

84.安氏宗祠碑

民国十六年(1927年)

‖碑文：

安氏宗祠」

公禁規例」

創業難，守成不易。吾族宗祠於民國十三年間，由族人意世、榮世、愛世等，」募欵擴建一新，上安先靈，下樹百世，美哉是舉之盛也。爰恐後」世不鑒先人創造之艱辛，任意毀損，甚且傷風害俗，罔顧大體。」職是族人公議禁規，凡干禁者，合族共棄之。裔孫守仁識」

一、祠内禁唱淫戲，阻止賭博，違者除制止外，並指名報官究治。」

二、祠内族人樂助器物，供公用外，私人不得擅用。如遇婚喪大」事，不在禁例。倘有損壞，該須賠補，以重公項。」

三、祠内不許設塾謀利，倘設立義務公校，不在禁例。」

四、祠内外不許私人堆放物件及污穢物，以重衛生而壯觀瞻。」

五、宗祠有興革事宜，應召集闔族公議執行之。」

民國十六年八月中浣，安氏合族公訂」

‖考釋：

《安氏宗祠碑》立於舟山市定海區馬岙街道三星村安氏祠堂内，高 152.5 厘米、闊 64.5 厘米、厚 7 厘米，内容爲安氏合族於民國十六年（1927 年）八月中旬議定的公禁規例。安氏宗祠始建年月無考，碑文稱，民國十三年（1924 年）由族人意世、榮世、愛世等募款擴建。唯恐後世不知先人創造之艱辛，防止任意毀損公産及傷風害俗之行爲，族人於民國十六年（1927 年）公議，訂立宗祠禁規五條，如下:第一條,祠内禁唱淫戲,不准賭博,違者除制止外,報官追究。第二條,祠内族人樂助器物,僅供公用,私人不得擅用。但遇婚喪大事,可以通融,損壞須賠償。第三條,祠内不許設私塾謀利,倘設立義務公校,不受禁止。第四條,祠内外不許私人堆放物件及污穢物。第五條,宗祠有涉及興建或革除等重要事宜,應召集合族公議并執行。

參考文獻:

《馬岙鎮志》編委會編:《馬岙鎮志》,中國文史出版社,2010年。

85.戊辰河碑

民國十七年(1928 年)

正面　　　　碑陰

‖碑文:

【正面】

戊辰河」

公禁洗物」

如違送究」

【碑陰】

今將樂助河捐諸大善士姓名列左:」

岑慶安堂助洋壹千元 陳寧遠堂助洋五百五拾元 五屬公厫助洋五百元 王茂興助洋叁百元 劉恒有助洋叁百元 俞家齊助洋叁百元 陳亨順助洋叁百元 戴行文助洋弍百五拾元 趙寶成助洋弍百五拾元 金久林助洋壹百五拾元 金義道助洋壹百念五元」垂昌助洋壹百五拾元 三陽泰助洋壹百五拾元 鼎和園助洋壹百五拾元 恒和順助洋壹百五拾元 朱水脚餘款助洋弍百拾四元 張乾生助洋壹百念五元 戴寶成助洋壹百念五元 俞寶生助洋壹百念五元 任潮興助洋壹百念五元 潘星瀾助洋壹百念五元 陳小寅助洋壹百念五元」韓振遠助洋壹百念五元 金順貴助洋壹百念五元 陳亨賢助洋壹百念五元 謝林法助洋壹百念五元 嚴永順助洋壹百念五元 陸順源助洋壹百念五元 林和清助洋壹百念五元 無名氏助洋壹百五拾元 同善會助碑料壹塊 施仁記北首河磡田計濶三尺 陸永昌助洋壹百念五元」

中華民國十七年歲次戊辰二月」

‖考釋:

《戊辰河碑》立於岱山縣東沙鎮東沙社區和平路戊辰河旁,高

204 厘米、闊 83 厘米、厚 10 厘米，刻於民國十七年(1928 年)二月。岱山、嵊泗等海島地區没有大河，常將水池俗稱爲“河”。戊辰河因農曆戊辰年挖成而得名，乃長方形水池，長 41 米、寬 31 米、深約 2.5 米，面積 1283 平方米。戊辰河是東沙居民重要的飲用水源，《戊辰河碑》正面刻“戊辰河”三個大字，兩旁分刻“公禁洗物，如違送究”警示標語。

碑陰刻建造戊辰河的助款善士名單，可考證的人名、商號衆多。列於首位的岑華封(1860—1928)是浙江慈溪人，年輕時來岱山謀生，經營木材行有方，逐漸發迹，由他發起修建戊辰河，個人以“岑慶安堂”名義捐銀洋一千元。“公厫”爲舊時鹽業機構，收銷食鹽，東沙正是公厫集中之地。岱山“五屬公厫”又稱“五屬公所”，專向江蘇一帶售鹽。“王茂興”“劉恒有”皆是東沙有名的酒坊業店號。“垂昌”號布店爲東沙百年老店聚泰祥綢緞布莊前身。“三陽泰”“恒和順”是東沙經營南北貨、糕餅的商號。“鼎和園”爲東沙特産香乾的品牌。東沙古鎮隨着岱衢洋大黄魚汛而興起，一度是岱山島的經濟中心，吸引來自寧波鄞縣、慈溪、鎮海蟹浦等地的各類經營者。這些助捐名號，反映出民國初年此地商業繁榮之景象，以及慈善公益事業的蓬勃發展。

參考文獻:

舟山市文化廣電新聞出版局編:《海山風物:舟山市第三次全國文物普查成果彙編》,2012 年。

86.盂嘉廟纪念碑

民國十七年(1928 年)

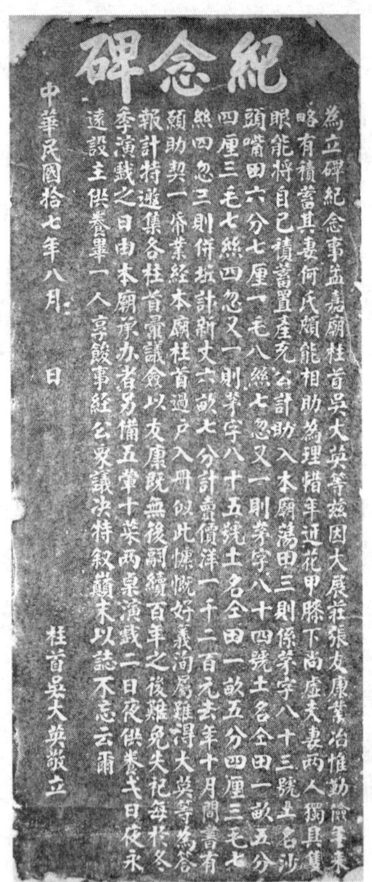

紀念碑

為立碑紀念事盂嘉廟柱首吳大英等茲因大展莊張友康黉治惟勤儉[illegible]略有積蓄其妻何氏頗能相助爲理惜年逾花甲膝下尚虛夫妻兩人獨具隻眼能將自己積蓄置產充公計助入本廟蕩田三則係茅字八十三號土名沙頭嘴田六分七厘一毛八絲七忽又一則茅字八十四號土名仝田一畝五分四厘三毛七絲四忽又一則茅字八十五號土名仝田一畝五分四厘三毛七絲四忽三則併坵計新丈六畝七分計賣價洋一千二百元去年十月間書有頗助契一併業經本廟柱首過戶入冊似此慷慨好義洵屬難得大英等爲答報計特邀集各柱首彙議僉以友康既無後嗣續百年之後難免失祀每於冬季演戲之日由本廟承办者另備五葷十菜兩桌演戲二日夜供養弍日夜永遠設主供養畢一人享餕事經公衆議决特敘顛末以誌不忘云爾

柱首吳大英敬立

中華民國拾七年八月　日

碑文:

紀念碑」

為立碑紀念事。孟嘉廟柱首吳大英等,玆因大展莊張友康業冶惟勤儉,年來」略有積蓄,其妻何氏頗能相助為理。惜年近花甲,膝下尚虛,夫妻两人獨具隻」眼,能將自己積蓄置產充公,計助入本廟蕩田三則:係茅字八十三號,土名沙」頭嘴,田六分七厘一毛八絲七忽;又一則茅字八十四號,土名仝,田一畝五分」四厘三毛七絲四忽;又一則茅字八十五號,土名仝,田一畝五分四厘三毛七」絲四忽。三則併坵計新丈六畝七分,計賣價洋一千二百元。去年十月間,書有」願助契一帋,業經本廟柱首過户入冊,似此慷慨好義,洵屬難浔。大英等為答」報,計特邀集各柱首彙議,僉以友康既無後嗣,續百年之後難免失祀,每於冬」季演戲之日,由本廟承办者另備五葷十菜兩桌,演戲二日夜,供養弍日夜,永」遠設主。供養畢,一人享餕。事經公衆議决,特叙巔末,以誌不忘云爾。」

中華民國拾七年八月　日,柱首吳大英敬立」

考釋:

《孟嘉廟碑》立於舟山市普陀區東港街道塔嶺下孟嘉廟外,高190厘米、闊75.5厘米、厚14厘米,爲柱首吴大英於民國十七年(1928年)八月所立、關於張友康夫婦之助田紀念碑。碑文稱,大展莊張友康從事冶金或鑄造行業,靠勤儉略有積蓄,其妻何氏爲賢内助。可惜年近花甲,膝下尚虛,夫妻两人願將積蓄置産充公,助入孟嘉廟蕩田三則。因丘塊相連,并丘平整丈量得六畝七分,計賣價洋一千二百元。民國十六年(1927年)十月,所捐田契經柱首過户入册。柱首吴大英等爲報答張友康夫婦之善舉,經商議,認爲其夫婦没有後嗣,百年之後難免失祀,遂決定冬季演戲之日,由本廟承辦者另備五葷十菜兩桌,演戲二日夜,供養一日夜,牌位永遠設立。供養結束,一人享餕。衆人將此決議勒碑,以志不忘。

87.隆公墓地指示碑

民國十七年(1928 年)

‖碑文:

周公起孝同劉太孺人墓之旁左,其嗣君」瑞桃、鄉邦義先生祔塋,建造於道光乙巳」年冬。周公與隆公屬乎親誼,歷由敝」氏承值。隆公墓在右首前坎,年久蹟古,」愁失祭掃,增立此碑以資永紀。」

民國拾七年戊辰夏,福德堂許勇房謹誌」

‖考釋:

《隆公墓地指示碑》由舟山私人藏家收藏,高 103 厘米、闊 35.5 厘米、厚 6 厘米,下端無字,蓋原插入土中,是一方民國十七年(1928 年)夏所立的墓地指示碑。從落款"福德堂許勇房謹志"來看,與舟山許氏家族有關。舟山市定海區環城南路孝娘橋邊,有一座 1929 年建成的中西合璧式豪宅——許家大屋,其主人是在上海經營五金發迹的旅滬商人許邵明。許邵明在許家排行老三,房名"許勇房",正是立碑之人。許家大屋建築面積約爲 1300 平方米,坐北朝南,分東西兩列房屋,各四進,規模宏大、錯落有致。許邵明後患精神病,1939 年 6 月被侵入定海的日本兵刺死,許家開始敗落。中華人民共和國成立後,許家後裔離開舟山、各奔前程,大屋裏住過陸、海軍長官,辦過海軍幼兒園,後成爲航務局宿舍。因許家大屋保存基本完好,具有頗高的歷史、藝術價值,2011 年 1 月被列爲浙江省文物保護單位。

此碑講周起孝與劉太孺人合葬墓左旁,是其子瑞桃之墓,祔葬同鄉義先生,建於清道光二十五年(1845 年)冬。周公與隆公是親姻關係,這片墳山歷來由許氏負責管理。隆公墓在周公墓右首前方臺階處,年久難尋,恐失祭掃,因此增立此指示碑以標明方位。此墳山位置及周公、隆公具體生平無考,但從許氏承值可知,隆公應是許氏福德堂先祖,民國十七年(1928 年)大概距隆公去世已有百年。

參考文獻:

劉勝勇、王建富:《兼具多重功能的環城南路》,王建富主編《群島老街巷記憶》,浙江古籍出版社,2016 年。

李仁娟:《定海名門》,中國文史出版社,2017 年。

88.公安局示碑

民國十八年(1929 年)

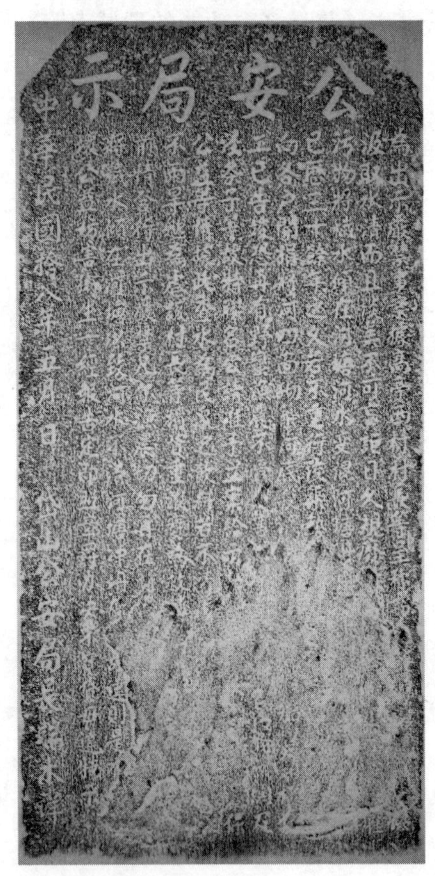

‖碑文：

公安局示」

為出示嚴禁事。案據高亭西村村長等呈称：窃……」汲取，水清而且淡，美不可言。詎日久規廢……灌」污物，將穢水傾在河塘，河水变混，河塘將……」已歷三十餘年之久，若不重行浚築，勢……」向各户開捐，將河四面砌築，河底又深……加以……」工已告竣，恐再有野蠻漁農不管利害……物……及」浸涂。予等故特聯名公請，准予立案給示……保」公益等情。據此，查水為民衆之飲料，若不清……」不雨，旱魃為虐，该村長等捐資重浚，實為救濟……」前情，合行出示嚴禁。凡尔漁農切勿再在河……」將穢水傾在河塘，以致河水不清，河塘沖坍。倘有故違，則是有……」壞公益，妨害衛生。一經報告，定即照章罰办，决不寬貸。毋違，特示。」

中華民國拾八年五月　日，岱山公安局長端木祥」

‖考釋：

《公安局示碑》立於舟山市岱山縣高亭鎮大岙二村新河路陳君廟上方大岙方河旁，高 120 厘米、闊 56 厘米、厚 13 厘米。岱山等海島居民常將大型池塘稱爲“河”，“方河”即“方塘”。大岙方河由商民趙春山等捐資修造於清光緒二十年（1894 年）。此碑内容爲岱山公安局長端木祥於民國十八年（1929 年）五月，爲保護大岙方河水質潔净而發布的禁示。碑體下部有水泥塗抹，無法清除，覆蓋大片文字。碑文大意爲，有高亭西村村長等呈稱，方河水質原本清淡，然而日子久了，規章廢弛，村民將穢水傾在河塘，導致河水變混、塘底淤積、圍欄衝坍，已有三十多年了。若不重新疏浚、加固，勢必影響村民生活。於是,村長等人向各户募款,砌築河塘四面墻體,清理塘底淤泥。工程告竣,唯恐再有野蠻漁農破壞公益、妨害衛生,於是衆人聯名請求公安部門立案并發布公示。

參考文獻:

黄遵錢:《岱山水利古今談》,中國人民政協岱山委員會文史委編《岱山文史資料(第 4 輯)》,1992 年。

舟山市文化廣電新聞出版局編:《海山風物:舟山市第三次全國文物普查成果彙編》,2012 年。

89.修路紀念碑

民國十八年(1929年)

碑文:

修路紀念碑」

舵嶴大嶺下直達劉家灣一帶,為東鄉往來之」要道,中間經過大小河塘,泥濘傾圮,行路艱難,」久未修築。兹由唐嘉鵬善士獨貲興修,自鄭」家廟至上屋碾子,計百廿三丈;鰳魚山嘴計廿」丈;大河塘五十四丈;大登四十六丈;小河塘十」七丈;大塘路至劉家灣山嘴二百有八丈。從此」康莊四達,行人沾惠,是不可以不誌也。」

民國十八年六月　日,監修人張厚生謹勒」

考釋:

《修路紀念碑》位於普陀區東港街道徐家路紅旗村村委會一帶河旁,原放置在附近山麓的土地堂中,高 140.5 厘米、闊 66.5 厘米、厚 8 厘米,是一通立於民國十八年(1929 年)六月的修路紀念碑。碑文道,從舵岙大嶺下直達劉家灣一帶,爲舟山本島東部鄉民往來之要道。中間經過大小河塘,泥濘傾圮、行路艱難,久未修築。於是,善士唐嘉鵬獨資興修大路,由鄭家廟至上屋碾子,計 123 丈;再至鰳魚山嘴,計 20 丈;再至大河塘,計 54 丈;再至大登,計 46 丈;再至小河塘,計 17 丈;再由大塘路至劉家灣山嘴,計 208 丈,總計 468 丈,合 1.5 公里以上。從此康莊四達,行人沾惠,故有必要立碑紀念、表彰善舉。

籍貫定海的唐嘉鵬曾是上海灘青幫頭子黃金榮的得意門生,是名噪一時的上海"大世界"游樂場經理。20 世紀以來,隨着上海近代工商業的發展,一大批集戲院、茶館、電影院、賭博場等爲一體的現代娛樂場所興盛起來,最有名的便是 1917 年黃楚九創辦的

"大世界"游樂場。1931 年黃楚九病逝後,由黃金榮接辦,唐嘉鵬擔任經理。後來,唐嘉鵬於 1933 年 6 月 18 日清晨被殺手王興高槍殺。唐嘉鵬被刺案發生後,引起租界當局的高度重視,不久兇手王興高被擒獲,供出主謀是蘇北幫頭子顧竹軒。此案由上海地方法院審理,判處王興高死刑、顧竹軒十五年徒刑。據傳聞,是因爲唐嘉鵬開始投師顧竹軒,後來轉投黃金榮,故而遭到顧的忌恨。

作爲上海灘青幫人物的唐嘉鵬,在家鄉舟山則是大慈善家。1932 年,唐嘉鵬出資將定海古城東大街改爲條石路面,由此文彩橋以西至狀元橋一段改名爲唐嘉鵬路。1933 年 7 月 12 日,國民政府發文,褒揚定海縣捐資興辦鄉鎮公益事業的唐嘉鵬、周錦水二人,决定題頒匾額、以昭激勸。其時,唐嘉鵬已經過世近一個月。《修路紀念碑》的監修人張厚生無考。

參考文獻:

劉勝勇、王建富:《百業興盛的定海東大街》,王建富主編《群島老街巷記憶》,浙江古籍出版社,2016 年。

孫峰:《普陀紅旗村有一塊 90 年前的修路紀念碑》,《舟山晚報》,2020 年 7 月 26 日。

90.聖彌額爾總領天神禱文碑

民國十八年(1929年)

碑文：

聖彌額爾總領天神為我等祈」

天地大主、三軍之帥、善神之首聖彌額爾保守聖教」會。昔日，抑鎮邪魔驕傲，使認天主之尊大能無偶。轉」求天主，賜教中諸品級聰明剛毅，以能醒悟異端、解」明大惑，加之神力誠意，以能體懷仁義、整肅萬民。爾」依主命，世人終時，攜靈魂置之主前，聽斷其行、辨定」善惡。或因善受賞上升，或因惡受罰下墮。我亦添入」聖教，敬謝爾，真切望爾，佑我平生痛悔前非，以至死」後求主赦我重罪。亞孟！」

考釋：

《聖彌額爾總領天神禱文碑》位於舟山市普陀區沈家門街道東大社區青龍山聖母堂門口，建於民國十八年（1929 年），碑頭還塑有"聖彌額爾總領天使"像。據學者考證，光緒元年（1875 年），法國籍神甫乃利在沈家門青龍山始建小聖堂，塑聖母像，1929 年擴建爲聖母玫瑰堂。現存聖堂於 1998 年重修，由鐘樓與廳堂兩部分組成。《聖彌額爾總領天使禱文》是梵蒂岡教宗利奥十三世（1810—1903）要求各教區在彌撒之後需誦念的祈禱經，標題通常譯作《向聖彌額爾總領大天神誦》。信徒祈禱聖彌額爾總領天使的護佑，以求戰勝魔鬼，死後獲得重罪的赦免。據民國《定海縣志》卷十三《禮教志・宗教》統計，1923 年舟山信教群衆中，有佛教徒 2649 人，道教徒 749 人。西教包括天主教 2281 人、耶穌教 667 人，總數量達 2948 人，超越佛教，可見當時舟山受西方文化影響之深。

參考文獻:

陳訓正、馬瀛等纂:《定海縣志》,民國十三年(1924 年)鉛印本。

舟山市文化廣電新聞出版局編:《海山風物:舟山市第三次全國文物普查成果彙編》,2012 年。

孫峰:《日據時期的"小上海"——沈家門漁港舊影》,《今日普陀》,2015 年 10 月 23 日。

91.接待寺殘碑

民國二十年(1931年)

碑文：

蓋中国有佛始於漢明帝，佛……」

溫公仁政愛民，所以萬家生佛……」

人念之。今有舵庄王汪氏好……」

有年。氏因夫营巫祝，恐碍愆……」

田一則，土名舵庄新塘中塘……」

劵過户管業收花，永為祀田……」

□□□盡善盡美，惟望陰陽……」

士辛未宫生九月初八日，卒十一月十九日。午……」

氏壬子宫生五月初八日，卒 月 日……」

里人吴晉庵……」

民國二十年辛未三月……」

考釋：

《接待寺殘碑》藏於舟山市普陀區沈家門接待禪寺，原碑被人爲破壞成四塊，僅存上半截兩塊，下半截丢失。上半截高 66 厘米、闊 70 厘米、厚 8 厘米，由里人吴晋庵立於民國二十年（1931 年）三月，蓋爲寺院助田碑。元《大德昌國州圖志》卷七《叙祠 · 寺院 · 寶陀寺》載："至元十四年（1277 年），住持僧如智捐衣砵之餘，建接待寺一所於沈家門之側，以便往來者之宿頓，朝廷歲遣使降香相屬於道。"可知接待寺爲普陀山寶陀寺下院。清光緒《定海廳志》卷二十七《祠廟志》云："接待寺，明成化元年（1465 年），僧德慧建於沈家門深隩。"後幾經廢興。殘碑開篇道，中國佛教始於漢明帝夜夢金人，後又引用《幼學瓊林 · 文臣》"司馬温公，真是萬家生佛"之語，表達百姓懷念仁政愛民的好官之意,“萬家生佛”是人們對司馬光的稱揚,視他爲救苦救難的活佛。碑文接着講今舵岙莊有善人王汪氏,其夫職業是巫祝,她捐田一則,將田租收息永供寺院祭祀之用。碑文最後是術數用語,指王氏命宫干支爲辛未,生於九月初八日,卒於十一月十九日;王汪氏命宫干支爲壬子,生於五月初八日,卒日未刻,表明當時仍在世。

參考文獻:

史致馴、黄以周等編纂,柳和勇、詹亞園校點:《定海廳志》,上海古籍出版社,2011 年。

舟山市佛教協會編:《舟山佛教寺院通覽》,中國文史出版社,2015 年。

92.張子良太翁功德碑

民國二十年(1931年)

碑文:

定海沈家門鎮公立存濟醫院張子良太翁功德碑」

張子良太翁功德碑」

鄞張原煒撰文,鄞張原燿書丹,鄞朱方篆額」

海通以還,科學駸光,盛人盡知醫術之宜效法遠西,醫院之設徧國中矣。沈家門者,位」于舟山羣島之東,居甿環島而棲者,亡慮以萬數。先是共和紀元,嘗規設存濟醫院矣。」院當天后宫山顛,与島民邨落相望,中亘山徑,委翳若干里,島之人即有疾,非紆道無」由達。以故不幸而病,病而愆時,以至不可救者什九。而有嘗試言之,病猶火也,火之起,」星星焉已耳,救之不及,其時星星者且燎原,不可鄉迩矣。先是島有耆碩曰張翁子良」者,謂島民紆道可念,蕲鑿山通道,以便病者。山故陳氏產,咨于主者有難色,用是中輟」不果行。今歲九月三日,為翁七十誕辰,翁之子澹人将為翁壽,翁曰:"壽一人之私也,用」吾私以致力于公,莫吾醫院若。"則与澹人舉前議,澹人夙順于親,亟謀所以竟親志,走」告于陳。陳感其誠,願署券買地歸于院。衆謀既同,工事斯舉,自邨至院,通鑿山徑為石」磴五十餘級,夷如曠如,無復向時登陟之勞。又當所通道,別營院舍二十餘楹,以居病」者,由是醫院規制犁然備矣。是役也,諸所須林費都用白金萬版有奇,澹人奉其父命,」首斥私財五千版,諸有好于澹人者,爭醵金亦得五千版。工既竣,島之人交口稱曰:"善」哉!張翁之有造于吾島也。"又曰:"澹人之善,壽其親也。"于是,院董郭君樹勛來屬為文,乃」為最,其都凡揭于院壁,以諗來葉,以訖于永永無竟。太翁名明標,其字子良。」

共和紀元二十年八月,定海沈家門公立存濟醫院董事會同人敬謹立石」

金匱張瑞芝鐫」

考釋:

《張子良太翁功德碑》收藏於舟山市普陀區東港街道文康街普陀醫院,高 145 厘米、闊 80 厘米、厚 10 厘米,碑額高 42 厘米,篆書“定海沈家門鎮公立存濟醫院張子良太翁功德碑”,碑文正書,共 17 行,行滿 33 字,刻於民國二十年(1931 年)八月。據《定海縣志》卷四《財賦·公款及公産》載:“沈家門存濟醫院,民國六年(1917 年)邑人劉德裕、陳永藻、曾川流、王春生、和生、陳獻臣、郭家株等捐建。正廳五間,餘屋十二間。設中西醫士四名、看護人等六名。”公立存濟醫院位於沈家門宮下路,1931 年張澹人用其父張子良七十壽辰禮金購置地皮、擴建醫院,築磚瓦結構的西式兩層門診樓一幢,設病房十間,并鑿通山路,方便患者就醫。解放後,存濟醫院改爲普陀縣人民政府衛生院,後來在宮墩建造工字型平房門診部,醫院遷入新址,宮下路上的存濟醫院舊址成爲縣衛生防疫站,後被拆除。

碑文道,與海外通航以來,近代科學傳入我國,衆人盡知醫術也應學習西方,國内於是遍地開設現代化醫院。位於舟山之東的沈家門有居民數以萬計,民國六年(1917 年)由劉德裕等建存濟醫院於天后宫山巔。因山路曲折,綿延數里,病人必須迂迴而至,若有延誤,十有九人無法救回。病情開始就同火苗一樣,星星點點,但不及時撲滅,就會發展爲燎原之勢,不可靠近。舟山耆碩張子良翁,可憐島民看病難,早就發心鑿通山道,以方便患者,但此山乃陳氏資産,主人表示爲難,事遂作罷。今年九月三日,正值張子良翁七十壽辰，其子張澹人想爲父親作壽，翁曰："不要爲我辦壽筵了，用壽金做一件公益事，不如建座醫院吧。"張澹人於是又向山地主人陳氏請求，陳氏感念其父子誠心，簽署券約將地皮賣與醫院，立馬施工，將山路改造爲五十餘級石臺階，既平整又開闊。張氏父子趁此復建院舍二十餘間，使醫院規模更加完備。工程總花費萬餘銀元，張澹人奉父命先斥資五千，又有善者争相捐集五千。竣工後，舟山百姓交相稱贊："張子良翁造福海島，張澹人以善舉爲父作壽。"張子良，名明標，字子良。張澹人(1889—1939)，又名張曉耕，早年赴日留學，曾做過六年的沈家門鎮鎮長。

此碑由存濟醫院院董郭樹勛囑托張原煒撰文，勒碑以垂永久。張原煒(1880—1950)，字于相，是"甬上晚清文人四大家"之一，甬上名人壽幛、墓志、碑碣、匾額題字多出自他手，存《葑里剩稿》四卷，亦收録《張子良太翁功德碑》，但非最後定稿，文字多有出入。碑文書丹者張原燿(1884—1934)，乃張原煒弟，字禹甸，同盟會成員，曾任民國《鄞縣通志》書記。其書法有名於時，惜英年早逝。篆額者朱方即朱義方(1900—1989)號復戡，以號行，近現代書法大師。碑文鎸刻者張瑞芝(1885—1978)爲無錫著名雕刻藝術家，"雙契軒"竹刻創始人。

參考文獻：

陳訓正、馬瀛等纂：《定海縣志》，民國十三年(1924 年)鉛印本。

《沈家門鎮志》編纂領導小組編：《沈家門鎮志》，浙江人民出版社，1996 年。

《舟山市衛生志》編纂委員會編：《舟山市衛生志》，中華書局，

2002年。

逯銘昕:《馮玕、張原煒批校本〈後山集〉述略》,《寧波大學學報(人文科學版)》,2014年第4期。

孫峰:《宮下存濟醫院的變遷》,《今日普陀》,2017年5月12日。

93.素菜祀禁碑

民國二十二年(1933 年)

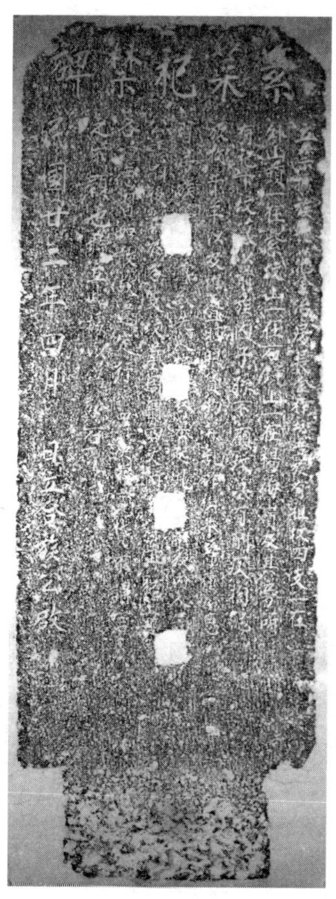

碑文:

素菜祀禁碑」

立禁。據族長范金治、房長金祚坊,吾族有祖坟四支:一在」外山頭;一在紫坟山;一在石鏡山;一在楊梅嶺及其旁所,」有祀下坟墓。以前族内子孫不顧坟墓,有削炭掏泥、」放牧牛羊,以及堆叠、晒晾貨物,并乱斫樹木等種種悪」習。房族□□,導致先人□□坟墓起見,□集族内人等」公議,嗣後對於各支坟墓周圍四丈内,不得再犯上述」各種悪習。如敢故違,定行議罰,决不寬貸,不謂言」之不預也。特立此據,以鐫於石。」

民國廿三年四月　日立,合族公啟」

考釋:

《素菜祀禁碑》被發現於舟山市定海區雙橋街道東方范家,由私人收藏,高 137 厘米、闊 56 厘米、厚 7 厘米,立於民國二十二年(1933 年)四月。此碑在“文革”中遭到破壞,碑上被鑿了四個 6 厘米見方的方洞。碑額“素菜祀”之意,根據碑文内容是管理祖墳,蓋指用素菜祭祀先人。碑文講道,據族長范金治、房長金祚坊稱,范氏祖墳共有四支,分布在四座山頭。以前族内子孫在山上削炭掏泥、放牧牛羊、堆叠和晾曬貨物、亂伐樹木,導致祖墳被破壞。於是召集族人公議,規定各支墳墓周圍四丈之内,今後不得再犯上述各種惡習,違者重罰,决不寬貸。特立此碑作爲憑據。

94.雲渠碑

民國二十三年(1934 年)

碑文:

雲渠」

劉鶴齡太翁之嗣子」為雲垚、雲茂二公。故」一渠以雲字名之，銘」垂不朽。」

甲戌春繆昌辰題」

考釋:

鶴齡泉位於舟山市普陀區沈家門街道教場社區嶺舵山南麓，是舟山近代首座小型蓄水工程。鶴齡泉依山谷構築，自上而下分爲雲渠、德渠、亦渠三渠。《雲渠碑》高 60 厘米、闊 143 厘米、厚 9

厘米,“雲渠”兩個大字爲魏碑體,左側題記爲行書。雲渠爲上渠,劉鶴齡兒子雲垚、雲茂的行輩爲“雲”,故定名“雲渠”。因海島特殊的地理環境,淡水資源匱乏,民國二十三年(1934 年),劉寄亭、劉漢亭兄弟二人以祖父劉鶴齡百歲冥壽禮款、壽慶筵席款及社會各界捐資款修造了鶴齡泉。次年五月竣工,有衆多名人題字祝賀,于右任題寫“鶴齡池”、張康甫題寫“鶴齡泉”、褚輔成題寫“漢代家聲”等。“漢代家聲”題刻保存完好,“鶴”“齡”字碎石現保存在普陀區檔案館。鶴齡泉水通過鐵管,輸送至宫墩山下鶴齡池。鶴齡池貯水量爲 1.6 萬立方米,占地 2321 平方米,基本解决了當時沈家門居民的用水困難,是漁港基礎設施之一。

參考文獻:

袁甲:《鶴齡泉:見證沈家門近代公益》,《舟山晚報》,2009 年 4 月 14 日。

舟山市文化廣電新聞出版局編:《海山風物:舟山市第三次全國文物普查成果彙編》,2012 年。

95.德渠碑

民國二十三年(1934 年)

碑文:

德渠」

德字為」鶴齡公嗣孫」寄亭、漢亭等」之行輩,因以名」二渠。」

民國廿三年九月」

黄遂方題」

考釋:

德渠是鶴齡泉之中渠,以劉鶴齡孫輩劉寄亭、漢亭的行輩"德"命名。《德渠碑》高 140 厘米、闊 70 厘米,"德渠"二字爲魏碑體,其下題記用行書,由書法家黄遂方書丹。岱山縣東沙鎮百年老店"聚泰祥"三字也爲黄遂方所題。三渠中,現僅存《雲渠碑》與《德渠碑》,下渠《亦渠碑》無存。鶴齡泉的倡建者劉寄亭(1890—1942)是劉雲茂之子,族名德裕,鄉人以"寄亭大頭"稱之。他年輕時任錢莊職員,民國六年(1917 年)發起捐款建沈家門存濟醫院、半升洞燈塔,又獨資修築鶴齡路。民國十一年(1922 年)籌設中國銀行沈家門辦事處,并任主任,後中行定海辦事處擴充,升任該處主任。20 世紀初,沈家門設鎮,正值漁港大發展之際。漁船數量大增,人口由光緒二十六年(1900 年)的約 5300 人,增加到民國二十四年(1935 年)的約 21500 人。對生産生活用水的需求倍增,導致十年前所開鑿的神功池已無法滿足漁港發展需要,建設蓄水工程成爲當務之急。

參考文獻:

袁甲:《鶴齡泉:見證沈家門近代公益》,《舟山晚報》,2009 年 4

月 14 日。

舟山市文化廣電新聞出版局編:《海山風物:舟山市第三次全國文物普查成果彙編》,2012 年。

96.息影亭布告碑

民國二十三年(1934年)

碑文：

定海縣政府布告第四五號」

為佈告事。案據瀝港鵬山鄉公民楊聖波呈請，」□所修築衜頭行將工竣，祈出示曉諭事。據查金二」□瀝港江面東西兩塗岸，向有古老衜頭兩座。嗣因航」海漁船等往來繁盛，該處原有衜頭應接不暇，先□」□楊公諱希棟有鑒於斯，提倡公益，邀集地方紳□」□衆太平盛會，全體柱首公同議決，將在東岸衜頭」□古老衜頭南首，分建衜頭一座，定名太平衜頭□」建築費由太平盛會墊付。惟西岍即鵬山古老衜頭」之南，永豐碶南首楊升記户冊內地方，建築衜頭一」座，定名升記衜頭，計濶八尺，另長四十餘丈。又另建」息影亭一座，其開办經費統由先父世棠公獨自備」款建築，以全公益。現以歷年已久，逐漸坍塌，上落不」便，爰於今春由聖波斥資修葺。為求永久堅固起見，」悉將乱石一律改用大料石條，計工料洋壹千八百」餘元。至息影亭一座亦已年久陳舊，亟待改建，正在」規劃中。惟查各帮魚船停泊，前經規定太平衜頭歸」漁船停泊卸裝，俟脱卸完罄，即刻開放，不得故意停」留。升記衜頭專歸航渡，以及往來行船停泊之所用。」為免除衝突而利交通，於民國十年七月呈蒙鈞署，」告示曉諭在案。茲以工程即將告竣，深恐日久玩生，」肇生事端，為此具文呈請鑒核，俯賜出示曉諭週知，」以資勒石而垂永久，實為公便」等情。前來據查該公民熱心地方公益，斥資修築衜」頭，以利交通而便行人上落，深堪嘉尚。除批示外，合」行出示佈告，仰該處航渡漁帮往來船隻人等一體」知悉：須知該公民修築衜頭，實為船隻停泊計，免□」人上落擁擠，務應遵照按埠分別停泊，毋得混」淆，免致衝突為要。此佈。」

縣長楊任難」

中華民國廿三年十二月三日」

考釋:

《息影亭布告碑》嵌於舟山市定海區金塘鎮大鵬島息影亭内,闊 116 厘米、高 55 厘米。息影亭爲大鵬島鄉賢楊希棟、楊聖波父子於民國十年(1921 年)出資修建的渡船埠頭凉亭,是灰磚堆筑的穿心方亭。楊希棟(1849—1924),二十多歲在上海南北號木帆船當水手,往返於上海、浙江、福建、山東沿海各港口裝運木材。光緒二十八年(1902 年)親自主持在大鵬島西北角裂表嘴山崗建造燈塔。民國九年(1920 年)出任瀝港總董。其子楊聖波(1901—1940),先就職於上海海關,後任南京津浦鐵路局庶務科第一科科長、上海航政局代局長等職。民國二十二年(1933 年)出資重修裂表嘴燈塔,逝世後與其父同葬於裂表嘴山崗,以表達永遠看守燈塔之夙願。《息影亭布告碑》爲定海縣縣長謝任難(1900—1973)於民國二十三年(1934 年)十二月三日簽署的定海縣政府第四十五號布告,詳細記録了大鵬島埠頭、息影亭的建造過程及功用,部分文字磨泐。

碑文道,由楊聖波呈請縣政府,爲所築道頭行將工竣而出示文告。他説,金塘大鵬山、瀝港東西兩岸,有兩座古老道頭,“道頭”即埠頭、碼頭。因航海漁船往來頻繁,原有道頭應接不暇,於是由其父楊希棟發起,邀集地方紳士成立太平盛會,經全體柱首共同公開議決,在東岸瀝港古道頭南首,新建道頭一座,定名太平道頭,建築費用由太平盛會墊付;在西岸大鵬山古道頭之南、永豐碶南首楊升記户册内一處,建升記道頭,闊八尺,長四十餘丈。又另建息影亭一座,加上道頭建築費用,皆由楊希棟承擔。如今歷年已久,升記道頭路面逐漸坍塌，行旅上下船隻極其不便。於是民國二十三年(1934 年)春，楊聖波繼承父願、斥資修葺，爲求永久堅固，悉將乱石一律改用大料石條，總計工料洋一千八百餘元。息影亭亦已年久陳舊，亟待改建，正在規劃之中。定海縣政府頒布告示之目的，在於訂立道頭運營規章，具體如下：規定太平道頭專用於漁船停泊卸貨，裝卸完畢，即刻駛離，不得故意停留；升記道頭專爲行旅航渡，以及往來行船停泊之用。爲避免交通衝突，民國十年七月曾發布關於東西兩岸古道頭之功用，新道頭建築工程即將告竣，恐日久玩生，滋生事端，由定海縣政府再次出示布告，勒石以垂永久。告示要求航渡漁幫、往來船隻人等一律知悉，新修道頭是爲停泊船隻，避免行旅上下擁擠，因此務必遵照規章，按道頭功能分别泊船，毋得混淆。

參考文獻：

《金塘志》編輯委員會編：《金塘志》，中華書局，1999 年。

孫和軍：《息影亭：大鵬島遺存的精神鑰匙》，孫和軍著《航讀千島》，中國文史出版社，2019 年。

97.荷花池公啓碑

民國二十七年(1938 年)

碑文：

令禁車水灌溉田園，」洗滌污物，抛棄瓦礫。」如違查拿，送縣究辦。」

中華民國二十七年公啟」

考釋：

《荷花池公啓碑》原在舟山市定海區荷張綫荷花池内，爲池圍堤壩構件。2020年，因荷花池已湮没，石碑被移至定海西大街67號古越昌國史迹館内。碑高155厘米、闊78厘米、厚5.5厘米，勒於民國二十七年（1938年）。内容是三條禁約公啓，一是禁止用水車取水灌溉農田，以防水車污染荷花池；二是禁止在池中洗滌污物；三是禁止向池中抛棄瓦礫。如敢違約，必搜查拿捕，送縣究辦。據當地人介紹，晚清至民國時期，荷花池旁有一天主教堂，池水屬教堂管理，乃教堂及附近村民日常飲用及生活用水來源。

參考文獻：

孫和軍編著：《水孕定海山》，中國文史出版社，2021年。

98.周紹武壙志

民國時期

碑文:

周紹武先生壙誌」

昔蘇子瞻作《三槐堂銘》,贊美王氏勳業,以為仁者必」有後。凡人脩德於身,責報於天,數十年後,取之無爽。」而歐陽永叔亦曰:"為善無不報,而遲速有時,可知積」善之家,必有餘慶。"古人之言,洵不虛也。以余觀於周」紹武先生事,□□信□□名鎬緒,字紹武□□□□」干礮□□□□□□□書香。及其父繼銘公時,□降武□,」遂棄儒冠而從事乎南畝,持躬忠直儉約,教子弟以」義方,蓋猶農而儒者也。生子四人,先生行列三,伯學」緒、仲美緒、季景緒,皆服賈於滬濱,惟先生依依膝下。」十二齡始入學,□三載,即中輟,而西疇有事,輒在家」佐治雜務。得數則,潛心研求,每有會□□人有負薪」掛角者,先生□之矣。十七齡□始□滬歸商,但不匝」月而鄉人有來,謂先生四子□□□□若□方□□」問之思也。先生聞言涕下,束□□□□□□□□□□」子職且□□□事稼穡故□□□□□□□□□□當」母病□□,先生在側侍湯□□□□□□□□卒不□」則哀毀,幾不欲生焉。其後□□□□□□□□□及其」自身,營牛眠地,延舒君昭耀□□□□□□□定海□」□□□□然迄不□□□□□□□□□□□□□之端」□□□□□自□勵櫛風□□□□□□□□□□□」□□□□之謀。先生篤華萼之精□□□□□□□□」□□勸諫無效,乃以稱完者,讓諸昆仲□□□□□。」先後遣子女入學,不以匱乏而廢,故勤□□□□□」娶于袁氏夫人,淑慎多能,節約耐勞□□□□□□□」□縫紉以□□□□□□,無不躬治弥勤,一時□□□」之於漢梁孟誠無□讓□□三。長志業,永遠□□□」箕業□巳娶婦,□業生男應培、應元,裘業生男□□」

考釋：

《周紹武壙志》碎爲多塊，較完整的四大塊由私人收藏，原發現於舟山市定海區干覽鎮黄沙周，修建公路時周紹武墓被破壞，壙志出土。拼合之後可知壙志闊約 150 厘米、高約 60 厘米、厚 7 厘米，行滿 20 字。1925 年的《黄沙周氏宗譜》鈔本記載："繼銘公第三子鎬緒，字紹武，生於光緒丁亥年（1887 年）五月初十日；娶皋泄袁氏，生於光緒己丑年（1889 年）十一月二十日。子四：長志業、次權業、三箕業（乳名定保）、四裘業（乳名定安）。"其卒年不詳，從壙志風格來看，當在 1949 年中華人民共和國成立之前。

壙志開篇道，蘇軾作《三槐堂銘》，贊美王氏家族的功勛事業，表達"仁者必有後"的觀點。人們靠自身修德，向上天求報答，要數十年後，就有毫厘不爽的回報。歐陽修在《瀧岡阡表》裏也説過，善有善報，但早晚有定數，積善之家，必有餘慶。古人的話，確實不虛，墓主周紹武的一生便是明證。周紹武，名鎬緒，以字行，生於干𥗽黄沙周之書香門第。1925 年的《黄沙周氏宗譜》稱，干𥗽黄沙周氏自明代以來世居於此，清順治初年海禁時遷至寧波邱隘（今鄞州區），沿海展復後，旋返故土。周氏有四房，宗祠恒德堂，行輩爲：元啓肇正盛，繼緒業應昌，爲善有餘慶，家和定福祥。

周紹武之父繼銘公棄學而務農，以忠誠正直、儉省節約爲修身之本，用正道教育後輩，是農夫中的儒者。生子四人，老大學緒、老二美緒、老四景緒，皆赴上海從商，唯有周紹武一生陪伴在父母身邊。他十二歲入學，三年後中輟，回家種田，幫親人處理雜事。但他從未放棄對學問的潛心研求，可用漢代朱買臣背着柴草讀書、隋代李密把書掛在牛角上的典故来形容。周紹武十七歲時也去上海學做生意，但不到一個月，就有同鄉來滬告訴他説，四子都在外，父母牽掛。周紹武聞言涕下，决定回家作農民。當母親病時，他在側侍湯藥；母去世時，他痛不欲生。他娶夫人袁氏，賢良謹慎、多才多藝、節儉耐勞，生有四子，從小皆入學。

因壙志殘破，周紹武生平不甚詳賅，應該有對應開頭"仁者必有後"的内容。黄沙周一族世代農耕，但十分重視教育。咸豐四年(1854 年)《隆教寺憲諭永遵碑》中創辦覺斯義塾的總柱周盛愛，副柱周繼旦、周盛佐等，都是黄沙周人。業字輩中的周有業(1890—1972)，字錦水，十七歲時去湖北漢口德商瑞生洋行機器部做工，後赴日本學習電機製造技術，1930 年初在上海創業開辦華成電器製造廠，成爲著名民族企业家，是中國電機行業開創者之一。

參考文獻：

周緝緒編：《黄沙周氏宗譜》，民國十四年(1925 年)鈔本。

《舟山家譜書目提要》編輯委員會編：《舟山家譜書目提要》，2017 年。

孫和軍：《彌留黄沙周山麓的鄉情——尋訪周錦水》，孫和軍著《航讀千島》，中國文史出版社，2019 年。

王立：《王亨彦與〈黄沙周氏三代傳詩集〉》，《舟山晚報》，2022 年 6 月 26 日。

99.聖路石刻

時代不詳

▍碑文：

聖路」

▍考釋：

"聖路"二字石刻位於舟山岱山縣前岸村外山嘴夏仁義老屋西面山坡的一塊山石之上，字徑 10 厘米，爲魏碑體，史志中無載，不知何人書寫。有以下幾種説法：一是明開國功臣躲避朱元璋迫害，躲於此山坡而脱險，後人將功臣逃生之路稱作"聖路"。二是南明魯王朱以海抗清失敗，逃往福建漳州途中船隻迷航，駛入岱山島仇江門停泊，曾在此山上挖番薯解饑，後人稱魯王走過之路爲"聖路"。三是元末明初農民起義領袖方國珍麾下幕僚劉仁本手書。劉仁本(1311—1368)是浙江温嶺人，曾輔佐方國珍經略昌國，凡興學、建橋、修路、築塘諸善政，國珍皆用其言。定海老城古有"方河"，至今還有"留方井"，百姓如此取名就是爲紀念方國珍割據昌國時所作貢獻。由於没有確鑿證據，"聖路"二字由誰所刻終無定論。

參考文獻：

舟山市文化廣電新聞出版局編：《海山風物：舟山市第三次全國文物普查成果彙編》，2012年。

陳衛蘭：《劉仁本生平事迹考述》，《台州學院學報》，2014年第5期。

戰國輝著：《海山勒石：浙江舟山石刻題記研究》，燕山大學出版社，2019年。

中共岱山縣委宣傳部編：《前岸村志》，2020年。

100.存琮墓志

時代不詳

公諱存琮鄉之吉人也少
專攻海談業故捕魚稍北
受聘為巨船長往來大江
南北如履平地其道無他
實因公航海術之精也性
公生性素樸立品端方克
勤克儉以成家道無荒無
怠稱興船商家雖不能鉅
富固足以稱小康也德配

碑文:

公諱存琮,鄉之吉人也。少」喜航海,談業故捕魚。稍壯,」受聘為巨船長,往来大江南北,如履平地,其道無他,」實因公航海術之精也。惟」公生性素樸,立品端方,克」勤克儉,以成家道,無荒無」怠,得興船商。家雖不能鉅」富,固足以称少康也。德配」……

考釋:

《存琮墓志》收藏於舟山博物館,高 53 厘米、闊 62 厘米、厚 5 厘米,當有兩塊置於墓碑兩側,僅存右碑,正書,共 9 行,行滿 10 字,時代蓋爲民國年間。墓主名存琮,因墓址不詳,墓碑亦缺失,不知姓氏。墓志稱,他是鄉之善人,從小喜歡航海,以捕魚爲志向。年歲稍長,受聘爲巨船船長,精通駕駛技術,往來大江南北如履平地。他生性素樸,品行端正,克勤克儉,無荒無怠,因航海通商發家,雖算不上巨富,亦足稱小康。後記配偶子女及墓主生卒、墓地等事,碑雖不全,寥寥數字,盡顯海洋文化特色。

舟山歷代碑志分類分布表

内容分類	分布地點															
	定海區			普陀區							岱山縣			嵊泗縣		合計
	本島	金塘	大鵬	本島	朱家尖	普陀山	六横	佛渡	桃花	蝦峙	岱山	秀山	衢山	泗礁	黄龍	
學校類	3 種 ⑦㉑㉗	—	—	—	—	—	—	—	—	—	—	—	—	—	—	3 種
慈善類	5 種 ⑫⑬⑯⑱㊼	1 種 ⑨	—	6 種 ㊸㊺㊉㊈㊎㊏	1 種 ㉟	—	—	—	—	—	1 種 ㊾	—	—	—	—	14 種

续表

<table>
<tr><th rowspan="3">内容分類</th><th colspan="16">分布地點</th></tr>
<tr><th colspan="3">定海區</th><th colspan="7">普陀區</th><th colspan="3">岱山縣</th><th colspan="2">嵊泗縣</th><th>合計</th></tr>
<tr><th>本島</th><th>金塘</th><th>大鵬</th><th>本島</th><th>朱家尖</th><th>普陀山</th><th>六横</th><th>佛渡</th><th>桃花</th><th>蝦峙</th><th>岱山</th><th>秀山</th><th>衢山</th><th>泗礁</th><th>黄龍</th><th></th></tr>
<tr><td>寺觀、祠廟、教堂類</td><td>20 種
⑧⑭
⑮⑲
㉒㉔
㉘㉙
㉜㊿
52 54
56 59
63 71
76 79
84 90</td><td>1
⑪</td><td>—</td><td>6 種
69 72
78 83
86 91</td><td></td><td>1 種
77</td><td>—</td><td>—</td><td>—</td><td>—</td><td>—</td><td>1 種
㊴</td><td>—</td><td>—</td><td>—</td><td>29 種</td></tr>
</table>

续表

内容分類	分布地點															
	定海區			普陀區							岱山縣			嵊泗縣		合計
	本島	金塘	大鵬	本島	朱家尖	普陀山	六横	佛渡	桃花	蝦峙	岱山	秀山	衢山	泗礁	黄龍	
墓碑、墓志類	8 種 ② ③ ㊾ ⑺⑸ ⑻⓪ ⑻⑺ ⑼⑻ ⑽	—	—	3 種 ⑥ ㊽ ⑹⑹	—	—	—	—	—	—	1 種 ⑺③	—	1 種 ①	1 種 ④	—	14 種
軍事類	2 種 ㊶ ㊹	1 種 ⑤	—	—	—	—	—	—	—	—	—	—	—	1 種 ⑩	—	4 種
公約、告示類	11 種 ⑳ ㉛ ㉝ ㉞ ㊷ ⑹⓪ ⑹⑺ ⑺④ ⑻② ⑼③ ⑼⑺	2 種 ⑹② ⑹⑻	1 種 ⑼⑹	3 種 ㊼ ⑹⑸ ⑺⓪	—	—	1 種 ㊸	2 種 ㉚ ⑹④	1 種 ㊲	1 種 ㊳	5 種 ㉕ ㉖ ㊱ ㊺ ⑻⑻	—	3 種 ㊵ ㊻ ⑹①	—	1 種 ㊿①	31 種

续表

内容分類	分布地點															
	定海區			普陀區							岱山縣			嵊泗縣		合計
	本島	金塘	大鵬	本島	朱家尖	普陀山	六横	佛渡	桃花	蝦峙	岱山	秀山	衢山	泗礁	黄龍	
建築類	4 種 ⑰ ㉓ ㊽ 81	—	—	—	—	—	—	—	—	—	—	—	—	—	—	4 種
其他雜事類	—	—	—	—	—	—	—	—	—	—	199	—	—	—	—	1 種
合計	53 種	5 種	1 種	18 種	1 種	1 種	1 種	2 種	1 種	1 種	8 種	1 種	4 種	2 種	1 種	100 種

注：

1.定海、普陀二區之本島，指屬於本區的舟山島部分。

2.原則上不收普陀島碑志，有一方爲例外。

3.一碑分屬各類，取其最顯著特點統計分類，均計一次。

4.以目録序號，將相應碑刻填入分類表格中。

索　引

D

F

J

K

L

M

N

O

P

Q

R

S

T

W

X

Y

Z

後　記

本書拓片由龔憶夢製作,孫峰、樓正豪負責碑文考釋工作。特別感謝浙江大學出版社的潘丕秀先生,凡疑難文字一經潘兄辨識,皆成定論。亦非常感謝寧波文史學者水銀老師通覽全稿,指正諸多訛誤,并傾情作序。

本書能夠順利完成,還要謝謝以下諸位老師的幫助:小成康師傅、王印、王光、王江飛神父、王和平、王建富、王建敏、王菩薩、王穎、毛文達、毛燕萍、心禮法師、石一民、永昌法師、朱紅萍、朱良成、朱静明、安阿同、安榮法師、李玉華、李勝、吴子翰、吴博文、吴順珠、吴璇、余恩偉、沈琳惠、林林海、林斌、邱宏方、金瑛、金磊、周若溪、周苗、胡本祥、胡牧、胡連榮、胡悦、侯師傅、洪波雷、郎勇、莊世維、莊洪輝、高志勃、徐正國、徐信伏、袁龍海、悟林法師、孫和軍、孫信華、夏志剛、夏榮耀、能恒法師、黄海敏、曹佳杰、章飛龍、章國慶、清凉法師、董老師、張和明、張科傑、張哲、陳金龍、葉其躍、葉玲、程繼紅、傅亞飛、賀松强、傳明法師、鄭信章、鄭俊華、劉揚、韓偉表、魏師傅、樂艷等。

最後由衷感謝黄山書社侯雷編輯專業而細緻的工作。